MARISA G. FRANCO

PLATÓNICO

Descubre cómo la ciencia del apego te ayudará a hacer amigos (y a cuidar los que ya tienes)

zenith

Obra editada en colaboración con Editorial Planeta - España

Título original: *Platonic: How the Science of Attachment Can Help You Make – and Keep - Friends*

Bajo el sello editorial ZENITH M.R.
Avenida Presidente Masarik núm. 111,
Piso 2, Polanco V Sección, Miguel Hidalgo
C.P. 11560, Ciudad de México
www.planetadelibros.com.mx
www.paidos.com.mx

Primera edición impresa en España: marzo de 2024
ISBN: 978-84-08-28451-2

Primera edición impresa en México: septiembre de 2024
ISBN: 978-607-569-808-3

Algunos de los nombres y de los rasgos característicos de algunas personas se han modificado para proteger su privacidad.

Impreso en los talleres de Impresora Tauro, S.A. de C.V.
Av. Año de Juárez 343, Col. Granjas San Antonio,
Iztapalapa, C.P. 09070, Ciudad de México
Impreso y hecho en México / *Printed in Mexico*

PLATÓNICO

Para mis amigos: mis salvavidas, mis almas gemelas, mis sanadores y mi alegría de cada día

SUMARIO

NOTA DEL AUTOR

Todas las historias de amistad que vais a leer en *Platónico* están basadas en historias reales. Estoy en deuda con todos los que quisieron contarme las suyas para ayudarme en esta investigación. Por respeto, he cambiado muchos de sus nombres y características por las que se les pudiera identificar y a veces he combinado las historias de varias personas para reforzar el anonimato.

Los consejos que doy en *Platónico* son fruto de cientos de estudios científicos y de mis consultas a decenas de expertos. Creo en esta investigación, pero también debo reconocer sus limitaciones. Muchos de los estudios que se han llevado a cabo sobre la amistad son antiguos, se realizaron en Estados Unidos y proponen unos pocos ejemplos de estudiantes universitarios que en su mayoría son blancos y heterosexuales. Puede que algunas personas no vean reflejadas sus experiencias en este análisis, y tienen derecho a criticar mi trabajo. Para dar consejos con base científica de los que me siento segura, he leído mucho y me he basado en múltiples estudios, en lugar de limitarme a uno solo. Aun así, se hace necesaria una labor de investigación mucho más amplia que nos permita hacer afirmaciones más sólidas y matizadas, y que reflejen mejor la diversidad de nuestras experiencias.

Me alegra mucho que leas *Platónico*. Espero que te aporte tanto leerlo como a mí me ha aportado el escribirlo. Debo admitir que he depositado grandes esperanzas en este libro: espero que pueda ayudar a crear un mundo más amable, en el que se dé más espacio a la amistad y el amor. Estoy muy orgullosa de ti, lector, por haber emprendido este viaje.

INTRODUCCIÓN
El secreto para hacer amigos siendo adulto

En 2015 lo pasé muy mal. Lo que empezó como un estallido de amor prometedor terminó en tragedia. No dejaba de pensar en ello mientras me daba caña en la elíptica o caminaba deshaciéndome en lágrimas entre una clase y otra; básicamente, cuando no lograba distraerme con cualquier otra cosa. Para poder superar el dolor necesité hacer toda una serie de descubrimientos: tuve que entender por qué me había tomado tan mal aquella pérdida, por qué me había hecho sufrir tanto y cómo y por qué le daba tanta importancia a las relaciones románticas para que llegaran a controlar mi felicidad, como si, al no tener este tipo de amor, ya no existiera ningún amor en mi vida.

¿Por qué le prestaba tanta atención al amor romántico si hasta entonces nunca me había procurado una verdadera plenitud? Había interiorizado algunas convicciones culturales muy arraigadas: «El objetivo de mi vida es encontrar el amor romántico»; «En el momento en que lo encuentre, mi vida empezará de verdad»; «No encontrar el amor romántico significa fundamentalmente fracasar como ser humano»; «Sin amor romántico, no hay amor en absoluto».

Para pasar el duelo, creé un grupo de bienestar con algunas de mis mejores amigas. Todas las semanas nos reuníamos: una de nosotras hacía de anfitriona, con aperitivos incluidos, y proponía una actividad de autocuidado que pudiéramos hacer juntas. Hacíamos yoga, cocina, lectura, meditación. Pero lo más curativo era la unión, el sentido de comunidad. Estar rodeada de gente que me quería y a la que yo quería me hizo superar el dolor. Si bien hasta aquel momento le había restado valor a la amistad en favor del amor romántico, desde entonces ya no pude subestimar la colosal importancia de la amistad.

En 2017 hice las maletas, dejé la casa en la que había vivido durante seis años en Washington D. C. y me mudé a Atlanta (Georgia). No conocía a mucha gente allí, pero algunos de mis mejores amigos de Washington se propusieron asegurarse de que no me sintiera sola cuando llegara a la nueva ciudad. En la maleta llevaba un bote lleno de papelitos como los de las galletas de la suerte en los que mis amigos habían escrito su mejor recuerdo conmigo. También tenía un *collage* enmarcado, de unos cinco por siete centímetros, con fotos mías y de mis amigos, todos sonrientes y abrazándonos. El año anterior había sido una de las épocas doradas de mi vida, y esto se debía sin duda a que lo había pasado con gente que me conocía y me quería.

En mayo de 2017, cuando ya sabía que me iba a ir de Washington, organicé una fiesta de cumpleaños y despedida. Después de ir juntos a una exposición de arte *funk*, nos embutimos todos en mi piso para comer tarta y beber champán. Cuando quedábamos unos siete u ocho en el salón formando un círculo y ya notaba los efectos del champán, lancé un brindis emotivo: «Quiero que sepáis que el año pasado por estas fechas me encontraba en una situación muy difícil, y que todos y cada uno de los que estáis ahora aquí me habéis ayudado a superarla».

Aquel cumpleaños, junto con el grupo de bienestar, formó parte de mi metamorfosis. Empecé a abrirme a los amigos, a reconocerlos y a valorarlos activamente. Los años anteriores, cuando solo valoraba las relaciones románticas, cada vez que se consumía la esperanza de una cita, me desesperaba. Las lagunas en mi forma de pensar alimentaban mi tristeza. Solo me centraba en lo que iba mal en mi vida (el amor), sin darle importancia a lo que iba bien (la amistad). Esta especie de visión de túnel hacía que convirtiera los fracasos románticos en la prueba que me hacía dudar de si realmente era capaz de mantener una relación significativa, de si merecía ser querida. Pero comencé a superar esa manera de pensar en la que un único tipo de amor me absorbía por completo hasta hacerme descartar todo el amor que me rodeaba, el que siempre había tenido a mi alrededor. Tenía mucho amor. ¿Y por qué iba a importar menos por el solo hecho de que viniera de los amigos?

En nuestra cultura, el amor platónico se encuentra en el escalón más bajo del amor. Yo he aprendido que dejarlo ahí supone una pérdida inmensa para todos, y por eso he escrito este libro, porque me gustaría que nuestra cultura lo colocara en una posición más justa. Sin embargo, como no siempre valoramos la amistad, tampoco sabemos cultivarla. Pero si vamos a descubrir todo el potencial que tiene la amistad en nuestra vida, también tenemos que saber cómo hacer amigos y mantener esa amistad.

Cuando preguntamos cómo hacer amigos, la gente suele aconsejarnos que nos unamos a algún grupo de quedadas o que nos busquemos una afición. Pero de algún modo ese consejo se nos escapa. Porque cuando nos dicen esto, se ignora la parte que se refiere a afrontar la ansiedad social, el miedo al rechazo, la intimidad y el riesgo a destruir aún más nuestra autoestima. Para hacer amigos se necesita algo más profundo: reconciliarnos con la persona que somos y con nuestra forma de querer. Ese es el viaje en el que nos hemos embarcado con *Platónico*. La amistad se lo merece.

Cuando estaba estudiando el doctorado en Psicología, me encargaron la codirección de los grupos de terapia de un centro de asesoramiento universitario. Nos reuníamos en una sala grande de techos altos, que nos daba mucho espacio para contener todos los secretos que se compartirían. La otra terapeuta y yo nos sentábamos en extremos opuestos de la sala, ya que así podíamos captar las diferentes expresiones faciales de los participantes y entrar en sintonía con los distintos aspectos de la dinámica del grupo. Los estudiantes accedían a la sala en silencio y se sentaban; unos en el cómodo sofá, cerca de los demás, y otros en sillas, reclamando su propio espacio. Casi siempre estaban nerviosos, y las dos tuvimos que aprender a soportar largos periodos de silencio. Hasta que algún estudiante vencía la ansiedad que pudiera provocarle hablar con tal de no tener que seguir aguantando la ansiedad que le provocaba aquel silencio.

Por lo general, nos llevaba un tiempo reunir un número suficiente de participantes, ya que los estudiantes solían ser reacios a participar en terapias de grupo, y yo los entendía: «¿Tengo que hablar de mi trauma infantil delante de gente que no conozco? ¡Qué horror!». Normalmente preferían ir a un terapeuta, hablar con alguien que pudiera ofrecerles una atención individual y estuviera preparado para no juzgar (no como los interrogantes de la terapia de grupo). La utilidad de la terapia de grupo no era algo intuitivo, pues la atención que habrían recibido con un psicólogo se repartía entre siete personas.

Al principio, a los doctorandos no nos entusiasmaba el trabajo de grupo, pero cuando fuimos adquiriendo experiencia en la dirección de grupos, a mi coterapeuta y a mí empezaron a gustarnos, y hasta habríamos deseado poder unirnos a uno, porque siempre pasaba algo curioso en aquella sala de techos altos. Los estudiantes hablaban en el grupo de los problemas que tenían en el mundo exterior. Un estudiante, Marquee, estaba intentando superar una ruptura con un hombre caótico y autodestructivo con el que había estado mucho tiempo porque pensaba que podía rescatarlo de sí mismo. Sin embargo, Marquee mostró este mismo complejo de salvador en el grupo: cuando los demás hablaban de sus problemas, él les daba consejos sobre cómo podían arreglar sus vidas. Le gustaba ser un salvador. Necesitaba sentirse necesitado, y eso parecía ser lo que lo empujaba hacia esas relaciones autodestructivas; pero, al mismo tiempo, esa misma actitud protectora exasperaba a los otros miembros del grupo.

La madre de Melvin, otro estudiante, era adicta a las drogas, y él afrontaba el problema fingiendo que no pasaba nada. Cada semana, cuando le tocaba hablar, insistía que las cosas no podrían ir mejor. Se adaptaba a su trauma siendo la persona que siempre estaba bien, la que nunca sufría por nada, la que siempre aguantaba los golpes, por más que esos golpes fueran catástrofes que había que tratar. Cada vez que comentaba algo trágico en el grupo, sonreía y hacía un gesto como diciendo: «No os preocupéis por mí, estoy bien. No pasa nada». Él pensaba que estaba siendo autosuficiente, pero ¿cómo iban a ayudarle los demás si ni siquiera reconocía que necesitaba apoyo?

Y luego estaba Lauren, una estudiante con una baja autoestima debilitante. Acudió a nuestro grupo porque sus amigos la ignoraban y la estaban dando de lado. Hasta se iban de viaje sin ella. Pero la gota que colmó el vaso, y la animó a unirse al grupo, fue que sus amigos habían decidido buscarse una casa para irse a vivir todos juntos al año siguiente sin decírselo a ella. Era un fantasma merodeando alrededor de su grupo de amigos. Pero Lauren seguía comportándose de un modo igualmente anónimo con nosotros; de hecho, era tan reservada que resultaba difícil conseguir que dijera algo y, a veces, igual que le pasaba con sus amigos, casi se nos olvidaba que ella también formaba parte del grupo.

Conforme los estudiantes fueron recreando en el interior del grupo los mismos problemas que tenían fuera de él, fue quedando claro cómo los problemas de salud mental se alimentan de la manera en que nos relacionamos con los demás.

- Marquee se enfrentaba a unas rupturas angustiosas porque buscaba el papel de salvador en sus relaciones, lo cual lo llevaba a encontrar parejas inestables y que no lo apoyaban, y esta misma actitud hizo que los miembros del grupo (y seguramente otros en su vida) se sintieran tratados con condescendencia y le guardaran rencor.
- Melvin, que siempre estaba bien, en realidad estaba deprimido, en parte porque mantenía las distancias con los demás y nunca podía abrirse con nadie. El grupo no podía sentirse cercano a un emoji sonriente, y el emoji sonriente tampoco se sentía cercano a nadie.
- Y Lauren, con su falta de autoestima, se hacía tan minúscula en el grupo que era fácil olvidar que estaba allí, lo cual minaba aún más su autoestima.

Con el paso de las semanas, en el espacio seguro de nuestro grupo de terapia, vi a cada uno de ellos probar nuevas formas de relacionarse con los demás. Me sentí muy orgullosa cuando vi a Lauren mostrándose en desacuerdo con otro miembro del grupo a pesar de su baja autoestima, desafiando a otros a hablar y apropiándose más del espacio del grupo. Me alegré cuando Melvin nos habló de una ruptura reciente y dejó ver su angustia; otros miembros del grupo comentaron que esto había sido algo nuevo en él, que estaba revelando más de sí mismo, y se sintieron más cerca de él. Y cuando un miembro del grupo contó que se estaba peleando con sus padres por dinero y Marquee fue capaz de preguntarle por su dolor (en vez de ofrecer su letanía de soluciones para arreglar la situación), también me alegré.

Lauren, Melvin y Marquee dieron pasos importantes porque se encontraban en un espacio en el que se sentían conectados con los demás, lo que en última instancia les permitió crecer. La seguridad del grupo no radicaba únicamente en ser un lugar en el que podían hablar de lo que les avergonzaba y que aun así se les siguiera queriendo, sino también por ser un lugar en el que la gente, de forma amable y honesta, podía hacer comentarios y críticas constructivas que les ayudaran a avanzar. Y las sólidas relaciones que entablaron con los demás miembros del grupo les sirvieron para apreciar y aceptar estos comentarios, no como un menosprecio, sino como un acto de amor.

CONECTAR CON LOS DEMÁS CONFIGURA DE UN MODO ESENCIAL QUIÉNES SOMOS

El grupo era un microcosmos que revelaba cómo nos cambia la manera de conectar unos con otros. Todos hemos oído el dicho: «Quiérete para que te quieran». Pero ¿qué significa exactamente? ¿Y cómo se produce ese amor propio? ¿Acaso la gente llega a quererse a sí misma a través de un proceso mágico, encerrándose en una cueva con una linterna y un espejo para repetirse mientras mira su reflejo a media luz: «Soy importante. Me lo merezco. Me quieren», hasta que su psique se desgarra?

En realidad, es un poco más complicado.

Lo que el grupo reveló sobre los efectos de estar conectados es la base de este libro: la conexión afecta a quiénes somos, y quiénes somos afecta a cómo conectamos con los demás. Cuando nos hemos sentido conectados, hemos crecido. Nos hemos vuelto más abiertos, más empáticos, más audaces. Cuando nos hemos sentido desconectados, nos hemos marchitado. Nos cerramos, criticamos o nos distanciamos con actos de autoprotección. Nuestra personalidad, junto con la forma en que nos mostramos como amigos, está moldeada por nuestro pasado: somos encantadores porque alguien nos ha querido; somos irascibles porque alguien no nos ha querido lo suficiente. Ese es el tema que exploraremos en la primera parte de este libro, y nos ayudará a descubrir de dónde provienen algunos de nuestros puntos fuertes y débiles a la hora de hacer amigos. Como a Lauren, Melvin y Marquee, las heridas de la falta de conexión pueden estar entorpeciendo nuestra capacidad de conectar, y podemos estar alejando a los demás sin darnos cuenta. Por eso, vamos a analizar cómo el conectar (o no) con los demás afecta a cómo somos, porque el primer paso para entablar buenas amistades es darse cuenta de qué puede estar obstaculizando el camino. Como dice el escritor James Baldwin: «Nada puede cambiarse hasta que se afronta».

Otra cosa que reveló el grupo es que el sentir que se nos acepta y se nos quiere nos ayuda a desarrollar ciertas cualidades que nos llevan a seguir conectando mejor (los ricos se hacen más ricos, como se suele decir). En la terapia de grupo, los participantes cultivaron estas cualidades. Cuando Marquee logró conectar con los demás de un modo más real y seguro, se volvió más empático. Melvin comenzó a ser más vulnerable y expresivo. Lauren empezó a tomar más la iniciativa en sus relaciones. Cuando los estudiantes fueron capaces de enfrentarse a algunas de las heridas que les hacían a temer a los demás, a encogerse para protegerse, lo que quedó fue el amor por ellos mismos y por los demás, que es de lo que está hecha la amistad.

Todos hemos oído decir que los seres humanos somos criaturas sociales, y es cierto. Nuestras neuronas espejo son grupos enteros de células del cerebro que nos llevan a experimentar la vida de los demás como si fuera la nuestra. Los bebés lloran cuando oyen llorar a otros bebés.[1] Somos cariñosos y afectuosos, aunque lo perdemos de vista cuando nuestras heridas del pasado nos instan a protegernos por encima de todo. Para mí, esto significa que tenemos una habilidad natural para hacer amigos.

CÓMO SOMOS INFLUYE EN CÓMO CONECTAMOS CON LOS DEMÁS

En la segunda parte veremos todo lo que podemos hacer para crear mejores relaciones. Porque las amistades que hemos construido no son aleatorias; reflejan nuestro *hardware* interno, nuestra capacidad para desarrollar ciertas características que alimentan la amistad. Son un conjunto de mentalidades y comportamientos hacia los que nos inclinaríamos de un modo natural si no estuviéramos tan heridos por las experiencias de falta de conexión que hemos vivido, tan temerosos del rechazo, tan suspicaces o desconfiados de los demás y, en consecuencia, tan desconectados de nuestro núcleo interno de amor. Entre ellos se encuentran la iniciativa, la vulnerabilidad, la autenticidad, la rabia productiva, la generosidad y el afecto. Estos rasgos protegen la amistad a lo largo de su ciclo vital. La iniciativa es lo que hace que comience la amistad, mientras que la autenticidad, la rabia productiva y la vulnerabilidad la sostienen al hacer que podamos mostrarnos tal y como somos.

La generosidad y el afecto hacen que las amistades sean más profundas al demostrarles a los amigos lo mucho que los queremos. Con todo ello logramos un equilibrio que nos permite expresar nuestra verdad interior al tiempo que creamos un espacio para acoger la de nuestros amigos.

De esta manera nos acercamos a lo que dice David Brooks en su artículo del *New York Times* «The Moral Bucket List» al describir a las buenas personas: «Saben escuchar. Te hacen sentir que eres divertido y que se te valora. A menudo las ves cuidando de otras personas con una risa que es musical y una forma de comportarse rebosante de gratitud. [...] Esas son las personas que queremos ser»; y continúa describiendo a estas buenas personas como las que poseen lo que se denomina «virtudes de elogio»: «Las virtudes de elogio son de las que se habla en tu funeral: si fuiste amable, valiente, honesto o fiel. ¿Eras capaz de amar profundamente?». Gracias a estos rasgos podemos vivir contentos y en armonía con los demás.

Así es como hacemos amigos en la edad adulta. Al crecer nos volvemos más valientes, empáticos, amables, francos y expresivos. Al igual que Marquee, Melvin y Lauren, les plantamos cara a las formas en que alejamos a los demás o mantenemos relaciones poco sanas y hacemos sufrir a los demás, además de sufrir nosotros. Este libro trata de cómo llegar a ser un amigo mejor. Y también de cómo llegar a ser mejor persona.

ACTUAR EN FAVOR DE LA AMISTAD

A lo largo del libro voy contando historias de personas que como tú, como yo y como todo el mundo intentan arreglárselas en el resbaladizo terreno que lleva a conectar con los demás. Muchos de ellos han preferido permanecer en el anonimato, por lo que he cambiado nombres y detalles y a veces he unido historias de diferentes personas para respetar su privacidad. Cito a muchos expertos, si bien de un modo abreviado para mayor claridad.

A los pocos meses de empezar a escribir este libro entré en una librería tibetana de Nueva York, cogí un libro sobre budismo y lo hojeé. El autor afirmaba que hay dos tipos de aprendizaje: el que llega a través de la instrucción y el que llega a través de la experiencia. Con este libro aprenderás mucho sobre la amistad, pero el conocimiento por sí solo no puede hacer que tu vida cambie. Por eso, este libro también te proporcionará consejos prácticos sobre cómo mejorar tus amistades. No solo te guiará para que entiendas la amistad de una forma distinta, sino también para que hagas algo diferente en tu vida para vivirla y experimentarla.

Puedes tratar este libro como una brújula que te ayude a navegar por las aguas de la amistad. Te invito a que no solo te empapes de toda la información, sino a que utilices esa información para comportarte de un modo distinto con tus amigos. Porque de nada servirá que aprendas que la iniciativa es esencial para entablar una amistad si no estás dispuesto a superar tu reticencia a saludar. ¿Cómo puede servirte saber que abrirse a los demás es la fuerza vital de la amistad si no canalizas este conocimiento hacia la aceptación de la vulnerabilidad? Y si sabes que mostrar amor y cariño acerca a las personas pero siempre estás hasta arriba de trabajo y no estás dispuesto a cambiar, tu vida tampoco podrá cambiar.

He optado por presentar este libro de una manera que entrelaza el conocimiento y la experiencia para destacar la importancia que tiene el dejar que la investigación nos cale hasta los huesos. El objetivo no es solo obtener información sobre la amistad, sino utilizar ese conocimiento para progresar.

PARTE I

MIRANDO ATRÁS

Cómo hemos llegado a ser lo que somos

CAPÍTULO 1

CÓMO TRANSFORMA NUESTRA VIDA LA AMISTAD

Conectar con los demás nos hace ser nosotros mismos

«Algunos viudos se quedan en casa sentados delante del televisor el resto de su vida. Puede que estén vivos, pero no están viviendo realmente», comenta Harriet, de setenta y tres años, refiriéndose a los miembros del grupo de duelo al que asistió tras la muerte de su marido. Harriet podría haberse visto abocada a este mismo destino si no hubiera sido por una cosa: la amistad.

Harriet no siempre valoró la amistad. De hecho, hasta que se casó con Federico a los cincuenta años, la amistad no era una prioridad para ella. Era ambiciosa, trabajaba doce horas al día y viajaba lo suficiente como para llegar a cumplir su objetivo de visitar todos los países del mundo. Para ascender en su carrera, se fue mudando por todo Estados Unidos persiguiendo trabajos (del noreste al medio oeste y al oeste y de nuevo al noreste), deshaciéndose de las amistades por el camino.

Pese a sus ambiciones, Harriet nunca dejó de buscar marido. «Eso era lo que me había enseñado mi cultura: vive para encontrar marido», cuenta. Tuvo toda una serie de novios a lo largo de su vida; cuando las relaciones fracasaban, buscaba a otra persona. Recuerda que visitaba a su compañera de trabajo Denise y envidiaba que lo tuviera todo: un empleo impresionante, un marido, unos gemelos preciosos. Y a ella, soltera a los cuarenta, le costaba aceptar que tal vez nunca llegara a tener el marido y los hijos con los que soñaba. Pero, sin las enormes obligaciones domésticas que se derivan de la vida familiar, llenaba sus horas con el trabajo.

Harriet admite que en sus años de juventud no se sentía satisfecha con la amistad por la forma en que la abordó. Se avergonzaba de su infancia porque creció en una granja, sin recursos. Todos los veranos trabajaba en las granjas de los vecinos para pagarse los estudios. Al ascender en su carrera, se fue rodeando de personas adineradas, y ella sentía que no encajaba. La amistad la llevaba a vivir una doble vida, a dedicarse a una cultura de la opulencia con la que nunca se sintió identificada: asistir a ventas de propiedades, gastar muchísimo en cenas y hablar sobre frivolidades, como el color del césped de los vecinos. Nunca se sintió cómoda con sus amigos por temor a que descubrieran de dónde venía, quién era en realidad.

Pero más tarde ocurrieron dos cosas que resucitaron su visión de la amistad. Cuando se casó con Federico, que llevaba una gran vida social, aceptó recibir a sus amigos en su casa para celebrar reuniones periódicas. «La gente quería estar cerca de nosotros por lo felices que éramos.» De él aprendió que estar cerca de los demás podía ser una alegría, y no un precio que tenía que pagar.

Sin embargo, no fue hasta la muerte de Federico cuando comprendió realmente el valor de los amigos. Para tratar de superar el dolor, acudió por primera vez a terapia, donde aprendió a mostrarse vulnerable. Harriet trasladó la habilidad de la vulnerabilidad a sus amigos y, cuando lo hizo, por fin pudo vivir la amistad de una forma nueva, dejando a un lado el fingimiento. Algunas de esas amistades se debilitaron ante la honestidad de su dolor, pero otras se hicieron más fuertes, y Harriet se dio cuenta de que mostrarse vulnerable podía abrir la puerta a una profunda intimidad.

En la vejez, Harriet valora a sus amigos más que nunca. Dice que se ha dado cuenta de que una de sus amigas ha sido su historia de amor más duradera. Conoció a Shirleen en la universidad, cuando estuvo estudiando en Marsella. Shirleen era la persona menos crítica que había conocido, una de las pocas con las que Harriet podía abrirse. Aunque perdieron el contacto tras la universidad, Shirleen la localizó y la llamó catorce años después. Aunque vivía en Londres, Shirleen hizo el esfuerzo de ir a visitar a Harriet a Washington D. C. cinco veces en un par de años. Por mucho que Harriet quisiera a Federico, a él no le gustaba hablar de los sentimientos, de modo que a lo largo de su vida Shirleen fue su única confidente. «Para sentir que nuestra vida es importante anhelamos que alguien sea testigo de ella, que alguien confirme su importancia. Shirleen era mi testigo», dice Harriet. Shirleen y ella siguen hablando todas las semanas a pesar de la diferencia horaria de cinco horas, y Shirleen se ha planteado la posibilidad de mudarse a Washington para estar más cerca de su amiga.

Ahora, tener amigos es más importante para Harriet que tener marido. Tiene un amigo con el que sale a pasear, y no sabe si la relación seguirá siendo platónica o se convertirá en romántica, pero es algo que no le preocupa: «Para mí, el valor de una relación depende de si los dos disfrutamos de la compañía del otro, hacemos cosas juntos y nos contamos cosas. La respuesta a todas esas preguntas es sí». No tiene prisa por determinar el destino de la relación porque «la amistad también es buena, y no es un segundo plato al que acudir».

A sus setenta y tres años, Harriet describe la forma en que ha llegado a valorar la amistad como una señal de que «por fin ha madurado». Todas las tardes queda con una amiga para tomar el té, cenar o dar un paseo. De este modo, los amigos la ayudan a detenerse y estar presente en la vida. «No sé tú —dice—, pero yo, cuando estoy sola, como de pie, y cuando estoy con amigos, como prestando atención.» A su edad, Harriet no puede viajar tanto como antes, pero ahora se emociona con la aventura de relacionarse con sus diferentes amigos.

Harriet no tiene muchas cosas de las que se arrepienta en su vida, y desde luego no se arrepiente de haberse casado con Federico, a pesar de que él era diecinueve años mayor y ella pasó algunos años cuidándolo desde que cayó en la demencia. Pero desearía haber reconocido antes el poder de la amistad. Aun así, agradece haber llegado a valorarla antes de que fuera demasiado tarde: «Cuando te acercas al final de tu vida, te das cuenta de que cada día es un regalo y quieres emplearlo de forma que sea realmente importante. Y para mí, eso significa pasarlo con los amigos».

La trayectoria de Harriet revela lo que sacrificamos cuando le restamos importancia a la amistad y lo que ganamos cuando la valoramos. En la época de Harriet (y todavía hoy), la amistad se consideraba una relación menor, un amortiguador para suavizar el purgatorio existente entre dejar a nuestra familia y formar una nueva. Pero la amistad no tiene por qué ser tan secundaria. Como Harriet aprendió, puede ser poderosa y profunda y estar llena de amor. Y al igual que le ocurrió a Harriet, la amistad puede salvarnos y transformarnos. De hecho, es probable que ya lo haya hecho.

POR QUÉ ES IMPORTANTE LA AMISTAD

El efecto de la amistad es tan profundo como infravalorado está. Según la filosofía de los antiguos griegos, la amistad es una clave para la eudaimonía o florecimiento.[1] Aristóteles, por ejemplo, argumentó en la *Ética a Nicómaco* que sin amistad «nadie elegiría vivir». Los sacerdotes de la Edad Media desconfiaban de la amistad porque temían que su amor pudiera eclipsar el amor a Dios. Más tarde, en el siglo XVII, cautivó a los sacerdotes, que la vieron como un canal para demostrar el amor a Dios.[2]

Hoy en día solemos ver el amor platónico como carente de algo, como un amor romántico al que le faltan las características del sexo y la pasión. Pero esta interpretación se aleja del significado original del término. Cuando el erudito italiano Marsilio Ficino acuñó el término «amor platónico» en el siglo XV, lo que reflejaba era la visión de Platón de un amor tan poderoso que trascendía lo físico. El amor platónico no era un amor romántico al que le faltara algo. Era una forma más pura de amor, el amor por el alma de alguien, porque, como escribe Ficino, el amor platónico «no desea este cuerpo o aquel, sino el esplendor de la luz divina que brilla a través de los cuerpos». El amor platónico se consideraba superior al romántico.[3]

El poder de la amistad no es solo una reliquia del pensamiento antiguo. Está demostrado por la ciencia. Los psicólogos sostienen que nuestras relaciones, al igual que el oxígeno, la comida y el agua, son necesarias para que podamos funcionar. Cuando se nos priva de ellos, no podemos prosperar, lo cual explica por qué la amistad afecta tan poderosamente a la salud mental y física. Los científicos han descubierto que, de los ciento seis factores que influyen en la depresión, el tener a alguien en quien confiar es el que más contribuye a prevenirla.[4] El efecto de la soledad en nuestra mortalidad es similar al de fumar quince cigarrillos al día.[5] Los resultados de un estudio indican que la mayor diferencia entre las personas felices e infelices no radicaba en lo atractivas o religiosas que eran ni en la cantidad de cosas buenas que les ocurrían, sino en su nivel de conexión social.[6]

La amistad lima las asperezas de la vida. Un estudio descubrió que cuando los hombres estaban solos, consideraban más imponente a un supuesto terrorista que cuando estaban con amigos,[7] y otro probó que a la gente le parecía menos empinada una colina cuando estaban con amigos.[8] Recuerdo una época en la que tuve que discutir con un jefe que se negaba a abonarme la última paga. El conflicto me producía una ansiedad constante hasta que le conté a mi amigo Harbani cómo me sentía mientras nos tomábamos un chai en una tetería. A medida que escupía las palabras y tragaba el té, me fui sintiendo mejor. Fue el primer rato de tranquilidad que tenía después de varias semanas.

La fuerza curativa de la amistad va más allá de nuestra salud mental y alcanza la salud física. En su libro *Growing Young: How Friendship, Optimism, and Kindness Can Help You Live to 100*, Marta Zaraska evalúa los que suelen considerarse los factores potenciales de la longevidad, como la alimentación y el ejercicio, pero concluye que la conexión con los demás es el factor más importante. Los metaanálisis estiman, por ejemplo, que el ejercicio disminuye el riesgo de muerte entre un 23 y un 30 por ciento;[9] la dieta, hasta un 24 por ciento,[10] y una gran red social, un 45 por ciento.[11] Cuando hablé de los resultados de esta investigación con una compañera, me dijo: «Ahora puedo sentirme mejor por ser una especie de adicta a las relaciones sociales». Todos podemos.

Aunque podemos experimentar muchos de estos beneficios a través de otras relaciones tan estrechas como las que mantenemos con la familia y la pareja, la amistad ofrece unas ventajas únicas. A diferencia de los padres, los amigos no pretenden que vivamos en función de lo que ellos esperan y desean para nosotros. A diferencia de lo que ocurre con una pareja, con los amigos no estamos encadenados a la insalvable expectativa de serlo todo para alguien, la pieza necesaria para el puzle de la plenitud. Y a diferencia de lo que sucede con los hijos, nosotros no somos los únicos responsables de la supervivencia de nuestros amigos. Nuestros ancestros vivían en tribus en las que la responsabilidad para con los demás se repartía entre muchos. Por tanto, la amistad es el redescubrimiento de una antigua verdad que hemos mantenido enterrada durante mucho tiempo: hace falta toda una comunidad para sentirnos completos.

La amistad, al liberar la válvula de presión de las relaciones, nos infunde alegría como ninguna otra relación. Sin necesidad de planificar la jubilación, satisfacer las necesidades sexuales del otro ni decidir quién va a limpiar la ducha, las amistades pueden convertirse en un verdadero placer. Un estudio, por ejemplo, descubrió que pasar el tiempo con los amigos proporcionaba más felicidad que pasar el tiempo con una pareja o con los hijos.[12] Esto se debía a que la gente se divertía con los amigos, haciendo cosas como ir a jugar a los bolos, a ver un huerto de calabazas o a un parque de perros para juguetear con los cachorros de los demás, mientras que con la pareja o los niños se hacían otro tipo de cosas más mundanas, como lavar los platos, ocuparse de las facturas o recordarse uno al otro que hay que usar el hilo dental.

Por supuesto, los amigos también pueden caer en lo que las escritoras de memorias sobre la amistad Ann Friedman y Aminatou Sow llaman «lo íntimamente mundano». La amistad puede consistir en ir a hacer la compra y los recados y pasar juntos el tiempo de la jubilación. A medida que se desvincula del sexo, del amor y de la pareja sentimental, uno se da cuenta de que los amigos también pueden ser excelentes compañeros de vida. En un artículo de *Atlantic* titulado «The Rise of the 3-Parent Family», David Jay, fundador de la Red para la Educación y Visibilidad de la Asexualidad, habló de su intención de pasar la vida con un amigo con el que tenía «una energía realmente intensa». Aquello no funcionó, pero al final se unió en la copaternidad con otra pareja. La amistad es flexible, depende de nuestras necesidades. En un amigo podemos encontrar a una persona con la que salir a comer una vez al mes o un alma gemela.

Un aspecto clave de la alegría que nos proporciona la amistad es su carácter ilimitado, ya que se pueden tener muchos amigos, mientras que otras relaciones importantes son limitadas: unos padres, un cónyuge (para los monógamos), dos hijos y medio... El budismo llama «mudita», o alegría empática, a la que sentimos debido a la alegría de los demás. En la Biblia, Pablo alude a la mudita cuando, al referirse a todos los seguidores de Jesús, dice: «Si un miembro recibe una atención especial, todos los miembros se alegran». Nuestra pareja, nuestros hijos y nuestros padres nos darán mudita, pero con muchos amigos, la alegría se vuelve infinita.

Yo experimenté el poder de la amistad cuando hablé repetidamente de la alegría de haber vendido este libro. Mi pareja sentimental de entonces estaba emocionada por mí, y me trajo champán y una tarta de fresa en la que aparecía la palabra «BOOKED». Pasamos una noche estupenda. Y cuando llamé a mis amigos para contárselo, volví a sentir una y otra vez la misma alegría conforme me iban diciendo lo contentos que estaban, que querían celebrarlo y que esperaban que Oprah me entrevistara para poder asistir a la sesión de grabación.

Al ser nosotros los que elegimos a nuestros amigos, podemos rodearnos de personas que nos apoyan, nos entienden y disfrutan con nuestra alegría. No hay ningún voto al acecho, ningún ritual formal ni ninguna cercanía genética que nos retenga en la amistad. A través de la amistad podemos involucrarnos en algunas de las relaciones más seguras y sagradas de nuestra vida, no porque la sociedad nos presione a hacerlo, sino porque nosotros decidimos hacerlo. Cleo, que trabaja para el Gobierno, me contó que tras la muerte de su madre se sintió sola e incómoda en el funeral. Creyó que las tensas relaciones con su familia la harían derrumbarse. Pero cuando apareció su amiga Stephanie, que había cogido un vuelo desde Michigan sin avisarla, Cleo por fin pudo llorar.

El carácter voluntario de la amistad, junto con la habitual ausencia de amor romántico, hace que en la amistad podamos elegir libremente relaciones basadas en la pura compatibilidad. El autor británico C. S. Lewis dijo una vez: «Eros [la pasión romántica] tendrá cuerpos desnudos; Amistad, personalidades desnudas». Los sentimientos incontenibles del amor romántico a veces pueden llevarnos a relaciones inadecuadas, cuando erróneamente tomamos estos sentimientos incontenibles como la prueba de fuego de la compatibilidad. Pero, como afirma la psicóloga Harriet Lerner, «los sentimientos intensos, por mucho que nos consuman, difícilmente son una medida de verdadera y duradera intimidad. [...] La intensidad y la intimidad no son lo mismo». Cuando elegimos a nuestros amigos tenemos más libertad para dar prioridad a los marcadores más auténticos de la intimidad, como los valores que compartimos, la confianza, la admiración por el carácter de la otra persona o lo a gusto que estamos con ella. No siempre lo hacemos, desde luego, pero hablaremos de ello más adelante, en el capítulo en el que abordaremos cómo manejar la rabia y el conflicto.

Además de apoyarnos a nivel personal, los amigos también nos benefician a nivel colectivo. Si lo consideramos desde un punto de vista más amplio, vemos que estas relaciones mejoran la sociedad. Cuando las sociedades se proponen aumentar la justicia y disminuir los prejuicios, la amistad les proporciona un medio para conseguirlo. Las investigaciones demuestran que el tener un amigo en un grupo externo (del que no se forma parte) altera la respuesta de los demás a todo ese grupo, e incluso aumenta el apoyo a las políticas que benefician al grupo externo,[13] lo que sugiere que la amistad puede ser necesaria (aunque probablemente no suficiente) para desencadenar un cambio del sistema. Otro estudio concluye que nuestra hostilidad hacia los grupos externos disminuye cuando un amigo nuestro es amigo de alguien de ese grupo,[14] lo que indica que la amistad entre miembros de distintos grupos puede tener un efecto dominó en redes enteras. Los prejuicios prosperan en lo abstracto, pero una vez que nos hacemos amigos, los demás se convierten en seres complejos que sufren y aman igual que nosotros, y, por muy diferentes que nos parezcan, nos vemos a nosotros mismos en ellos.

Un metaanálisis de 2013 descubrió que las redes de amistad habían disminuido en los últimos treinta y cinco años,[15] una tendencia que produce un grave efecto en la sociedad. Según las distintas investigaciones, los amigos hacen que aumente nuestra confianza en los demás,[16] y la confianza es necesaria para que la sociedad funcione. Un estudio con participantes de Alemania, República Checa y Camerún descubrió que, en las tres culturas, las personas que se sentían desconectadas experimentaban lo que se conoce como cinismo social, «una visión negativa de la naturaleza humana, una visión sesgada contra algunos grupos de personas, una desconfianza en las instituciones sociales y un desprecio por los medios éticos para conseguir un objetivo».[17,18] Robert D. Putnam, autor de *Solo en la bolera*, destacó que cuando compartimos una red social con alguien, desarrollamos una «confianza diluida» (confiamos en personas que no conocemos bien), y argumenta: «A medida que el tejido social de una comunidad se vuelve más manido, [...] su poder de reforzar las normas de honradez, reciprocidad generalizada y confianza diluida se debilita». Para que los bancos funcionen, confiamos en que los banqueros no se embolsarán nuestra jubilación para irse de vacaciones a Katmandú. Para que las tiendas de alimentación funcionen, confiamos en que los kumquats no tengan arsénico. Para que las escuelas funcionen, confiamos en que los profesores no obliguen a nuestros hijos a pasar el día recortando cupones para comprar kumquats (sin arsénico). Sin embargo, esta confianza tiembla cuando estamos desconectados.

LA AMISTAD ES LA RELACIÓN QUE MENOS SE VALORA

A estas alturas puede parecer que estoy diciendo que, para evitar que la sociedad se desmorone, tenemos que solicitar el divorcio, repudiar a nuestras familias, ligarnos las trompas y buscar amigos. No es eso. Lo que trato de transmitir es que, en contra de cómo nuestra cultura trata la amistad, esta es tan significativa como las demás relaciones importantes. Sin embargo, si valoras profundamente la amistad, es probable que hayas visto cómo tu amor platónico queda relegado a un amor de segunda clase.

«¿Qué está pasando entre vosotros dos?», suele comentar la gente de dos amigos íntimos, porque suponen que el amor platónico no puede explicar por sí solo un vínculo tan estrecho. Si dos personas no tienen una relación romántica, no son amigos: son «solo amigos»; y si quieren hacer que su relación sea romántica, dirán: «Seamos más que amigos». Las personas para las que la amistad es el centro de sus relaciones son injustamente tachadas de solitarias, poco atractivas o insatisfechas, solteronas rodeadas de gatos o solteros que no han madurado; cuando precisamente la investigación nos dice que «la amistad es lo que da fuerza y resistencia al amor romántico», y no al revés.[19]

No solo asumimos que la amistad es una relación de segundo nivel, sino que además actuamos para que así sea. En comparación con nuestras familias y parejas, con los amigos invertimos menos tiempo, somos menos vulnerables y demostramos menos adoración. Nos parece que la relación romántica es el tipo de relación adecuado para coger un avión para verse, para superar tensiones o para cuidarse mutuamente; y vemos a la familia como una relación por la que hay que cruzar el país o con la que hay que seguir comprometidos a pesar de que el problemático tío Russ se emborrache y se ponga irritable todas las vacaciones.

Las personas *queer* y asexuales, que desarrollaron términos como «queerplatónico» (amistades que van más allá de las normas sociales para las relaciones platónicas) nos muestran que, aunque por lo general nuestros amigos no son tan cercanos como un cónyuge o un hermano, pueden serlo. El único motivo para que no sea así es que los demás compartimentamos innecesariamente la amistad en el bar y algunos almuerzos ocasionales. Los mismos factores hacen que todas las relaciones tengan éxito: las familiares, las románticas y las platónicas. Eliminamos el tejido de la intimidad profunda de la amistad, al tiempo que damos por hecho que nuestras amistades son menos profundas que otras relaciones porque su ADN es inferior. Como nuestra cultura trivializa la amistad, no nos damos cuenta de cómo actuamos para dejar sin intimidad la relación con nuestros amigos. Lo vemos como algo natural.

Pero no siempre fue así.

Cuando Abe se mudó a Springfield (Illinois), estaba tan arruinado como un espejo después de caer por una escalera de caracol. Con sus últimos dólares, esperaba poder comprarse una cama nueva. Fue a la tienda, dejó la maleta sobre el mostrador y le preguntó al dueño de la tienda, Josh, cuánto costaba una cama. Cuando Josh le dijo el precio, Abe admitió que no podía permitírselo. Josh, intuyendo la desesperación de Abe, le ofreció una alternativa. Él vivía en el piso de arriba y tenía una cama que era lo suficientemente grande para dos, así que le preguntó si quería mudarse con él y compartir la cama. Encantado, Abe dejó allí las maletas y consideró que ya se había mudado.

Abe y Josh eran opuestos en muchos sentidos. Abe era lo suficientemente alto como para que Josh, de altura media, pareciera bajo. Estaba siempre un poco encorvado, caminaba con movimientos desgarbados y tenía unos profundos ojos verdes. Josh parecía un apuesto poeta, con los ojos azules como un remolino y la cabeza repleta de rizos. Abe no tenía estudios y creció pobre. Josh creció rico y había ido a una prestigiosa universidad hasta que abandonó los estudios. Pero no tardaron en darse cuenta de que eran más semejantes de lo que creían.

Cuando no estaban trabajando, se pasaban todo el tiempo juntos, y a veces Josh acompañaba a Abe en sus viajes de trabajo. Se despertaban en la misma cama, se tomaban un café amargo y un desayuno ligero, y por las tardes se iban a cenar a casa de un amigo que vivía cerca. Luego se iban a echar el rato a la tienda de Josh, adonde iban también otros amigos para bromear y oír las historias de Abe.

Pero la amistad tenía sus retos. Abe estaba triste a menudo, pero no era una tristeza cualquiera: era el tipo de tristeza que hace que a uno le cuesta levantarse de la cama y con la que es mejor quitar de en medio los objetos afilados. La medicación, en vez de ayudar, lo hacía sentirse aún peor. A Abe le habían pasado muchas cosas horribles; la peor fue cuando tenía nueve años y su madre, a la que adoraba, murió por una intoxicación alimentaria. «Todo lo que soy o espero ser se lo debo a ella», dijo una vez. Su padre estaba deprimido y sus primos eran poco confiables. A uno de ellos lo internaron, y Abe temía estar condenado al mismo destino.

Otro de los principales desencadenantes de la depresión de Abe eran sus relaciones fallidas. Durante su amistad, Abe y Josh tuvieron relaciones románticas que pronto se deshicieron al alejar a las mujeres que los amaban tanto. En una ocasión, Abe se comprometió con una mujer llamada Mary, pero rompió con ella porque la relación suscitó un temor a la intimidad que probablemente se había originado por la muerte de su madre. Se sintió tan culpable que entró en una espiral de psicosis, con depresión, alucinaciones, pensamientos suicidas y balbuceos incoherentes. La única persona a la que Abe le permitía estar a su lado era Josh, que hablaba con él todos los días y lo mantenía a salvo escondiéndole sus cuchillas.

Mientras Abe se recuperaba, Josh se mudó a Kentucky para estar con su familia. Allí se comprometió con una mujer llamada Fanny. El inminente matrimonio le produjo a Josh la misma angustia que había asediado a Abe. Los dos amigos se escribieron cartas, y Abe ayudó a Josh a superar sus miedos a la intimidad.

Pero en las cartas no solo hablaban de la angustia de Josh, sino que en ellas también expresaban la intimidad que ellos dos compartían. Abe escribía, por ejemplo, que sentía la angustia de Josh de una forma tan punzante como la suya, que su deseo de ser amigo de Josh era eterno y no cesaría nunca, y firmaba sus cartas como «tuyo para siempre». También le pedía ansiosamente a Josh que respondiera a sus cartas en cuanto las recibiera.

Dormían en la misma cama, se cuidaban el uno al otro cuando enfermaban, se escribían cartas cariñosas: la relación de Abe y Josh era tan íntima que muchos han sospechado que fuera sexual, pero el hecho es que ellos vivieron en una época en la que ese tipo de amistad profunda se aceptaba mucho más que ahora. El día que se conocieron en la tienda de Joshua Speed fue el 15 de abril de 1837. Abe es un hombre al que conocemos bien. Su nombre completo era Abraham Lincoln.

En su libro *Your Friend Forever, A. Lincoln: The Enduring Friendship of Abraham Lincoln and Joshua Speed*, el autor Charles Strozier escribe: «Hace falta mucha imaginación para adentrarse en una época de la historia de Estados Unidos en la que, por un lado, el sexo entre hombres se consideraba repugnante y, si se descubría, se castigaba severamente y provocaba el ostracismo social, mientras que, por otro lado, la intimidad (incluido el dormir juntos) y la cercanía, el apoyo y las expresiones de amor se fomentaban e incluso se consideraban deseables».

Una vez, Lincoln compartió una habitación de hotel con el juez David Davis.[20] Cuando entró Leonard Swett, amigo y asesor de Lincoln, se los encontró a los dos resoplando por una pelea de almohadas. Lincoln solo llevaba una bata amarilla cerrada por el escote con un único botón. Swett contaba que se estremeció al pensar en «lo que habría podido ocurrir si aquel botón se hubiera abierto sin querer».

En la época de Lincoln, la homosexualidad estaba tan tremendamente prohibida que la intimidad entre amigos no suscitaba ningún tipo de sospecha. De esta forma, la gente tenía plena libertad para mantener una amistad tan íntima como quisiera, con el único límite de los genitales. En sus cartas, el congresista y exsecretario de Estado Daniel Webster saludaba a su amigo James Hervey Bingham llamándolo «chico encantador» y «mi muy amado». En una de esas cartas, escribió: «Tú eres el único amigo de mi corazón, el compañero de mis alegrías, penas y afectos, el único partícipe de mis pensamientos más secretos». En caso de que el matrimonio no les fuera bien, la esperanza de Webster era esta: «Nos vestiremos de viejos solteros, un traje de luto y, tras enterrar las locuras de la juventud, con un sombrero y un bastón de nogal seguiremos caminando hasta el final de la vida, silbando tan alegres como los petirrojos».[21]

No estoy diciendo que debamos volver a aquella época, un tiempo en el que la intimidad sexual entre personas del mismo sexo estaba todavía más estigmatizada. Joshua Speed esclavizaba a la gente, lo que subraya aún más lo evidente: no era una época dorada para relacionarse con nuestros congéneres. Pero explorar aquel periodo pone de manifiesto las profundidades de lo que realmente podía ser la amistad.

Cuando desvalorizamos la amistad, sofocamos el potencial de una relación que puede llegar a ser tan estrecha como la de Josh y Abe. De hecho, con independencia de la edad que tengamos, lo más seguro es que todos hayamos pasado por un momento en el que la persona que sentíamos más cercana en el mundo era un amigo nuestro. Pero, con el paso de los años, entramos en una especie de amnesia colectiva en la que olvidamos el efecto que nos producían nuestros amigos. Hacemos como si crecer significara desprenderse de la amistad, como mudar la piel muerta para concentrarnos en las relaciones que importan, ignorando las investigaciones que corroboran las conclusiones de Harriet, es decir, que, con el paso de los años, los amigos se vuelven aún más importantes para la salud y el bienestar.[22] De hecho, es probable que nuestras amistades ya nos hayan transformado, moldeándonos en quienes somos y prediciendo en quiénes nos convertiremos.

LA AMISTAD HACE QUE NOS SINTAMOS COMPLETOS

Selina iba en un Uber de camino al piso que compartía con su mejor amiga, Jesse, cuando empezaron a mandarse mensajes sobre *Cuando lloran las cigarras* y a decirse cuánto iluminaba su amistad esta serie de anime. «Siempre estaré luchando a tu lado», le escribió Jesse refiriéndose a una idea central de la serie. Esto era lo que Selina necesitaba que le dijeran para confesar un secreto que había estado ocultándole a todo el mundo. «¿Te puedo contar un secreto? No se lo puedo contar a nadie más», le escribió a Jesse.

Cuando Selina llegó a casa, notó como la respiración se le volvía superficial y apartó la mirada. Si no le hubiera mandado un mensaje a Jesse diciendo que estaba dispuesta a contarle un secreto, seguramente se habría echado atrás. Ya se estaba imaginando lo que le diría Jesse: «Eso no tiene sentido. ¿Para qué mientes así?».

¿Cuál era el secreto de Selina? Que no era celiaca, por más que llevara diez años diciendo que lo era. Tal vez parezca un poco trivial, pero esta mentira la tenía sumida en la vergüenza. El primer hijo de su padre, fruto de un matrimonio anterior, nació muerto. Por eso, desde que Selina nació, su padre había temido que ella también muriera, lo que lo llevó a buscarle constantemente algún problema de salud, ya que así podría encontrar un tratamiento para curarla y recuperar el control sobre la mortalidad de su hija. La llevaba al médico todas las semanas: cuando uno le decía que no tenía nada, la arrastraba a otro.

Con el tiempo, su padre se hizo a la idea de que a lo mejor era celiaca, y ella, que estaba agotada de tanto médico, pruebas y hasta algunas pequeñas cirugías a las que había querido someterla su padre, se rindió. «Sí, papá, debe de ser eso, soy celiaca», dijo, aunque supiera que no era verdad. Y ese fue el comienzo de una década de mentiras: les mintió a sus amigos, a su familia y a cualquiera que conociera. Sin embargo, aunque así por fin podía escapar de la histeria de su padre, todas esas mentiras minaron su autoestima: «Me sentía muy mal, culpable, y cuestionaba mi forma de ser. Me acuerdo de mi prima Katie, que era celiaca y tenía ataques de vómito si ingería gluten. Al pensar en ella me sentía fatal por fingir que yo también lo era. Era como fingir que tenía cáncer».

Harry Stack Sullivan, un destacado psiquiatra, tiene una palabra para definir lo que Selina sentía a causa de la vergüenza que le provocaba su mentira: es un sentimiento «inhumano».[23] La vergüenza, afirma, es insoportable porque nos separa de la humanidad. Cuando nos despiden, no nos sentimos mal por haber cometido un error, sino porque, por haber cometido un error, nos vemos alejados de los demás. Cuando nos divorciamos, el dolor se agrava porque la ruptura nos aleja de los que viven una «vida normal» con matrimonios felices (aunque el divorcio sea normal). Cuando nos avergonzamos por nuestro cuerpo es porque pensamos que tenemos la piel floja, flácida o menos firme que la de otras personas (lo que también es normal). Según Sullivan, lo que provoca la vergüenza no es tanto el sufrimiento inherente a las experiencias cuanto el sufrimiento por que estas experiencias nos separen del resto de la humanidad.[24]

¿Cómo volvemos a sentirnos humanos? A través de la amistad, según Sullivan. Cuando contamos lo que nos avergüenza, y nuestros amigos nos aceptan o hasta se sienten identificados con nosotros, nos damos cuenta de que nuestras decepciones no nos hacen inhumanos. Nos hacen profundamente humanos. Nuestros amigos hacen que seamos capaces de aceptar nuestros defectos: verlos como una parte de lo que somos, y no como una letra escarlata.

En la experiencia de Selina vemos con claridad lo que afirma Sullivan. Antes de contárselo a Jesse, tenía que enfrentarse todos los días a su mentira. Sus amigos cocinaban sin gluten y elegían restaurantes sin gluten por ella. De vez en cuando, Selina se comía algún *bagel* a escondidas, o un *muffin*, y la mentira la hacía sentirse literalmente inhumana: «Cuando comía algo con gluten, me sentía literalmente como un carroñero que rebuscaba entre la basura».

Pero cuando le contó su secreto, Jesse no la cuestionó, como ella temía. Su amiga la entendió y hasta lo celebraron: «Enseguida sentí que se me perdonaba y apoyaba. No hubo ni un solo reproche. Me dijo: "Me muero de ganas por comer todas esas cosas contigo. Vamos a recuperar todo esto, va a ser genial. Podríamos salir a comer, a tomarnos unas mimosas y a zamparnos una tonelada de gluten"». Una semana después, Jesse y Selina salieron a comer gofres y *French toasts*, o como dice Selina, «gluten con extra de gluten». Por la noche se compraron unos helados de galleta con trocitos de *brownie* (con gluten) y se los comieron juntas. Cuando Selina se echó a llorar, Jesse le dijo: «Llora, desahógate. Yo me alegro mucho de que me lo hayas contado».

La actitud de Jesse hizo que Selina reuniera la fuerza necesaria para contarles su secreto a todas las personas que conocía. «No creo que te juzguen. Seguramente pensarán que estará muy bien poder comer dónuts contigo», le dijo Jesse para darle ánimos. Selina se lo contó primero a su hermano y luego a otros amigos, con Jesse a su lado: «Es una pasada, tenemos que salir todos juntos a comer», decía después de que Selina contara su secreto para dirigir la conversación hacia otro lado y que no surgiera ninguna pregunta sobre el tema. Al final, Selina se lo contó a su padre, que era con el que más temía hablar.

Al evitar lo que nos avergüenza, perdemos la oportunidad de explorar una parte de nuestra identidad. Cuando Selina contó su secreto, por fin pudo entender cómo era esa parte de sí misma que había estado reprimiendo por culpa de la vergüenza: «Experimenté una transformación en lo que la comida significaba para mí»; y descubrió que le encantaba cocinar: cebada, farro y todo tipo de gluten. Antes de contar su secreto, el evitar ciertos alimentos y esconder la comida para fingir que era celiaca le provocaba episodios de atracones: «Aunque no era igual, la situación y los motivos me hacían sentir como cuando tenía bulimia, en plan, soy un monstruo que se aprovisiona de comida». Después de contar su secreto, los síntomas de la bulimia disminuyeron.

Cuando nos avergonzamos de algo, nos sentimos fragmentados, como Selina. La vergüenza nos impulsa a ignorar, enterrar o distanciar una parte de nosotros mismos. Pero en nuestra obsesión por esconderlo, ese defecto nos absorbe e, irónicamente, cuando intentamos desprendernos de él, nos envuelve. Uno de mis vecinos, que es gay, dice que solo empezó a sentirse bien consigo mismo cuando salió del armario, porque ocultar su sexualidad agotaba toda su energía y consumía toda su personalidad. Lo que tratamos de reprimir nos define (hablaremos más sobre esto en el capítulo de la vulnerabilidad), o, en palabras de uno de mis profesores de Psicología: «Todo lo que no puedes decir te está afectando». Por eso no vencemos la vergüenza escondiéndola. Cuando contamos lo que nos avergüenza, y nuestros amigos nos quieren y nos aceptan, ya no tenemos que seguir esforzándonos por ocultarlo. Cualquier supuesto defecto que haya provocado el sentimiento de vergüenza se convierte en una parte de lo que somos, no en la totalidad de lo que somos. Así es como la empatía que recibimos de los amigos hace que nos sintamos completos.

Cuando Selina le contó su secreto a Jesse, por fin volvió a sentirse completa. «Levanto la mirada y no hay ningún carroñero —dice—, no hay basura. Fue como mirarme las feas y nudosas garras y darme cuenta de que son normales, como las de todo el mundo. Soy normal. Después de aquella noche me miraba en el espejo y pensaba: "¿Por qué me siento tan guapa?". Porque si alguien como Jesse podía quererme, entonces era digna de amor. Volvía a ser humana y a merecer amor.»

LA AMISTAD NOS HACE SER EMPÁTICOS

Desde luego, cualquiera puede ofrecernos esta empatía: nuestra familia, nuestra pareja, nuestro jefe, nuestros seguidores de Instagram, un monitor de zumba, una fabricante de velas, un conductor de Uber reticente. Pero los amigos están ahí cuando más necesitamos esta empatía. Las investigaciones revelan que el nivel de vergüenza es mayor cuando somos adolescentes, disminuye de forma constante a lo largo de la vida y vuelve a aumentar hasta alcanzar tasas igual de altas en la vejez;[25] y que en este momento difícil no recurrimos a la familia o al novio o novia que nos inventábamos cuando éramos más jóvenes para parecer interesantes. Recurrimos a los amigos.[26] Los amigos tienen un impacto tan duradero en nuestras identidades porque están ahí durante esa época crítica y tumultuosa en la que estamos descubriendo quiénes somos.

Los amigos son buenos candidatos para proporcionarnos empatía porque la amistad provoca empatía. De hecho, según Sullivan, con la amistad es como nos volvemos empáticos. En su teoría interpersonal, sostiene que hacia los ocho o diez años, la amistad altera radicalmente nuestra forma de relacionarnos con los demás. Es la primera relación en la que valoramos el bienestar del otro tanto como el nuestro. De niños, cuando se trata de los padres, recibimos. Cuando se trata de los profesores, obedecemos. Pero cuando se trata de los amigos, sentimos por ellos y con ellos.

Sullivan explica que el niño «empieza a desarrollar una verdadera sensibilidad hacia lo que es importante para otra persona. Y no en el sentido de "qué debo hacer para conseguir lo que quiero", sino de "qué debo hacer para contribuir a la felicidad o para apoyar el prestigio y el sentimiento de valía de mi compañero". [...] Se trata de un "nosotros"». Cuando hablé de esta teoría con una amiga, asintió y dijo: «Podría pensar que mis hijos son unos pequeños tiranos si no los viera nunca con sus amigos».

No solo es teoría. Decenas de estudios destacan el papel único de la amistad en el fomento de la empatía. Para los adolescentes, la amistad es un espacio específico para la empatía. Las investigaciones han descubierto que durante la adolescencia aumenta la amabilidad con los amigos, mientras que la amabilidad con la familia se estanca o disminuye.[27] Pero la amistad no solo es un espacio donde tener empatía, sino también donde desarrollarla. Un metaanálisis halló una correlación entre tener amistades de calidad y una mayor empatía.[28] En otro estudio sobre niños con dificultades del lenguaje, los niños que tenían amigos mejores desarrollaron más empatía, y los que tenían más empatía desarrollaron mejores amistades.[29] Los estudios que analizan el desarrollo de la empatía y la amistad en el cerebro han revelado que ver excluidos a los amigos activa la misma parte del cerebro que cuando se nos excluye a nosotros; mientras que esto no ocurre con los desconocidos.[30] Por consiguiente, la empatía forma parte de la amistad. Y la amistad no solo nos hace ser empáticos con nuestros amigos. Nos hace empáticos en general.

La empatía es un gran logro de la amistad. Es suficiente para que la relación sea vital. Pero el efecto positivo de la amistad va más allá de alimentar la empatía: mejora nuestro carácter en general. Un estudio, por ejemplo, evaluó si tener amigos durante los años de formación afecta a cómo somos de adultos.[31] Se comparó en varios aspectos de la vida adulta a personas que tenían amigos cuando estaban en quinto de primaria con otras que no los tenían, y el resultado fue que los que sí tuvieron amigos estaban menos deprimidos y tenían más principios morales y una mayor autoestima en la edad adulta.

Si nos preguntaran cómo hemos conseguido llegar a ser empáticos, tener más principios morales o desarrollar una buena autoestima, para la mayoría la respuesta no serían los amigos; más bien, diríamos que fue por la educación, la introspección, la terapia o los genes. No siempre somos conscientes del modo en que la amistad nos transforma, pero lo hace. Y no solo nos convierte en una mejor versión de nosotros mismos, sino que también nos ayuda a descubrir quiénes somos.

LA AMISTAD NOS AYUDA A DESCUBRIR QUIÉNES SOMOS

Era un día húmedo del verano de 2016, en el barrio francés de Hanói (Vietnam), cuando Callee abrió las ventanas de su piso y gritó «¡Callaos!» al jaleo de abajo. Sabía que era inútil. Su voz se ahogaría en el bullicio, pero tenía que intentarlo. Se dejó caer en la cama y empezó a sollozar. Callee es estadounidense, y se suponía que irse a vivir a Vietnam era su gran escapatoria, una gran aventura. Pero al cabo de varios meses, se sentía más exasperada que renovada. Disfrutaba enseñando inglés, pero la vida fuera de su pequeño piso era abrumadora, y se sentía sola.

«Deberías salir conmigo y con mis amigos», le dijo Gilda, su compañera de trabajo, cuando la notó desanimada. Gilda le presentó a Callee a sus amigos en un bar. Era un grupo con buenas intenciones pero bastante inexpresivo. Apenas le dijeron nada cuando entró en el reservado ni tampoco hablaron mucho con ella durante el resto de la noche. Aunque Callee agradecía la invitación de Gilda, se marchó sintiendo otro tipo de soledad, el que aparece cuando uno está rodeado de gente pero se siente incómodo siendo uno mismo.

Callee tiene el pelo muy rizado y normalmente es tan alegre como un perrito, se ríe con facilidad y saluda a la gente con exclamaciones que resuenan por todo el bar. Pero con Gilda y sus amigos, Callee se sentía presionada a bajar el volumen de su personalidad.

Callee no volvió a ver a aquellos amigos, pero siguió pasando tiempo con Gilda. Poco después se apuntaron a una clase de kung-fu con otros expatriados, y Gilda le hizo un resumen de los demás alumnos que incluía un consejo: «La chica, Lee, es una australiana ruidosa e insoportable. Yo me mantendría alejada de ella». El comentario confirmó lo que Callee sospechaba sobre su amistad con Gilda: solo podría sobrevivir si ella se encogía. «Porque si Gilda me conociera de verdad —dice—, probablemente le diría a otra persona: "Esa es Callee. Es una americana ruidosa e insoportable. Aléjate de ella".» Y así, el comentario de Gilda hizo que Callee deseara conocer a Lee.

Por suerte, Lee no era tímida y se presentó. Se cayeron bien enseguida, y pasaron el tiempo riéndose en la parte de atrás de la clase y metiéndose en líos. Lee invitó a Callee a comer después de la clase y su amistad se consolidó. A Callee le pareció que Lee era buena y amable. Además, las dos se sintieron cómodas desde el principio, lo cual no había ocurrido con Gilda. A Callee le encantaba la positividad de Lee, sus sonrisas que parecían lunas crecientes y los hoyuelos que se le formaban en las mejillas cuando se reía. Con Lee, Callee dejó salir todo su ser risueño y dinámico. La chica recatada que estaba con Gilda en el bar no era ella.

Lee rebosaba tanta alegría como agallas. Iba por Vietnam con una motocicleta. Cuando no sabía cómo llegar a algún sitio, se levantaba en la moto y llamaba a los transeúntes para pedirles indicaciones. Se acercaba a los desconocidos, los saludaba y los invitaba a comer con ella, como pudo comprobar Callee. Lee era valiente, pero Callee no.

Un fin de semana, Callee fue a ver a Lee a la casa a la que se acababa de mudar. El novio de Lee, un futbolista brasileño, estaba allí, y era amable, guapo y atento. La casa, muy ordenada, estaba en la playa. Callee suspiró y pensó en su vida. Estaba cansada de vivir en la ciudad, harta del estruendo de las motos, de los gritos y de los borrachos con los que siempre se topaba delante de su casa; y de alguna manera esa frustración empezó a aflorar en su relación con Lee.

Aquel fin de semana, cuando Lee llamó a un desconocido para pedirle indicaciones, Callee le espetó: «¿Cómo es posible que no sepas por dónde ir? ¡Vives aquí!»; cuando Lee giró por donde no era, Callee la reprendió: «No es por aquí»; cuando Lee intentó hablar en vietnamita para pedir la comida, Callee le soltó: «¡No se dice así!», y cuando Lee estaba contando algo y comenzó a gesticular, Callee la imitó burlándose. Al final, Lee le dijo desalentada: «¡C! ¿Por qué estás siendo así conmigo?».

¿Por qué se estaba portando así? Callee tuvo que enfrentarse a los hechos. «Me daba envidia por lo adelantada que estaba en la vida. Era valiente, iba a donde la llevara el viento y no temía a los cambios. Me inspiraba mucho, pero no era consciente de ello, así que empezaba a sentirme tensa cuando estaba cerca de ella porque ella tenía las cosas claras», admite. Sentía curiosidad por una persona, incluso envidia, y lo expresaba atacando. Lee representaba una amenaza para Callee porque le recordaba los vacíos de su vida.

Cuando se dio cuenta de todo esto, Callee aceptó la envidia como un medio para intentar descubrir lo que quería cambiar en su vida: «Necesitaba recordar que su viaje era diferente al mío, y la razón por la que somos amigas es porque podemos animarnos mutuamente y ayudarnos a crecer». Y así, Callee dejó que Lee le transmitiera su energía. Condujo una motocicleta por la ciudad. Invitó a desconocidos a comer *pho*. Un día, cuando estaban en el gimnasio, Lee propuso hacer una coreografía las dos juntas. La hicieron, y desde entonces Callee no dejó de bailar. Empezó a hacer coreografías cuando estaba sola en su cuarto y acabó siendo monitora de zumba. Callee se convirtió en todo lo que Lee le enseñó que podía ser.

Hay un famoso estudio de psicología que se conoce como el experimento del muñeco Bobo.[32] El experimento consiste en que los niños vean cómo un adulto trata a un enorme muñeco hinchable llamado Bobo: el adulto podía golpear al muñeco o bien ignorarlo y jugar con otros juguetes. Cuando los niños se quedaban con Bobo después de haber visto al adulto apalizarlo, le daban martillazos en la cabeza o se liaban puñetazos con su cara tonta y sonriente. En cambio, los niños que habían visto al adulto ignorar a Bobo, lo dejaban en paz y jugaban con otras cosas. El estudio fue revolucionario porque demostraba que el aprendizaje no solo se produce cuando un profesor imparte clase en el aula: aprendemos de lo que vivimos. Nuestra aula es lo que presenciamos de primera mano.

Lee fue el experimento del muñeco Bobo de Callee. Por mucho que Gilda le dijera a Callee que disfrutara y viviera la vida en Vietnam, lo que la convenció fue ver a Lee vivir la suya. Su amistad demuestra cómo nos cambian los amigos. Nuestros amigos exhiben la miríada de formas en las que podemos vivir. Nos exponen a nuevas formas de estar en el mundo, enseñándonos que otra vida es posible. Como dice la escritora francesa de origen cubano Anaïs Nin: «Cada amigo representa un mundo en nosotros, un mundo que posiblemente no nazca hasta que ellos llegan, y solo por este encuentro nace un mundo nuevo».

En el lenguaje de la psicología, la amistad de Callee y Lee ilustra los principios de la teoría de la autoexpansión.[33] Esta teoría subraya que, para sentirnos realizados, nuestra identidad necesita expandirse constantemente, y las relaciones son nuestro principal medio de expansión. Esto es así porque al acercarnos a alguien, lo incluimos en nuestro sentido de nosotros mismos, un fenómeno que se conoce acertadamente como «inclusión», entendida como la inclusión de los demás en uno mismo. Cuando nuestros amigos escalan el Kilimanjaro, casi parece que lo hemos hecho nosotros, y entonces nos sentimos más preparados para aventurarnos a la escalada. Cuando nuestra amiga deja su trabajo de contable para dedicarse a la acuarela, sentimos curiosidad por dejar el nuestro para hacer joyas. Cuando se obsesiona con el yogur helado, nosotros nos entra un antojo tremendo. En realidad, esta inclusión es parte de la razón por la que somos empáticos con los amigos: es como ser empáticos con nosotros mismos.

Arthur Aron, un reputado profesor de la Universidad de Stony Brook, desarrolló el concepto de inclusión. Aron me habló de unas pruebas muy interesantes que había realizado y que sugieren que incluimos a los demás en nuestro yo. Descubrió que las personas a las que se les daba dinero eran propensas a repartirlo equitativamente entre ellas y algún amigo, pero eran más egoístas cuando se trataba de compartirlo con un desconocido.[34] En otro de sus estudios se les pidió a los participantes que se atribuyeran rasgos a sí mismos o a otra persona y que luego recordaran qué rasgos habían atribuido a quién. Era más probable que confundieran los rasgos que se habían atribuido a sí mismos con los de otra persona cercana (amigo o pareja sentimental) que con los de una personalidad mediática.[35] En otro estudio se comprobó que las personas tardaban más en reconocer su cara cuando se presentaba junto a la de un amigo que cuando se presentaba junto a la de un famoso.[36] Cuando tratamos de evaluar las diferencias entre nosotros mismos y las personas cercanas, nos confundimos porque las sentimos parte de nosotros.

Aunque la inclusión puede hacernos sentir eufóricos, cercanos y desarrollados, también tiene sus inconvenientes. Algunas personas dicen que se sienten atrapadas con los demás y pierden su identidad, me contó Aron. Y también puede hacer que adoptemos los rasgos desagradables de otro, como su forma de reírse, su gusto por la mortadela o su costumbre de pimplarse un *whisky* por la mañana.

La inclusión explica por qué somos más susceptibles a la presión de los amigos. Los padres se preocupan cuando sus hijos se relacionan con un grupo que no les gusta y, según la investigación de Aron, hacen bien. Pero Aron confía en que los aspectos positivos superan los negativos: «Elegimos a las personas con las que relacionarnos porque, al fin y al cabo, queremos parecernos a ellas. Es una forma de enriquecer cómo somos».

Aron sostiene que la amistad es un poderoso desencadenante de la autoexpansión. Investigador empedernido, se ha compenetrado tanto con sus colaboradores que a veces se olvida de cuál es la especialidad de cada uno. Yo añadiría que esa amistad tiene unas ventajas únicas para la autoexpansión. Hasta en mis mejores relaciones románticas, cuando no he visto a mis amigos con la suficiente asiduidad, he sentido que mi personalidad se replegaba. Una sola persona, por muy maravillosa que fuera, solo podía sacar a la luz una parte de mí. Salir con diferentes amigos expandía mi personalidad como un pavo real que extiende la cola.

La amistad de Lincoln y Speed pone de manifiesto las consecuencias de la inclusión. No solo compartimos penas y alegrías; también nos volvemos más parecidos, menos distinguibles. Como dice Aron: «Si estoy cerca de ti, soy profunda y esencialmente diferente gracias a ti; y la diferencia es que soy profunda y esencialmente tú».[37] Aron llega a sostener que el yo no es más que un reflejo de lo que hemos cosechado de nuestras relaciones a lo largo de la vida.[38]

La mayoría de las personas esperamos el día en que nuestra identidad se endurezca, como una escayola que nos proteja de los golpes de la vida. Cuando somos jóvenes, anhelamos el momento en el que estemos completamente formados y tengamos la vida resuelta, tal vez cuando encontremos el amor, tengamos hijos, escribamos el libro que nos gustaría escribir o nos jubilemos. Pero luego nos hacemos mayores y nos damos cuenta de que ese momento nunca llega. Es algo que nunca termina de resolverse, pero se espera que uno esté mejor preparado para tolerarlo. Esta incertidumbre es también un regalo, una oportunidad no solo para expandirnos, mejorar y madurar, sino también para profundizar en la amistad, dejando que los demás sean agentes de nuestra transformación.

LA AMISTAD NOS HACE MÁS AFABLES

La amistad afecta a lo que somos, a nuestros comportamientos, rasgos e identidad. Para ver más pruebas de su importancia, vamos a centrarnos en los efectos que produce en el organismo.

Imagina que te presentas a un experimento y el investigador te pide que inhales un espray nasal. Tras esperar a que el espray haga efecto, el investigador te dice que te dará diez dólares que tendrás que repartir con un desconocido. La cantidad que compartas depende de ti. ¿Serías generoso?

O imagina otra situación. Esta vez, después del espray, el investigador te da dinero y te dice que puedes entregarle todo o una parte a un administrador. Él le dará el mismo dinero que tú le des, de forma que el administrador puede devolvértelo todo y algo más y encima quedarse una parte considerable para él mismo. Aunque también podría quedarse con todo. ¿Confiarías en él?

La respuesta, según dos estudios, dependerá de lo que contenga el espray nasal.[39] A algunos participantes se les administró un placebo de agua salada, mientras que otros recibieron una hormona mágica que nos hace más generosos, desprendidos y amables. Se llama «oxitocina». Los participantes que recibieron oxitocina eran más confiados. Según otros estudios, la hormona desencadena la empatía[40] y la atención hacia los demás.[41]

La oxitocina nos aporta conexión, pero la conexión también nos aporta oxitocina: cuando nos sentimos conectados, la oxitocina aumenta. Un estudio sostiene que los chimpancés machos que pasan tiempo con amigos experimentan un aumento de oxitocina.[42] Otro descubrió que las monas que tenían mejores amistades liberaban más oxitocina en momentos posteriores de la vida; y lo mismo ocurrió con los monos en cuanto a la vasopresina, otra hormona social.[43] Por otra parte, los niños con madres que tenían niveles más altos de oxitocina mostraban niveles más altos de oxitocina y mejores amistades.[44]

A lo largo de este capítulo he intentado convencerte de que la amistad nos transforma, y la oxitocina nos muestra cómo. Al tiempo que las pruebas siguen aumentando, los estudios sugieren que el haber tenido buenos amigos hace que la oxitocina se dispare, lo cual nos hace más empáticos, morales y atentos, lo que a su vez nos lleva a ser amigos mejores. Las pruebas apuntan a que las amistades pasadas nos preparan para la conexión a lo largo de la vida. Según Sullivan, el psiquiatra de la teoría interpersonal: «Sacar adelante los asuntos de la vida con personas del propio sexo requiere relaciones de amistad en la preadolescencia». La amistad engendra amistad.

Pero los que aún no hayáis experimentado el virtuoso ciclo de la amistad, no os preocupéis. Todo lo que vais a aprender en *Platónico* os abrirá las puertas.

La oxitocina, igual que un móvil de los de ahora, hace muchas cosas. No es solo la clave para conectar con los demás, sino también para la salud. Tanto es así que los científicos la llaman el «elixir de la juventud».[45] Aunque gran parte de las investigaciones sobre los efectos de la oxitocina en la salud se han realizado en animales, los resultados son prometedores. Los estudios han descubierto que calma las respuestas al estrés y reduce la inflamación.[46] En estudios con ratas se ha comprobado que disminuye los niveles de cortisol y la presión arterial.[47] En nuestra búsqueda para averiguar por qué tener amigos nos hace conectar mejor y por qué la amistad es buena para la salud física y mental, encontramos la misma fuente: la oxitocina. En palabras de la famosa terapeuta de parejas Esther Perel: «La calidad de nuestras relaciones determina la calidad de nuestras vidas». La oxitocina es el denominador común.*

LA AMISTAD NOS HACE CRECER POR DENTRO

«La amistad es tan innecesaria como la filosofía, como el arte, como el universo mismo», escribió C. S. Lewis con ironía, dando a entender exactamente lo contrario. En algún momento de nuestra vida, la amistad fue el centro de todos nuestros universos, como lo es para Selina. Y en esa época, la amistad (si era sana) elevaba nuestro carácter, haciéndonos más morales, empáticos y completos. La historia de Callee demuestra que, a través de la autoexpansión, la amistad nos ayuda a descubrir quiénes somos. No nos conocemos plenamente hasta que nos vemos en otra persona y reconocemos esa fuerza en nuestro interior; o como dice un refrán zulú: «Una persona es una persona a través de otras personas».

---

* Incluso en el caso de la oxitocina, un exceso tampoco es bueno. Apegarnos a las personas tiene algunas desventajas. Hay pruebas, al menos en mujeres, de que aumenta la ansiedad de perder a los demás (mientras que en los hombres se relaciona con una menor ansiedad).

Las amistades son pequeñas intervenciones de amor, empatía y oxitocina que calman el cuerpo, nos mantienen sanos y nos preparan para conectar con los demás. En palabras de Lydia Denworth, autora de *Friendship: The Evolution, Biology, and Extraordinary Power of Life's Fundamental Bond*: «La gente suele pensar en la competición y la supervivencia del más fuerte, pero en realidad se trata de la supervivencia del más amistoso. La amistad es la clave de una vida larga y feliz».

La amistad es un medio a través del cual encontramos nuestro yo más verdadero, más amable y más interesante. Es la clase *in vivo* de relaciones lo que nos enseña lo que significa conectar con los demás. Al mejorarnos en muchos aspectos, la amistad nos prepara para, eso, la amistad. Los amigos nos moldean hasta hacernos personas que están mejor preparadas para entablar relaciones más sanas, más completas y más duraderas. El filósofo francés Michel de Montaigne, en su ensayo «De la amistad», dice que es «espiritual» y que «el alma se educa con su práctica». Ojalá apreciemos a nuestros amigos y podamos crecer por dentro.

CAPÍTULO 2

CÓMO NOS AFECTAN NUESTRAS ANTIGUAS RELACIONES

El poder de la teoría del apego en la amistad

Imagínate que vuelves al comedor de tu colegio. A un lado están los cocineros, que ofrecen la carne misteriosa del día, y al otro lado están los niños, sentados en las mesas rectangulares. Todo el mundo habla tan fuerte que sus voces se entrelazan en un revuelo de ruido blanco, como cuando se mezclan todos los colores hasta fundirse en negro. Llaman a tu mesa para que os acerquéis a por el almuerzo. Por más que te atraiga la idea de saltarte la porquería de hoy y dirigirte hacia las máquinas expendedoras de Doritos y palomitas, sabes que eso te dejaría el estómago revuelto para las horas de clase que quedan, así que te pones en la fila.

Conforme avanza la cola, te vuelves a mirar hacia la mesa en la que has soltado la mochila. Es donde tu amigo Eric y tú os sentáis todos los días. Pero no ves la mochila ni la chaqueta de Eric, y te preguntas dónde estará. Lo has visto en clase de Mates, así que sabes que está en el colegio. Normalmente os ponéis en la cola juntos y os vais contando cómo ha ido el día. Empiezas a sentirte un poco solo mientras ves a los demás niños hablando con sus amigos, preguntándose: «¿Has visto el último episodio de *Los Simpson*?».

La cola sigue avanzando hasta que te toca a ti. Miras la comida. Hay una caja grande de *pizza* con queso blanco por encima y una bandeja llena de sándwiches: mortadela, jamón y queso, mantequilla de cacahuete y mermelada, carne asada, queso americano naranja. Eliges la *pizza* y una guarnición de zanahorias. También esperabas que hubiera zumo, pero hoy solo hay leche. Coges un cartón de leche rojo y vuelves a tu sitio.

Te sientes aliviado al ver que tu amiga Amanda se ha sentado a la mesa. Algunas veces Amanda se sienta con vosotros, y otras con su grupo de amigos del teatro del cole. Menos mal que hoy se ha sentado a tu mesa, así por lo menos no estás solo, esperando a que aparezca Eric.

—¿Has visto a Eric? —le preguntas.

—Sí, lo he visto en Ciencias. Se ha ido a hablar con el profe después de clase. No sé cuánto tardará.

Apartas la mochila, consultas el reloj y te sientas. Ya ha pasado un cuarto de hora. Te vuelves para ver si ves a Eric en la cola de la comida. Pero no está. Así que te diriges otra vez hacia Amanda y os ponéis a hablar de las notas del examen de Matemáticas.

Mientras te felicita por tu nota, Amanda mira detrás de ti. De pronto, abre los ojos como platos. Al girarte notas que te está cayendo un líquido por el hombro. El olor se te mete por la nariz. Es leche. Te moja el pecho y te cae hasta el regazo antes de que el cartón rebote en el suelo. Dos niños que están cerca se ponen a reírse como las hienas de *El Rey León*. Miras hacia atrás para ver qué está pasando y ves a Eric. Sin sombra de expresión en la cara. Lleva la bandeja llena, con un trozo de *pizza* y unas zanahorias, pero el sitio de la bandeja en el que debería ir el cartón de leche está vacío. La leche no está.

Ahora eres tú el que tiene que darle un sentido a lo que ha pasado. ¿Tenía tantas ganas de beberse la leche que le dio un sorbo antes de llegar a la mesa, se ha tropezado al acercarse, a lo mejor por las prisas, porque tenía muchas ganas de verte, y, como llevaba el cartón de leche abierto, se le ha resbalado de la bandeja y te ha caído a ti encima? ¿O no ha perdido el equilibrio y, no se sabe por qué, ha decidido abrir el cartón y volcarte una cascada de lácteos? ¿Quería humillarte o solo ha sido muy torpe?

¿Por qué la gente interpreta de formas tan distintas lo que le ocurre con sus amigos? En este capítulo vamos a hablar de la teoría del apego, un punto de vista innovador que responde a esta pregunta, y de paso resolveremos otras cuestiones sobre la amistad, como quiénes somos como amigos y cómo llegamos a ser así, cómo afectan nuestras percepciones y comportamientos a la amistad y qué tipo de persona es más propensa a hacer amigos y mantenerlos. Contestar a estas preguntas es vital para nuestra búsqueda de la amistad y nos guiará a lo largo del libro.

Descubriremos que cientos de estudios revelan que la forma en que vemos a los demás, interpretamos los acontecimientos y nos comportamos produce un efecto predecible a la hora de hacer amigos y mantenerlos. No todo es suerte, sostienen con firmeza estos estudios; el hacer y mantener a los amigos depende de nosotros. Hay pequeñas decisiones que tomamos, de las que a menudo no nos damos cuenta, que determinan el destino de la amistad. Pero ¿cuáles son?

EL PODER DEL TIPO DE APEGO

Cuando era pequeño y vivía en Israel, Omri Gillath se esforzaba por hacer amigos y se preguntaba por qué los demás no lo hacían. Volvió a preguntárselo cuando se trasladó a Estados Unidos para cursar sus estudios posdoctorales de Psicología, lo que lo mantenía separado de todos sus amigos. Le costó mucho hacer de nuevo amigos en Estados Unidos, donde la amistad parecía ser algo de usar y tirar. La gente se mudaba y olvidaba a sus amigos, observó Omri. Y ahora que vivía en Estados Unidos como inmigrante, donde además tenía que mudarse con frecuencia, le preocupaba que no hubiera muchas esperanzas.

Pero con lo que sí contaba era con una gran curiosidad. Ahora, con cincuenta años, es calvo y tiene una barba como la de Sigmund Freud, pero ya en la universidad sus amigos lo llamaban Freud por su voraz interés por saber por qué la gente hace lo que hace. Como estudiante de posgrado, pasó de un tutor a otro y estudió el suicidio y el sentido de la vida, hasta que por fin acabó satisfaciendo su curiosidad sobre las personas mediante el estudio de los tipos de apego.

La teoría del apego le ayudó a saber cómo eran las personas expertas en hacer y mantener amigos. Según la investigación, estos «superamigos» no solo son mejores para entablar nuevas amistades,[1] sino que su amistad es más estrecha y duradera.[2] Se les da bien hacer lo que él describió como «amigos de pala»: amigos que, «si te presentas a las dos de la mañana en su casa y les dices que necesitas ayuda para enterrar un cadáver, te preguntan: "¿Dónde está la pala?"».

Estos superamigos no solo prosperan en sus relaciones, sino que también lo hacen en todos los aspectos de la vida. Por consiguiente, nuestra capacidad para relacionarnos con los demás no solo determina nuestras amistades, sino que ejerce una gran influencia en todo lo que hacemos. Los estudios indican que estos superamigos tienen una mejor salud mental y son más propensos a sentir que son importantes.[3] Están más abiertos a nuevas ideas[4] y albergan menos prejuicios.[5] Están más satisfechos en el trabajo y la opinión que sus compañeros tienen de ellos es más positiva.[6] Tienen menos remordimientos y más capacidad para soportar los golpes de la vida.[7] En eventos típicamente estresantes, como los exámenes de Matemáticas o hablar en público, mantienen la calma.[8] Son menos propensos a sufrir dolencias físicas, como ataques al corazón, dolores de cabeza, problemas de estómago e inflamación.[9] Cuando hablé con Omri Gillath, ahora profesor de la Universidad de Kansas, estábamos en plena pandemia de COVID-19, y comentó que los superamigos se estaban adaptando mejor al caos.

Los superamigos respondieron claramente a la desastrosa situación de la leche que vimos al principio de este capítulo.[10] En varios estudios se les preguntó a los niños cómo interpretarían las acciones de sus amigos en una escena similar (aunque menos dramática; licencia poética). Algunos juzgaron que Eric tenía motivos siniestros, que se desvivía por humillarlos y, en consecuencia, se enfadaban más por la leche derramada. Otros querían vengarse y devolvérsela tirándole a él más leche. Sin embargo, los superamigos lo consideraron un accidente, lo perdonaron y le dieron a Eric el beneficio de la duda, asegurándole que no pasaba nada.

¿Cuál es la cualidad distintiva de los superamigos? La seguridad. Según la teoría del apego —la que cambió la vida y la carrera de Gillath para siempre—, el apego seguro es uno de los tres principales tipos de apego, que se describen a continuación:

1. **Apego seguro.** Las personas seguras dan por hecho que son dignas de amor y que se puede confiar en que los demás se lo den. Esta creencia se convierte en una plantilla inconsciente que se traslada a todas sus relaciones, lo que los lleva a concederles a los demás el beneficio de la duda, a abrirse, a pedir lo que necesitan, a apoyar a los demás, a dar por sentado que caen bien y a conseguir intimidad.
2. **Apego ansioso.** Las personas con este tipo de apego suponen que los demás las abandonarán. Para evitarlo, se aferran, se sacrifican demasiado para amoldarse a los demás o se lanzan a la intimidad con demasiada rapidez.
3. **Apego evitativo.** Las personas con apego evitativo también temen que las abandonen, pero en lugar de aferrarse para evitarlo, mantienen a los demás a distancia. La intimidad les hace pensar que pueden resultar heridas, por lo que alejan a los demás, evitan la vulnerabilidad y abandonan las relaciones prematuramente.

Desarrollamos nuestros tipos de apego basándonos en las primeras relaciones con nuestros cuidadores (aunque la investigación de Gillath ha descubierto que los genes también desempeñan un papel importante).[11] Si nuestros cuidadores fueron afectuosos y nos hicieron sentir valorados, nos volvemos seguros. Pero si se comportaron de un modo insensible, con frialdad, mostrando una actitud de rechazo o siendo invasivos —si nos gritan que dejemos de llorar si estamos tristes, no nos hacen caso cuando queremos jugar o nos pegan cuando se nos caen los cereales sin querer—, desarrollamos un apego inseguro que nos lleva a ver el mundo como algo traicionero, creyendo que los demás van a abandonarnos o a tratarnos mal. Y para protegernos, nos comportamos de manera ansiosa o evitativa. También existe el apego desorganizado, que es el que tienen las personas que oscilan entre estos dos tipos de apego de una forma más extrema.

Pero no todo es culpa de nuestros padres. Un estudio muestra que el 72 por ciento de las personas mantienen el mismo estilo de apego desde la infancia hasta la edad adulta;[12] mientras que otro estudio lo reduce a un 26 por ciento.[13] Ambos estudios eran pequeños, y se necesita más investigación. El profesor Everett Waters, de la Universidad de Stony Brook, que dirigió uno de los estudios, me explicó que, aunque las experiencias tempranas de apego con los cuidadores establecen expectativas sobre nuestras relaciones con la gente en general, estas expectativas probablemente evolucionan con otras relaciones, y nuestra relación con los padres solo sirve como punto de partida. «Una vez que se tiene cierta experiencia en el grupo de pares, las expectativas iniciales van a dar paso a las expectativas basadas en la experiencia real con los pares», afirma. En otras palabras, cada nueva relación puede cambiar tu tipo de apego.

Aunque el apego evoluciona en función de las relaciones que mantenemos, la teoría del apego muestra que la forma en que vemos nuestras relaciones no es objetiva, puesto que está influida por nuestro pasado y la manera en que nuestros padres, y luego otras personas de nuestra vida, nos han tratado. Pero la mayoría no lo reconocemos. Consideramos que nuestras percepciones —refractadas a través de nuestro tipo de apego— son la realidad.

He tenido amigos que creían que no les caían bien a otro amigo que teníamos en común, cuando en realidad yo he visto a ese amigo común elogiarlos en mi presencia. Me han escrito personas deseosas de consejos sobre la amistad que han dejado que se marchiten relaciones prometedoras porque decían: «Si ellos no inician la conversación es que no quieren saber nada de mí». ¿De dónde vienen estas suposiciones? No puede ser de cómo nos ven los demás, porque nosotros no podemos estar seguros de cuáles son las percepciones y los motivos de los demás; más bien, lo que estamos haciendo es hurgar inconscientemente en nuestro pasado para interpretar el mundo.

- Cuando suponemos, sin pruebas claras, que la única razón por la que alguien se acerca a nosotros es que está aburrido y se siente solo, el apego está en juego.
- Cuando pensamos que en una amistad feliz «todavía puede pasar algo malo», el apego está en juego.
- Cuando sentimos una necesidad abrumadora pero misteriosa de retirarnos, el apego está en juego.
- Cuando damos por hecho que los demás nos decepcionarán, nos juzgarán cuando nos mostramos vulnerables o nos darán de lado cuando necesitemos apoyo, el apego está en juego.
- Cuando pensamos que los amigos no nos quieren de verdad, el apego está en juego.
- Cuando permitimos que la gente solo vea nuestro lado fuerte, nuestro lado alegre o nuestro lado sarcástico, el apego está en juego.
- Cuando mantenemos relaciones con personas que nos tratan mal, el apego está en juego.

El apego es lo que proyectamos sobre la ambigüedad en las relaciones, y las relaciones están plagadas de ambigüedad. Es la «sensación visceral» que utilizamos para deducir lo que realmente ocurre. Y esta sensación no está impulsada por una evaluación fría de los acontecimientos, sino por el colapso del tiempo, la superposición del pasado en el presente.

Comprender nuestro apego es revelador, no para que podamos flagelarnos mentalmente por nuestras interpretaciones sesgadas, sino para que podamos entendernos mejor y que nuestra amistad crezca. Si alguna vez te has preguntado: «No sé qué estoy haciendo mal, ¿por qué no puedo hacer o mantener amigos?», darte cuenta de cómo tu apego moldea tu forma de relacionarte con los demás puede darte nuevas esperanzas y abrir el camino.

CÓMO DETERMINAR TU TIPO DE APEGO

La tabla que aparece a continuación describe patrones de comportamiento en la amistad basados en el tipo de apego.* Revisa la lista y marca con una X tus comportamientos. Después, suma todas tus X en cada columna. La puntuación más alta representa tu tipo de apego principal en la amistad.

COMPORTAMIENTOS EN LA AMISTAD BASADOS EN EL APEGO

Seguro	Ansioso	Evitativo
Te sientes cómodo al entablar nuevas amistades. ____	El miedo al rechazo impide el inicio de nuevas amistades. ____	No tienes interés por entablar nuevas amistades. ____
Desarrollas amistades íntimas. ____	Desarrollas amistades íntimas. ____	Desarrollas amistades superficiales. ____
Cuando no ves a tus amigos, das por hecho que retomarás el contacto con ellos. ____	Cuando no ves a tus amigos, te preocupa que no quieran continuar la amistad; resentimiento. ____	Cuando no ves a tus amigos, te olvidas de ellos. ____
Eres generoso, poniendo los límites adecuados. ____	Eres excesivamente generoso, hasta que no puedes dar más. ____	No eres generoso. ____

* Aunque es importante explorar el apego temeroso, desgraciadamente no hay mucha investigación sobre él, por lo que a lo largo del libro nos vamos a centrar en el apego ansioso, el evitativo y el seguro.

COMPORTAMIENTOS EN LA AMISTAD BASADOS EN EL APEGO

Planteas los problemas de modo razonable. ______	Ignoras los problemas y luego explotas. ______	Ignoras los problemas; minimizas o desvías la conversación cuando los demás plantean los problemas. ______
Te sientes cómodo mostrándote vulnerable. ______	Revelas demasiada información personal. ______	Te sientes «débil» cuando te muestras vulnerable; evitas hacerlo. ______
Tus amigos conocen todas tus facetas. ______	Tus amigos conocen todas tus facetas. ______	Tus amigos solo conocen tu lado fuerte o positivo. ______
Te sientes cómodo pidiendo apoyo. ______	Temes que pedir apoyo te convierta en una carga. ______	Temes que pedir apoyo te haga parecer débil. ______
Te sientes cómodo dando tu apoyo. ______	Te sientes cómodo dando tu apoyo, pero te involucras demasiado en los problemas de tus amigos: insistes en tus consejos o te hundes. ______	Te sientes agobiado cuando los demás necesitan apoyo. ______
Das prioridad tanto a tus necesidades como a las de los demás. ______	Cuando algo te afecta profundamente, das prioridad a tus necesidades. De lo contrario, das prioridad a las de los demás. ______	Das prioridad a tus necesidades por encima de las de los demás. ______

COMPORTAMIENTOS EN LA AMISTAD BASADOS EN EL APEGO

Te sientes cómodo admitiendo tus errores y asumiendo la responsabilidad. ______	Cuando admites un error, eres muy crítico contigo mismo. De lo contrario, niegas el error y la responsabilidad; consideras que la culpa es de la otra persona. ______	Niegas el error y la responsabilidad; consideras que la culpa es de la otra persona. ______
Eres auténtico y genuino. ______	No eres auténtico para así caerles bien a los demás. ______	No eres auténtico para evitar sentirte incómodo. Sueles bromear o ser sarcástico cuando salen temas serios. ______
Te alegras por los éxitos de tus amigos. ______	Envidias el éxito de tus amigos; lo interpretas como una afronta a tu éxito personal. ______	Envidias el éxito de tus amigos; sientes que tú te lo mereces más. ______
Buscas relaciones de igualdad. ______	Dejas que los demás te dominen. ______	Intentas dominar a los demás. ______
Te comunicas sin rodeos. ______	Te comunicas de forma pasivo-agresiva u hostil. ______	No te comunicas; te ausentas o te retiras. ______
Confías en que los demás te quieren y se preocupan por ti. ______	Crees que en realidad no les caes bien a los demás y que no se preocupan por ti. ______	Crees que si los demás demuestran que les caes bien y se preocupan por ti es por algún otro motivo; desconfías. ______

Si tienes una puntuación más alta en un tipo de apego, es posible que tengas ese apego con más frecuencia, pero habrá personas o acontecimientos que te hagan tener otros. Aunque tengamos un tipo de apego primario, el apego es una gama más que una categoría. Muy a menudo, presentamos patrones de apego más inseguros cuando estamos estresados. Por ejemplo, yo he obtenido la puntuación más alta en apego seguro, pero el resultado del apego evitativo ha sido mayor de lo que me suele salir. He estado muy ocupada (trabajando y escribiendo este libro), lo que limita mis recursos para proporcionar apoyo emocional a los demás. Después de trabajar tanto, solo quiero atrincherarme en casa, tumbarme en el sofá y ver películas y televisión basura.

Ahora que ya entiendes mejor cuál es tu tipo de apego, vamos a profundizar en cómo afecta a la forma en que te comportas respecto a la amistad.

APEGO SEGURO

Todo el mundo lo hace lo mejor posible, y al final todo saldrá bien

El psicólogo Fred H. Goldner acuñó el término «pronoia» para describir la contraparte positiva de la paranoia.[14] Las personas con pronoia, a pesar de cualquier prueba en contra, tienen el delirio de que el universo está conspirando para que tengan éxito y de que los demás los quieren, confían en ellos y les desean lo mejor. ¿Cómo llamarías a alguien con pronoia no delirante? Una persona segura. A menos que haya pruebas de lo contrario, piensan que caen bien y que los demás son dignos de confianza y quieren lo mejor para ellos. No son como Pollyanna, la niña del libro de Eleanor H. Porter: ajustan este optimismo en función de los datos que tengan. Pero este optimismo inicial, la creencia de que todo va a salir bien al final, es la razón por la que «la vida es más fácil» para las personas seguras, explica Gillath: «El ser personas seguras en nuestras relaciones nos prepara para ser personas seguras en todos los aspectos de la vida».

Podríamos pensar que las personas seguras están abocadas a la decepción. Al pensar que los demás son dignos de confianza, ¿no saldrán perjudicadas? Y si hay personas que quieren hacerles daño, ¿se darán cuenta? En realidad, esperar lo mejor predispone a la gente segura a recibir lo mejor. En un estudio se propuso un juego de finanzas en el que se les pedía a los estudiantes que invirtieran dinero a través de un administrador y se les daba dos posibilidades: podían amenazarlo, advirtiéndole de que se le impondría una penalización económica si no recuperaban la inversión, o bien descartar la amenaza por completo. El administrador obtuvo los mejores rendimientos cuando se descartaba la penalización, y los peores cuando se le amenazaba con ella.[15] «Si confías en la gente, haces que sea más digna de confianza», aseguró Ernst Fehr, profesor de la Universidad de Zúrich y uno de los autores de la investigación.[16] Este estudio reafirma una teoría psicológica llamada «teoría de la reciprocidad», que sostiene que los demás nos tratan como nosotros los tratamos a ellos. Si somos amables, abiertos y confiados, es más probable que la gente responda de la misma manera. Así pues, las personas seguras no se limitan a suponer que los demás son dignos de confianza, sino que hacen que los demás sean dignos de confianza a través de su buena fe.

Y cuando las personas que no son de fiar pasan desapercibidas y hacen daño, las personas seguras se ven menos afectadas —no más— que las inseguras. Los estudios demuestran que la seguridad es un fuerte predictor de la resiliencia[17] y de la regulación del estrés.[18] Un estudio demostró que, en personas seguras, la variabilidad del ritmo cardiaco (variaciones en el intervalo entre latidos) no fluctuaba tan significativamente cuando se veían excluidas socialmente, pero cuando las personas no contaban con esa seguridad, sí lo hacía.[19] La variabilidad del ritmo cardiaco fluctúa cuando el corazón responde al estrés, por lo que los autores concluyen que «el apego puede proporcionar un mecanismo importante para aumentar la respuesta adaptativa a la experiencia angustiosa de la exclusión social». Mientras que las personas inseguras esperan que los demás no los traten bien, cargando continuamente con el peso de la sospecha aun cuando es innecesario, las personas seguras solo tienen que superar el momento en que los demás los decepcionen. Su confianza en los demás también les hace confiar en que tendrán apoyo cuando esto ocurra.

Al contar con esta resiliencia y buena fe, las personas seguras están más dispuestas a asumir riesgos en la amistad. «¿Qué harías si no pudieras fallar?», me preguntó una vez una tarjeta postal de Whole Foods, arrastrándome a una crisis existencial cuando yo solo esperaba poder comprar unos rizos de queso. Las personas seguras viven la respuesta a esta pregunta. Como ya hemos dicho, son más propensos a comenzar nuevas amistades,[20] así como a abordar los conflictos de forma productiva[21] y a hablar de temas íntimos.[22] Como descubriremos más adelante, estos comportamientos arriesgados son vitales para el éxito de la amistad (aunque también tienen sus límites, como veremos al hablar del apego ansioso). Cuando Nick, un médico seguro de sí mismo, se mudó a St. Louis, conoció a Lawrence a través de un amigo común, y los dos conectaron al instante. Pero Lawrence tenía previsto mudarse a Nueva York en unos meses: «Le dije que, aunque se fuera, seguiríamos manteniendo el contacto. Le ofrecí mi amistad, que es algo que hago a menudo. Lo peor que puede pasar es que no lleve a nada». Cuando Nick conoció a los amigos de Lawrence y también le cayeron bien, le dijo a Lawrence: «Me caen bien tus amigos, pero tú te vas y eras nuestro nexo. A lo mejor podríamos abrir un chat grupal».

Nick se hizo amigo de los amigos de Lawrence, pero más tarde se enteró por Lawrence de que hablaban de él a sus espaldas. La mujer de Nick le había pedido el divorcio y él estaba destrozado, y, según sus amigos comunes, era un disco rayado que no paraba de hablar de lo mismo. Sin embargo, en lugar de enfadarse, Nick fue comprensivo: «Lo entiendo. A veces un amigo pasa por algo y es en plan: "No para de hablar de eso. Qué aburrimiento". Te desahogas con otro amigo, pero eso no quita que le sigas teniendo cariño y estés dispuesto a seguir demostrándole tu apoyo. Lo acepto, y forma parte de la dinámica de los amigos».

Un sólido sentido de identidad, que no se ve afectado por los roces que inevitablemente surgen en las relaciones cercanas, les da a las personas seguras la compostura necesaria para perdonar a los demás, lo que explica por qué, según las investigaciones, se les da mejor mantener las amistades[23] y son menos propensas a los conflictos.[24] Y cuando surge uno, las personas seguras son menos propensas a utilizar estrategias perjudiciales, como retirarse o exagerar. Mientras que las personas inseguras solo piensan en si los demás satisfacen sus necesidades, las seguras se suben a la plataforma de observación emocional y sopesan sus necesidades al mismo tiempo que las de los demás. Como en el caso de Nick, aun cuando se les critica, las personas seguras no entran en un modo de autodefensa en el que se protegen a sí mismas, se olvidan de los demás y dañan involuntariamente sus relaciones. Por el contrario, expresan con libertad sus necesidades sin pretender culpar ni acusar, sino comprender y ser comprendidas (hablaremos más sobre esto en el capítulo dedicado a la rabia).

Cuando no nos sentimos amenazados surgen muchas otras cualidades positivas. Las personas seguras son más generosas, indulgentes y auténticas.[25] Se sienten cómodas con la intimidad y los comportamientos que la favorecen, como dar y recibir apoyo y mostrarse vulnerables.[26] Terry Real, terapeuta y autor, tenía razón cuando escribía en su libro *How Can I Get Through to You?*: «Mantener las relaciones con los demás requiere una buena relación con nosotros mismos. Una autoestima sana es un sentido interior de la valía que no le lleva a uno ni a la grandiosidad del "mejor que" ni a la vergüenza del "menos que"».

Al estar abiertos a las necesidades de los demás, sin verlas como una agresión al propio ego, sino como una oportunidad para tratar mejor a los demás, las personas seguras van mejorando continuamente la amistad. El no tener una actitud defensiva les ayuda a atender mejor a los demás y, según las investigaciones, hace que su seguridad aumente con el paso del tiempo.[27] Jack, un redactor que vive en Washington D. C., recuerda una ocasión en la que una amiga le habló por el chat de Google sobre una situación difícil por la que estaba pasando. Él no paraba de darle consejos, y ella contestó: «Lo que necesito es que me digas "lo siento" o "vaya mierda"».

Y dice Jack: «Nuestra comunicación mejoró mucho después de aquello. Ella se desahogaba y yo empatizaba, y podíamos avanzar y hablar de otras cosas, mientras que usando "mi modelo" de ofrecer consejos, nos quedábamos atrapados en un ir y venir sobre el mismo tema que ella no quería ni pedía». Ahora Jack ha aprendido a reconocer mejor los sentimientos de sus amigos.

Los amigos que están seguros de sí mismos te hacen sentir seguro. A ti te da miedo contarle a alguien que tienes momentos de depresión, que has roto los lazos con tu tía abuela o que le has echado kétchup a los huevos, y ellos te demuestran su cariño pase lo que pase. Los investigadores han observado que las personas seguras dicen que son más tolerantes con los demás y que saben escuchar.[28] En el capítulo I hablamos de cómo los amigos, cuando pasamos vergüenza, pueden hacernos sentir humanos de nuevo. Los amigos con seguridad en sí mismos saben hacer esto mejor que nadie. Nos proporcionan amistades que sanan.

El «dilema del erizo» es una buena metáfora que puede arrojar luz sobre el apego. Creado por el filósofo alemán Arthur Schopenhauer, el dilema describe a un grupo de erizos que están temblando de frío. Se acurrucan para calentarse, pero se pinchan con las púas, así que se alejan: erizos evitativos. Pero cuando vuelven a tener frío, se acercan demasiado: erizos ansiosos. Esta es la metáfora de Schopenhauer sobre los peligros de la intimidad: tenemos frío sin ella y resultamos heridos con ella. Pero la intimidad no es tan peligrosa para todos los erizos. Los erizos seguros han aprendido a encontrar el equilibrio adecuado entre la seguridad y el calor.

APEGO EVITATIVO

No necesito a nadie. Yo solo me basto

En nuestra sociedad estadounidense individualista, definida por la ética protestante del trabajo, se nos incita a ser autosuficientes, se nos premia por nuestra capacidad de soportar solos todos los obstáculos de la vida y se proclama nuestra fortaleza cuando no nos conmueven las tragedias de la vida. «No llores», se nos dice, en lugar de «llora; es sano sentir». Nuestra noción de *cool* (indiferente) está marcada por una despreocupación antinatural: dichosos sean aquellos a los que les da igual todo. Algunos científicos atribuyen la misma palabra, *cool* (frío, fresco), a la conductancia de la piel:[29] las personas imperturbables liberan menos sudor cuando están bajo presión, lo que hace que su piel sea literalmente más fría y «gruesa». Los de «piel gruesa», los insensibles, son nuestros héroes; por eso nos cuesta admitir que cuando se producen estos comportamientos, algo va mal. Son personas con un tipo de apego evitativo.

Jared es un exmilitar de cincuenta y nueve años. Su madre lo tuvo con quince, y su primer recuerdo es ver a su madre haciendo las maletas para abandonarlo. También recuerda que estaba celoso de los novios de su madre, porque podían estar más cerca de ella que él. Sus abuelos, que fueron quienes lo criaron, le inculcaron la necesidad de una independencia extrema: no dependas de nadie y no dejes que nadie dependa de ti. Su abuela le decía que era un pecado capital ir a casa de alguien y aceptar el té si se lo ofrecían.

Jared, como la mayoría de las personas con apego evitativo, aprendió de su familia que si te acercas demasiado a la gente o dependes de ella, te decepcionará. Así que no lo hacía. Tenía un mejor amigo, pero mantenía a la mayoría de la gente a distancia. Su familia le inculcó la sensación de que los amigos eran una molestia, no algo que mejorara la vida. Una vez su abuelo se quejó de que un vecino le pidiera que le prestara su mazo, una herramienta que no había tocado en una década.

Las personas con apego evitativo, como Jared, alejan a los demás porque en las relaciones no perciben alegría y satisfacción, sino presiones y responsabilidades. Y cuando los demás intentan acercarse, ellos se cierran y desconfían porque dan por hecho que lo hacen por algún motivo oculto. Sus amigos suelen describirlos como personas misteriosas o enigmáticas porque apenas hablan de sí mismos.

Para mantener a raya a los demás, se centran por completo en el trabajo, satisfaciendo aún más los ideales estadounidenses. Según las investigaciones, las personas con apego evitativo, en comparación con las que tienen otros tipos de apego, son más propensas a afirmar que su trabajo afecta a su felicidad en mayor medida que las relaciones.[30] En terapia de pareja, un paciente con apego evitativo comentó acerca de su pareja con un psicólogo: «Ella no puede trabajar cuando está disgustada. Yo necesito trabajar cuando estoy disgustado».[31] Philippe Lewis, de mediana edad y pelo largo, es un *coach* de amor y relaciones que antes tenía un tipo de apego evitativo y solía preferir que sus amigos también fueran sus compañeros de trabajo, justificando su valía en que le proporcionaban algo más que una mera conexión.

Pero el trabajo no es la única forma en que las personas con apego evitativo mantienen la distancia. También establecen límites rígidos en torno a las amistades. No les gusta mezclar amigos de diferentes círculos ni sacar a un amigo de un contexto para llevarlo a otro, como invitar a un amigo del trabajo a comer a casa. Como dice Gillath en uno de sus artículos: «Al permitir que cada amigo cumpla solo una función, o un número menor de funciones que los individuos no evitativos, los individuos evitativos reducen su dependencia de cada amigo específico. De este modo reducen potencialmente sus preocupaciones respecto a la confianza y la dependencia».[32]

Una de las formas en que las personas con apego evitativo alejan a los demás está relacionada con un concepto psicológico llamado «permanencia del objeto». Sin la permanencia del objeto, las cosas dejan de existir cuando no están directamente delante de nosotros, es decir, cuando no se pueden ver ni sentir. Si un bebé está absorto mirando un sonajero y lo escondes debajo del mantel delante de él, mirará a su alrededor confundido, sin entender adónde habrá ido a parar. Los bebés superan esta etapa a los siete meses, pero las personas con apego evitativo nunca llegan a hacerlo del todo, psicológicamente hablando. Cuando los amigos se mudan o cambian de trabajo y los pierden de vista, dejan de pensar en ellos. Lewis dice: «Cuando los amigos se iban, no los echaba de menos. No llamaba ni escribía, y ellos se enfadaban, pero yo no sentía la necesidad de hacerlo».

Otra forma de distanciarse es, simplemente, poniendo fin a la amistad, aunque sea una amistad de largo tiempo. Al sentirse incómodos con las emociones, les resulta difícil afrontar con éxito el conflicto. De hecho, las investigaciones demuestran que las personas con apego evitativo son más propensas a romper una relación de amistad.[33] Y como las rupturas pueden hacer aflorar emociones fuertes, prefieren retirarse indirectamente, por ejemplo, desapareciendo de repente, sin más.[34] Cuando Jared vio que su compañero de habitación de la universidad, Leroy, contaba cosas de otras personas poniéndose él como protagonista, pensó que no era de fiar. «Dejé de responder a sus llamadas», recuerda Jared. También se alejó de otro amigo que conoció cuando estaba en el ejército ignorándolo en el chat grupal.

Puede parecer que las personas con apego evitativo son fuertes. Son increíblemente autosuficientes y da la sensación de que no necesitan a nadie. Pero no podemos olvidar que somos seres sociales. Estamos programados para necesitar a la gente, y cuando decimos que no es así es que algo falla. Los estudios demuestran que, aunque las personas con apego evitativo parecen tranquilas durante los momentos de conflicto, su organismo está enloquecido, con el sistema nervioso alterado y la presión sanguínea por las nubes.[35] El sufrimiento que reprimen no desaparece: los destroza por dentro (aprenderemos más sobre ello en el capítulo dedicado a la vulnerabilidad).

Sería más exacto decir que las personas con apego evitativo necesitan a los demás, como todo el mundo, pero les da miedo depender de ellos; y sus conductas de distanciamiento sobrecompensan sus temores, es decir, que si dejan que los demás se acerquen, acabarán sintiéndose rechazados y decepcionados. Charlie, un empresario que vive en Denver y antes tenía un tipo de apego evitativo, me contó que él solía ver sus amistades como una cuestión de poder: gana el que menos se preocupe (un mantra evitativo). Cuando sus amigos lo invitaban a su casa, él decía que no, porque al hacerlo sentía que era él el que tenía el control de la situación. De adulto, Charlie se dio cuenta de que en realidad estaba ocultando sus inseguridades: «Me daba mucho, mucho miedo que me excluyeran. Por eso fingía indiferencia o les restaba importancia a las oportunidades de amistad que pudieran surgir, porque así, si algo salía mal, siempre podía decir que no significaba mucho para mí».

El miedo y la desconfianza hace que las personas con apego evitativo tengan dificultades para pedir y recibir apoyo. Así que, en lugar de recurrir a los demás en momentos de necesidad, se cierran y se alejan. En el capítulo 1 aprendimos la importancia de expresar nuestro dolor para sentirnos plenamente humanos y contrarrestar la vergüenza; por consiguiente, al no apoyarse en los demás, las personas con apego evitativo son propensas a la vergüenza.[36] Los demás suelen ayudarnos a liberar y procesar las emociones, pero en el caso de las personas con apego evitativo, las emociones se les atascan en el cuerpo. Los estudios han descubierto, por ejemplo, que el apego evitativo está relacionado con un peor funcionamiento inmunológico, fuertes dolores de cabeza y dolor crónico.[37] A pesar de todos estos daños, la vergüenza de las personas con apego evitativo justifica su continuo retraimiento, en un ciclo que se refuerza a sí mismo, ya que están convencidas de que a nadie le importa realmente que se alejen. En palabras de Jared: «Mi madre tenía catorce años y estaba embarazada. Mi padre nunca me prestó atención. Mi abuelo era alcohólico. Mi madre me daba los diez dólares que recibía en vales de comida cada mes, pero yo nunca los usaba porque me daba mucha vergüenza».

La estrategia a la que recurren las personas con apego evitativo para hacer frente a las emociones es reprimir los sentimientos. Cuando surgen sentimientos incómodos, se retraen o los rehúyen. Los demás suelen interpretar su desvinculación como insensibilidad, pero en realidad cuando se retraen es porque están abrumados emocionalmente. Lewis, el *coach* de amor y relaciones, dice que, antes de desarrollar un tipo de apego seguro, él tenía «sensaciones, y no sentimientos», y describe la capacidad de tolerar las emociones como un «músculo» que las personas con apego evitativo no han desarrollado. Al hablar de cuando se siente evitativo, dice: «Las emociones de los demás son muy muy fuertes, y no me dejan oír nada más», por lo que inevitablemente se aleja.

El retraimiento de los individuos evitativos frustra a las personas cercanas a ellos, que buscan una explicación para su comportamiento. Hay quienes intentan sacar conclusiones y proponen hipótesis complejas y poco halagüeñas: «¡Es un sociópata!». Lewis, que no lograba entenderse a sí mismo, se sentía indefenso a la hora de rebatir estas graves acusaciones. Sin los sentimientos como guía, muchas veces las personas evitativas no saben qué les pasa ni por qué actúan de ese modo. Lewis dice que cuando está angustiado es como si «intentara gritar sin boca». Otra persona con un tipo de apego evitativo describe las ganas de llorar como «abrir el grifo pero que no salga agua». Parece que el alto precio de aparentar tranquilidad continuamente es sentirse ajeno a uno mismo.

Aunque a Lewis le preocupaba que lo vieran como a un villano, lo cierto es que muchos comportamientos evitativos perjudican a los demás. Su necesidad compulsiva de ser fuertes y evitar los sentimientos es una regla a la que no solo se someten ellos mismos, sino que también obligan a los demás a cumplir. Leanne, una directora de un proyecto con apego evitativo, me contó que le parecía «débil» y «patético» que alguien se molestara y pidiera apoyo en Facebook. Sin embargo, según el psiquiatra suizo Carl Jung: «Todo lo que nos irrita de los otros puede hacer que lleguemos a comprendernos a nosotros mismos». Cuando los demás están angustiados y necesitan tranquilidad, a las personas evitativas les cuesta proporcionársela, y les dicen a sus amigos que son demasiado sensibles o que tienen que aprender a superar sus problemas, con lo que transmiten su tipo de apego a los demás. Este patrón es evidente, aunque menos sofisticado, en los niños evitativos, que son más propensos a hacer *bullying* a otros niños.[38] Alan Sroufe, investigador del apego y profesor de la Universidad de Minnesota, dice: «Cada vez que veo a un profesor que parece que quiere coger a un niño por los hombros y tirarlo a la basura, sé que ese niño tiene una historia de apego evitativo».[39]

Como veremos más adelante, mostrarse vulnerable, pedir apoyo, esforzarse por resolver los conflictos y aceptar a los demás —la gama de comportamientos que rehúyen los individuos evitativos— son la savia de la amistad. Esto explica por qué las personas evitativas mantienen relaciones de amistad que son menos afectuosas, comprensivas y cercanas.[40] Las personas con un tipo de apego evitativo tienen ciertos comportamientos que explican por qué sus amistades son débiles. Los estudios demuestran que están menos involucradas, comprometidas y satisfechas con sus amigos.[41] Otro estudio revela que los individuos evitativos son menos propensos a iniciar nuevas amistades y a conservar las existentes.[42]

Los niños con apego evitativo le tirarían leche encima a Eric, puesto que nunca habrían confiado realmente en él. Se sentarían solos en el comedor el resto del año o se buscarían un grupo de amigos que no les importara mucho para mantener las apariencias. Puede que se sintieran más seguros si se alejaran de los demás, pero así estarían renunciando a la alegría y el propósito de la vida misma. Las personas con un tipo de apego evitativo podrán argumentar que están bien solas, pero, según las investigaciones, al rehuir la relación con los demás, el disfrute y la intimidad que experimentan es menor.[43] Al mantener a los demás a distancia, optan por no asumir las responsabilidades que se derivan de la conexión con los demás, pero con ello se pierden también el alivio que proporciona: su capacidad de hacernos sentir completos, comprendidos y apoyados. Renuncian a la forma en que la conexión nos infunde entusiasmo por la vida, nos anima y da sentido a nuestras vidas.

APEGO ANSIOSO

Tengo miedo de que todos me den de lado

Después de divorciarse, Carolina se apuntó a una clase de danza del vientre. Eran cuatro horas todos los domingos, y luego todo el grupo se iba a la casa de alguno de ellos. Así fue como se hizo amiga de la monitora, Zoe, que tenía fama de tener una personalidad muy fuerte. A Carolina le caía bien Zoe porque a veces era cariñosa, e incluso cuando llegó el Friendsgiving (el Día de Acción de Gracias celebrado con amigos) le dijo que había «esperado 364 días para pasar ese momento» con ella. Carolina también apreciaba lo rápido que se había convertido en su confidente mientras Zoe trataba de superar su propio divorcio. Zoe buscaba su apoyo con frecuencia, y esto hacía que Carolina se sintiera especial. «Mi defecto era sentir que nadie me quería —dice—. Me levanto por la mañana y me siento sola hasta que alguien me llama o me escribe.»

Pero Zoe también podía ser muy desagradable. Un día, tenía una sesión de fotos en el aula de danza y empezó a dar patadas a las pertenencias de la gente y a echar los abrigos a un lado. «¿Qué pasa?», le preguntó Carolina. «Nada», respondió Zoe. Media hora después, Zoe explotó: «Me he divorciado y no le importo a nadie. Solo me has preguntado si estaba bien una vez. ¡Me largo!». Zoe también se ensañó con Carolina cuando salieron a cenar y Zoe se desahogó hablando de su exmarido. «Parece realmente horrible», dijo Carolina. Y para su sorpresa, Zoe, que estaba dolida porque hubiera dicho algo negativo de su ex, a pesar de que ella había estado echando pestes de él durante toda la conversación, gritó: «¡No es verdad!», y se fue.

¿Cómo reaccionó Carolina ante toda esta inestabilidad? Se aferró más a Zoe. «Me disculpé por ser condescendiente, le pedí que, por favor, no me dejara. Yo tenía cuarenta años. Un máster. Varias casas en propiedad. Pero aún me sentía como una niña.»

Las personas con apego ansioso tratan de fusionarse con las personas que tienen cerca, creando relaciones de tal cercanía que su sentido del yo se disuelve. Esta intimidad alivia su temor al abandono, al tiempo que las hace vulnerables a una dinámica de amistad poco sana, como la de Carolina y Zoe. Las personas ansiosas tienen características que las predisponen a entrar en relaciones desiguales, en las que dan más de lo que reciben; es lo que también se conoce como «relaciones codependientes» o, más recientemente, «vinculación traumática». Desean crear intimidad rápidamente para mitigar el miedo al rechazo, por lo que se sumergen en relaciones en las que la confianza aún no se ha desarrollado. Puedes encontrártelas en una fiesta y preguntarles cómo están, y ellas te hablarán de su trauma infantil, de una operación o de sus instintos suicidas, esperando que la vulnerabilidad te seduzca. Por el contrario, las personas seguras dejan que las relaciones se desarrollen con el tiempo y, con sentido crítico, mientras confían, ajustan su optimismo inicial en función de la información que van recibiendo.[44] Las investigaciones demuestran, por ejemplo, que las personas seguras modulan la forma en que se van abriendo en función de lo que vaya haciendo la otra persona, mientras que las ansiosas se abren independientemente de si la otra persona lo hace o no.[45]

Otra razón por la que las personas ansiosas pueden terminar atrapadas en amistades desiguales es que se martirizan en las relaciones, silenciando sus necesidades y priorizando las de los otros, porque están convencidas de que expresar sus necesidades alejará a los demás. Pero como su generosidad puede ser un medio para ganarse el afecto del resto, en lugar de ser un medio para expresarlo, se la ofrecerán a personas que no las tratan bien o no respetan los límites personales (hablaremos de ello en el capítulo de la generosidad), como hizo Carolina cuando le pidió disculpas a Zoe.

Pero las necesidades reprimidas de las personas ansiosas no desaparecen. Las personas ansiosas se inquietan, acumulando resentimiento por sus necesidades insatisfechas, sosteniendo afirmaciones como: «Estoy hirviendo por dentro, pero no lo demuestro».[46] Y, según otros estudios, sus sentimientos se van colando en sus interacciones de un modo pasivo-agresivo.[47] A Carolina le dolió que su amiga de la infancia, Clara, no le contara nada sobre su viaje al pueblo cuando volvió; pero cuando ella fue al pueblo, Clara quiso que la pusiera el día. Y dice Carolina: «No le conté mucho porque estaba enfadada de que me hubiera excluido. Es una reacción inmadura, pero decidí callarme y darle de lado».

Con el tiempo, la presión de los sentimientos reprimidos aumenta demasiado y las personas ansiosas explotan. Lexi Darcel, una *influencer* de YouTube con apego ansioso, describió estos episodios como «rabietas», y dijo que ante las rabietas de apego ansioso los demás se pueden sentir como si les dieran a un niño al que tienen que criar.

Borey, que se dedica a la tecnología de la información y tiene un tipo de apego ansioso, describió esos momentos en los que no puede más como estar fuera de sí, como «volverse loco». Recuerda una vez que le pasó con una amiga, Sherry, una compañera de trabajo. Borey le mandó un correo en el que le decía todo lo que apreciaba de ella y le deseaba lo mejor en su nuevo trabajo. Y Sherry le contestó con un par de líneas: «Ha sido un placer trabajar contigo. Te deseo lo mejor». No podía dejar de pensar en ese correo, y cada vez que lo hacía se enfadaba más. Él le había escrito un mensaje profundo y sincero, ¿y eso era todo lo que ella le iba a decir? ¿Había hecho algo mal? ¿No le caía bien? Se obsesionó. No se podía concentrar en el trabajo, se despertaba a las tres de la mañana y apenas podía comer. Los estudios demuestran que las personas ansiosas tienden a darles muchas vueltas a las cosas, a obsesionarse con los problemas y a culparse a sí mismas.[48] Como explica Lexi: «Lidiar con pensamientos ansiosos es algo incesante. No se termina nunca, y es agotador. Te pasa factura mental y físicamente».

A muchos les podrán parecer exageradas las reacciones de Borey y Lexi, pero las personas con un tipo de apego ansioso viven el rechazo como un ataque físico y mental. Imagínate que alguien te roba el almuerzo, y piensa en lo diferente que sería tu reacción si tuvieras el frigorífico de tu casa lleno de comida o si esa fuera la única comida con la que contaras; o imagínate que alguien se lleva tu ropa, y piensa en lo distinto que sería si tuvieras cualquier otra cosa que ponerte o si tuvieras que salir desnudo. Las personas seguras, con un historial de abundante amor a su disposición, interiorizan la sensación de estar conectadas con los demás; y es una sensación estable, que permanece aun en caso de sufrir algún rechazo. Las personas ansiosas no tienen estos recursos. Cuando los demás las excluyen o las apartan de su lado, la soledad se vuelve omnipresente e insoportable. Se sienten, como dice Carolina, «como un trozo de papel que se quema hasta convertirse en cenizas».

La neuropsicología trata de explicar por qué las personas ansiosas son más sensibles al rechazo. En un estudio se descubrió que cuando se simulaba un rechazo en el laboratorio, las regiones del cerebro asociadas a la angustia se iluminaban en mayor medida cuanto más ansiosa era la persona.[49] En otro estudio se descubrió que cuando las personas ansiosas veían una cara amenazadora, la amígdala (la parte del cerebro asociada a las emociones negativas y al estrés) se activaba con mayor intensidad.[50] Cuando los demás no entienden por qué las personas ansiosas se asustan por cuestiones triviales, están dando por hecho que estas personas tienen el mismo cableado neuronal que ellos. Pero la respuesta cerebral de las personas ansiosas indica que ellas experimentan los mismos acontecimientos de una forma totalmente distinta y más dolorosa.

Si te sintieras tan solo como suelen sentirse las personas ansiosas, probablemente harías cualquier cosa para sentirte mejor; y para las personas ansiosas, esto se manifiesta como algo parecido a la rabia. «Cuando sientes que alguien está a punto de abandonarte, las emociones son tan abrumadoras que te entran ganas de cargar contra esa persona para sentirte mejor. Es como si perdiera control de mis emociones y necesitara que alguien me calmara, porque yo no puedo hacerlo sola», dice Lexi. Cuando Borey no pudo más, arremetió contra Sherry: «Tu respuesta, a un correo en el que yo te he sido sincero y afectuoso, ha sido fría e impersonal. Está claro que no eres la persona que yo creía que eras. Yo nunca contestaría con un correo así. Eres un desastre como amiga».

La reacción de Borey muestra lo que se conoce como narcisismo vulnerable. Los narcisistas vulnerables revelan el egocentrismo del dolor, la forma en que priorizamos nuestras necesidades e ignoramos las de los demás cuando estamos sufriendo. Coinciden con afirmaciones como «Necesito que los demás me hagan cumplidos para estar seguro de mí mismo» y «Cuando los demás vislumbran mis necesidades, me siento ansioso y avergonzado». Tienen una baja autoestima y son reactivos y hostiles.[51] Los narcisistas vulnerables no tienen ninguna intención de hacer daño. Se centran en satisfacer sus necesidades y olvidan las de los demás porque, según las investigaciones, dan por hecho (a menudo de forma incorrecta) que se los está despreciando. Los narcisistas vulnerables, y hasta cierto punto las personas ansiosas (y también las evitativas), prestan tanta atención a la manera en que los demás los están despreciando que no llegan a darse cuenta realmente de cómo tratan ellos a los demás.[52] Mario Mikulincer, experto en apego y profesor de la Universidad de Bar-Ilán, escribió: «Mientras que el apego evitativo se asocia con el narcisismo manifiesto o la grandiosidad, que incluye tanto el autoelogio como la negación de las debilidades, el apego ansioso se asocia con el narcisismo encubierto, caracterizado por centrar la atención en uno mismo, ser hipersensible a las valoraciones de los demás y creerse con unos derechos desorbitados».[53]

Esta dinámica —sentirse herido y centrarse tanto en uno mismo que no se piensa en los demás— fue la que se dio entre Borey y Sherry. A Sherry le sorprendió mucho su respuesta. En aquel momento, ella estaba en plena mudanza internacional, ya que estaba a punto de incorporarse a su nuevo trabajo en Singapur, para lo que antes tenía que terminar lo que quedaba por hacer en el trabajo, devolver el portátil y las llaves y delegar las tareas a los nuevos empleados. Además, el último día se notó un bulto en el pecho y estaba nerviosa por si pudiera ser cáncer. La brevedad de su respuesta, explicó, no tenía nada que ver con Borey.

Lo que les pasó a Borey y Sherry es también un ejemplo de cómo las personas ansiosas pueden equivocarse al proyectar el rechazo en circunstancias en las que no lo hay. Así, por ejemplo, las personas ansiosas reconocían con más rapidez letras mezcladas que representaban palabras que transmitían rechazo, como «abandonado» o «ridiculizado», aunque esas palabras fueran precedidas de una señal de aprobación, como una sonrisa.[54] Las personas con un tipo de apego ansioso están tan atentas al rechazo que captan las señales de rechazo ignorando las de aceptación.

Pero ¿qué comporta todo esto para los amigos de las personas con apego ansioso? Como se sienten cómodas con la intimidad, son capaces de crear vínculos estrechos con la misma facilidad que las personas con apego seguro, pero los estudios demuestran que sus relaciones son más intensas y volátiles desde el punto de vista emocional.[55] Al no registrar señales de alarma en los demás, como Carolina con Zoe, y al proyectar la rabia y suponer el rechazo, como Borey, sus amistades se ven afectadas por la fragilidad. Por otra parte, los estudios demuestran que, al tomarse los problemas de las relaciones como algo personal, perciben las transgresiones como si fueran más graves[56] y perdonan menos. Les cuesta tener en cuenta los motivos de los demás y entender que los comportamientos de las otras personas se explican por factores que no están relacionados con ellas a nivel personal. Dan por hecho que Eric les tiró la leche porque no le caen bien, y al suponer una intención negativa en los demás, rompen sus vínculos y su paz.

UNA PROFECÍA AUTOCUMPLIDA

El apego inseguro es una forma de protegernos, de asegurarnos de que nadie nos tira la leche encima, pero es un sistema caótico. Mantenemos a los demás a distancia para protegernos, pero sufrimos. Rechazamos antes de que nos puedan rechazar a nosotros, pero sufrimos. Nos aferramos para protegernos, pero también sufrimos. Llega un momento en el que nuestra propia forma de protegernos es la que nos hace sufrir. En su libro *Becoming Attached: Unfolding the Mystery of the Infant-Mother Bond and Its Impact on Later Life*, Robert Karen escribió: «El comportamiento del niño con apego inseguro —ya sea agresivo, empalagoso, creído o desmoralizado— suele poner a prueba la paciencia tanto de sus iguales como de los adultos, lo cual provoca reacciones que vuelven a confirmar una y otra vez su visión distorsionada del mundo: la gente nunca me querrá, me tratan como una molestia, no confían en mí, etc.». De forma parecida, Alan Sroufe, de la Universidad de Minnesota, afirma: «El trastorno lleva a situaciones que fomentan el trastorno».[57] Nuestra forma de actuar es una invitación a que se cumpla la profecía de nuestros mayores temores.

«Yo no soy caótica», pensé antes de empezar las entrevistas para este capítulo y profundizar en la investigación. A veces he sentido ansiedad en las relaciones románticas, pero la amistad ha sido como un refugio en el que me sentía segura. Sin las presiones de la relación romántica ni las ambigüedades de las citas, daba lo mejor de mí misma con mis amigos. O eso creía.

Conforme iba escuchando las experiencias de personas con apego inseguro, me sorprendía hasta qué punto me identificaba con ellas. Me di cuenta de que, en la amistad, el apego puede aparecer con sutileza. Recuerdo que cuando mis amigos del instituto me preguntaban si quería quedar con ellos, yo les decía que no, aunque tampoco entendía muy bien por qué lo hacía. Me preguntaban si quería ir con ellos al centro comercial y yo simplemente les decía que no. «No quiere salir con nosotros», se decían entre ellos. Y yo sí quería; pero si lo admitía, me sentía vulnerable. Era mi apego evitativo el que hablaba.

Mientras escuchaba a las personas con apego ansioso, de pronto lo entendí. Mi tendencia a relacionarme con un pequeño círculo de amigos, en lugar de abrirme a una red más amplia, es una forma de enmascarar la inseguridad y el miedo a sentirme rechazada por las personas que pueda conocer. Cuando conozco a un grupo nuevo de personas, tiendo a buscar a los pocos con los que me sentiré más cómoda y me olvido del resto. Mis amigos son personas sanas, de confianza, con una buena inteligencia emocional y que «se preocupan» por los demás, es decir, no hablan solamente de sí mismos, sino que también se interesan por los demás. Hacen que me sienta segura. Estas son las cualidades que todos buscamos en los amigos, pero las personas que tienen ciertas inseguridades lo valoran mucho más.

Mi urgencia por encontrar la seguridad se dispara sobre todo en contextos de grupo. Cuando era asistente en la universidad, me sentía excluida del grupo de los demás asistentes. No me sentía identificada con su energía extraordinariamente extrovertida y alegre, y por eso no salía con ellos. En la evaluación de mitad de año, mi jefe me dijo que le gustaría que colaborara más con los otros asistentes. Racionalicé mi comportamiento pensando que «simplemente no estábamos en la misma onda», pero la verdad es que veía a la gente nueva como una amenaza porque me preocupaba no caerles bien, así que ni siquiera les di una oportunidad. Le dije a otro asistente, Ife, que me sentía excluida. Un día estaba sentada en el departamento de mensajería, ordenando unos paquetes mientras hablaba con él, cuando otros asistentes llegaron e, ignorándome a mí, le preguntaron a Ife si quería salir a comer con ellos. Él se volvió hacia mí y me preguntó si me apetecía unirme. Le dije que no, y él ladeó la cabeza desconcertado. No quise ir porque pensaba que me sentiría incómoda, pero lo que más temía era la inseguridad. Ife nunca más volvió a preguntarme si quería salir.

Ahora me doy cuenta de cómo el miedo a que me den de lado me ha llevado a cerrarme a los demás. Pero cuando me embargaban estos temores o estaba nerviosa, no pensaba en cómo estaba tratando a los demás. El estrés reduce la perspectiva; ese es el egocentrismo del dolor, el olvidarnos del daño que hacemos cuando nos sentimos heridos. Cuando los demás nos ven como personas cerradas, suelen pensar que es porque no nos caen bien o porque somos antipáticos. Pero muchas veces nos cerramos por miedo. No queremos alejar a los demás, sino protegernos. Lo que más necesitamos es que alguien nos demuestre que nos acepta y nos tiene cariño, pero al cerrarnos conseguimos lo contrario.

También hay otros aspectos en los que soy una persona segura en relación con la amistad. Cuando conozco a una persona que me cae bien, no me da vergüenza proponer que quedemos o ser yo la que la busque si hace tiempo que no sé nada de ella. No me importa cuando los amigos se alejan durante un tiempo y después vuelven. Cuando una amiga se fue a Alaska y tuvo un viaje horrible con su exnovia, yo la ayudé a superarlo; y cuando supe que mi padre estaba enfermo, fue ella la que me ayudó.

Igual que me pasa a mí, la mayoría de la gente no es completamente segura o insegura; a veces nos sentimos seguros y otras no. El crecimiento personal consiste en dirigirnos hacia la seguridad, por más que la seguridad total se nos escape. Lewis ha creado una comunidad digital para ayudar a la gente a conseguirlo. Considera el apego como una asíntota, una línea que se acerca al eje equis de la seguridad, pero que nunca llega a tocarlo. Charlie, que ha logrado tener un tipo de apego seguro excepto en los momentos en los que está muy estresado, dice: «Tened cuidado cuando estoy en el punto más bajo, porque entonces vuelvo a ser evitativo».

Nos dirigiremos hacia la seguridad en la segunda parte de este libro, donde vamos a explorar seis prácticas que está demostrado que nos llevan a hacer amigos en la edad adulta y mantenerlos. Están relacionadas con la iniciativa, la vulnerabilidad, la autenticidad, la rabia, la generosidad y el afecto. Y para hacerlas bien, para que nos conviertan en mejores amigos y no en meros charlatanes, cada práctica va a requerir que nos volvamos más seguros. Si las trabajamos bien en nuestro interior, si nos enfrentamos a nosotros mismos, no solo conseguiremos hacer amigos diciendo lo correcto, sino que sentiremos lo correcto en lo más profundo de nuestro ser.

En nuestra esencia, somos afectuosos, valientes, empáticos y amables. Lo que nos desconecta de nuestra esencia solo son nuestras tragedias. Cuando estamos inseguros, esta esencia existe pero está escondida, como la luz del sol que alcanza una ventana con las persianas echadas. Las persianas están para protegernos del sol, pero oscurecen nuestro mundo y puede que también el de las personas que nos rodean. Encontrar la seguridad es encontrar nuestra esencia. No se trata de convertirnos en una persona distinta, sino de profundizar, escarbar hasta encontrar esas partes de nosotros mismos que hemos enterrado para protegernos.

Es un viaje agotador hacia la seguridad porque, como dice el poeta W. H. Auden, «preferimos arruinarnos antes que cambiar». Pero si te sientes solo o alejas a la gente o utilizas el humor para ocultar los sentimientos incómodos o intentas ser fuerte todo el tiempo o crees que alguien se alejará de ti o sigues hiriendo a los que te quieren o te invaden los celos o piensas que no te tienen en cuenta o no te sientes a la altura, el estancamiento es agonía.

Jared describe lo que es alcanzar la seguridad con una imagen. Cuando estaba en el ejército, hizo un viaje a Arabia Saudí y llegó a una zona que llaman «cuadrante vacío» porque es una extensión enorme de desierto. «Aquella noche —cuenta—, la primera que pasábamos allí, hubo una tormenta de arena. Cuando escampó y el cielo se despejó, miré hacia arriba y por primera vez en mi vida vi la Vía Láctea. Era impresionante. No me lo podía creer. Y pensé:

“Vaya. Es increíble. Esto siempre ha estado aquí”. Y me quedé despierto el resto de la noche contemplando la galaxia.» La conexión es nuestra galaxia, y está esperándonos. Vamos a descubrir el camino para llegar hasta ella.

PARTE II

MIRANDO HACIA DELANTE

Prácticas para hacer amigos y mantener la amistad

CAPÍTULO 3
TOMA LA INICIATIVA
Cómo convertir a desconocidos en amigos

Me presenté en la Universidad de Nueva York con una llamativa blusa verde que apenas me cubría el trasero, unas mallas que hice pasar por pantalones y un deseo secreto: hacer amigos. Me crie en Nueva York, así que allí estarían también un par de compañeros del instituto, pero quería salir de mi pequeño círculo y conocer gente nueva. «Se supone que los cuatro años de la universidad serán los mejores de mi vida y que aquí conoceré a los que se convertirán en mis mejores amigos para siempre», pensé mientras llevaba las maletas a la habitación de la residencia.

La Universidad de Nueva York tenía un programa de bienvenida y orientación, la Welcome Week, lleno de actividades, como la proyección de *Rocky Horror Picture Show* intercalada con comentarios de *drag queens* en vivo, un espectáculo de improvisación, una obra de teatro representada por los magníficos estudiantes de la Tisch School of the Arts de la universidad, sesiones de *speed friending* y almuerzos en los restaurantes del campus. Sin embargo, a pesar de todas estas oportunidades para conocer gente, me pasé toda la semana con mis amigos del instituto, Krizia y Byron. Creía que la gente se acercaría a mí y se presentaría. Pero nadie lo hizo.

De todas formas, tuve la suerte de que Byron me presentara a una persona que me cayó muy bien. Lauri era una explosión de alegría y empatía, el tipo de persona que se reía por compasión si contabas un chiste malo. Me encantaban sus buenas vibras y su actitud (y que se riera de mis chistes malos). Cuando salíamos Byron, Lauri y yo, nosotras dos parecíamos estar más unidas entre nosotras que con Byron. Había algo entre nosotras que fluía sin esfuerzo, con sencillez y naturalidad. La timidez y el no saber qué decir, típico de cuando estás conociendo a alguien eran inexistentes. Era muy fácil ser nosotras mismas. Pero solo la veía cuando Byron proponía que quedáramos.

Por muy bien que me cayera Lauri, yo no sabía que, para hacernos amigas, una de las dos tendría que ser proactiva. Una parte de mí daba por sentado que nuestra amistad surgiría sin más. Pedirle a Lauri que quedáramos era como transgredir algún tipo de guion social en el que estaba escrito que la amistad debía darse sin esfuerzo. ¿No era el destino el que tenía que juntar a los amigos? La intencionalidad parecía traicionar esa magia.

Creer en la «magia» de la amistad también me protegía de los sentimientos de vulnerabilidad que afloraban cuando pensaba en que podría arriesgarme y preguntarle si quería quedar. Sería mucho más fácil un mundo en el que yo le cayera bien a la gente, y no la gente a mí. Si los demás daban el primer paso, no tendría que exponerme a un posible rechazo. En aquel momento, mi estrategia era ser tan irresistiblemente agradable e interesante que la gente, incluida Lauri, me buscara a mí. Trabar amistad a través del magnetismo me hacía sentir segura. Pero esta grandiosa estrategia de la amistad era una tapadera para ocultar un miedo mucho más profundo: el de no caerles bien a los demás. El rechazo confirmaría ese temor, pero si esperaba a que la gente se acercara a mí, podría evitarlo.

Una noche, Byron organizó una fiesta en su residencia, un pequeño encuentro con una proporción de una persona por cada botella de alcohol barata. Lauri y yo estábamos sentadas en el suelo cuando me dijo: «Marisa, me pareces muy guay, me encantaría que quedáramos alguna vez». ¡Imagínate! Me sentí eufórica por que ella también sintiera esa conexión conmigo. Desde que me di cuenta de lo bien que me caía, la opinión de Lauri pasó a ser más importante, y su confirmación también.

Lauri me salvó de la soledad del primer año. Mi estrategia de «ser impresionante y dejar que los demás vengan a mí» no funcionó, pero Lauri y yo quedábamos casi todos los días, nos hartábamos de comer en las cafeterías del campus, hacíamos rápidamente los deberes a base de subidones de cafeína, nos apoyábamos la una a la otra las muchas noches de fiesta que solo podría describir como horriblemente universitarias y hasta nos quedábamos dormidas juntas en el sofá delante de la tele. Sin Lauri, mi primer año de universidad habría estado vacío.

Para mí, era como si la «magia» de la amistad estuviera fluyendo entre las dos, como si de algún modo estuviéramos atrapadas por un *chi* divino que nos impulsaba a estar juntas. Pero la verdad era que Lauri había dado un paso intencional para dar pie a nuestra amistad. Ahora que Lauri es una de mis mejores amigas me doy cuenta de que es una persona con iniciativa en todos los aspectos de su vida, y eso es algo que respeto profundamente. Una vez me contó que había estado hablando con su madre sobre un proverbio chino. Ella decía que algunas personas esperan a que las cosas pasen, mientras que otras se hacen un hueco con uñas y dientes. Su madre y yo coincidimos en que Lauri es de las que usan uñas y dientes, y yo he mejorado gracias a eso.

Cuando no quería dar el primer paso para trabar amistad con Lauri pensaba que las amistades tenían que surgir por sí mismas, «de forma natural» (es decir, que era ella la que lo tenía que dar); y lo pensaba porque así no tendría que enfrentarme al temor de no caerle bien y que me rechazara. Pero la amistad necesita iniciativa, lo que quiere decir que tenemos que enfrentarnos a nuestros mayores temores.

NO DEBERÍA SER TAN DIFÍCIL HACER AMIGOS

¿Por qué es tan difícil hacer amigos cuando somos adultos? Es como si ya no pasara de forma orgánica, como antes. Ya es difícil cuando estamos en el instituto o en la universidad, pero para mucha gente se va haciendo exponencialmente más difícil después. A veces parece como si una vez que has dejado pasar una especie de «ventana» para la amistad, estás perdido para siempre. Ni siquiera sabemos dónde podemos conocer gente. Y todavía resulta más complicado cuando te has mudado a otra ciudad, donde da la impresión de que todo el mundo tiene ya su grupo de amigos. ¿Cómo vas a entrar tú?

Antes de echarnos la culpa, vale la pena mencionar lo difícil que es hacer amigos, un problema que además se ha agravado en nuestra época. Aunque solemos hablar de la soledad como una característica inevitable de la condición humana, no lo es. Antes del siglo XIX, la gente vivía con su familia, se dedicaba a la agricultura y, en general, tenía una vida más estable y centrada en su localidad natal. Tenían una comunidad de familiares y amigos y participaban en la vida del pueblo y en las actividades religiosas. La comunidad se construía, no se buscaba. Antes del año 1800 ni siquiera existía una palabra para designar la soledad como la conocemos hoy. La palabra *«lonely»* (que en español se podría traducir tanto por «solo» como por «aislado» o «solitario») describía el hecho de estar a solas, no el dolor que se deriva de ello.[1]

Con el auge de la industrialización, y el que cada vez hubiera más padres que abandonaban el hogar para irse a trabajar a las fábricas, los vínculos comunitarios se redujeron y la familia nuclear fue lo que las personas pusieron en el centro de todo su mundo. La gente empezó a mudarse por trabajo, pero, según un estudio, el incremento de la movilidad territorial hace que la amistad se menosprecie aún más.[2] Y cuando las personas dejaban a su familia para trabajar y se encontraban viviendo solas por primera vez, aumentaba su soledad. John Bowlby, padre de la teoría del apego, dijo: «Si las personas se conocen y se relacionan a largo plazo, la ayuda mutua tiene sentido, porque yo puedo ayudarte hoy y dentro de cinco años tú puedes ayudarme a mí. Pero si no vas a estar aquí dentro de cinco años, y la comunidad cambia constantemente, no se trata, por definición, de una ayuda mutua».[3] El aumento de las exigencias laborales, la movilidad territorial y los hogares unipersonales explican por qué *The Economist* llamó a la soledad «la lepra del siglo XXI».

Aparte de la movilidad territorial, la tecnología también desempeña un papel importante en el aumento de la soledad. En el libro *Solo en la bolera*, Robert D. Putnam examina rigurosamente las causas de nuestra creciente desvinculación de la vida cívica. En su opinión, una de las principales causas es la televisión, que no solo nos dio algo que hacer para no tener que llamar a la puerta de los vecinos a ver qué estaban haciendo, sino que además, según Putman, «parece fomentar el letargo y la pasividad», un fenómeno que mi amiga Mikelann y yo llamamos «el efecto plof»: si haces plof en el sofá, no te volverás a levantar. El libro de Putnam se publicó antes de la aparición de las redes sociales, pero las investigaciones que se han llevado a cabo desde entonces sostienen que la forma en que las redes sociales afectan a la soledad es aún más complicada. De un amplio estudio se deriva que los usuarios asiduos de las redes sociales pueden ser los menos solitarios o los más solitarios, dependiendo de si las redes sociales se utilizan para programar las interacciones en persona o para sustituirlas.[4]

Debido a este hervidero de factores, en los últimos siglos hemos sacrificado cada vez más la comunidad por el trabajo y la comodidad. Vivimos en una sociedad en la que se acepta cancelar los planes con los amigos por el trabajo, pero nunca al contrario; en la que renunciar a un ascenso para tener tiempo que dedicarles a las personas que quieres equivale a desperdiciar tu potencial; en la que mencionar que uno se siente solo sigue siendo un tabú, a pesar de que el 61 por ciento de los estadounidenses lo admiten de puertas adentro;[5] en la que el aumento de la riqueza significa un billete de ida a casas más grandes, más terreno y más aislamiento; en la que la charla con el dependiente del supermercado se ha convertido en el sonido del timbre de casa y la materialización de cajas de reparto; en la que el amigo que nos llevaba al aeropuerto se ha sustituido por el conductor de Uber. Por más que la conexión sea un valor fundamental para nuestra especie, no es un valor fundamental en la sociedad occidental.

Vivimos en lo que el sociólogo Émile Durkheim llama «anomia», una separación entre las normas de la sociedad y lo que las personas necesitamos para prosperar. Sharon Abramowitz, antropóloga, concluye en el libro *Tribe: On Homecoming and Belonging*: «Somos una sociedad "antihumana". [...] Nuestra sociedad es alienante, técnica, fría y desconcertante. Nuestro deseo fundamental, como seres humanos, es estar cerca de los demás, y nuestra sociedad no lo permite». ¿Y cuál es el resultado? Un metaanálisis de 2013 de 177.653 participantes en 277 estudios descubrió que las redes de amistad se han ido reduciendo en los últimos treinta y cinco años. Una persona en la década de los años 2000 tenía, como media, cuatro amigos menos que otra que viviera a principios de los ochenta.[6] Otro análisis reveló que el número de personas que no tienen amigos en 2021 es cuatro veces mayor que en 1990.[7] Las circunstancias son más graves para los hombres, ya que hay cinco veces más hombres que declaran no tener amigos en 2021, en comparación con 1990.[8]

Puede que los restos de nuestro pasado evolutivo nos lleven a pensar que la amistad surge por sí sola de forma orgánica, porque en algún momento fue así; pero ya no. Si queremos hacer amigos y mantenerlos, tendremos que nadar contra las mareas de la desconexión que nos han ido contaminando poco a poco durante siglos. No es justo. No debería ser tan difícil. Pero yo estoy aquí para dotarte de las herramientas necesarias para conseguirlo, aunque hacer amigos ahora sea más difícil que nunca antes en toda la historia de la humanidad.

LAS AMISTADES ENTRE ADULTOS NO SURGEN POR SÍ SOLAS

He aquí una verdad sencilla y a veces sorprendente: hacer amigos cuando se es adulto requiere iniciativa. Es un proceso en el que hay que salir y lanzarse. Hay que tender la mano una y otra vez. Cuando conozcamos a alguien que nos caiga bien, en lugar de dejar pasar el momento esperando a que nos pida el número de teléfono, tenemos que aprovecharlo y pedírselo nosotros. En *We Should Get Together: The Secret to Cultivating Better Friendships*, Kat Vellos explica cómo cambió el curso de sus amistades mediante un proceso continuo de iniciación: «Una parte básica y fundamental de cultivar las relaciones es hacer un seguimiento y comprobar cómo están las personas. Programé recordatorios en el móvil para llamar tanto a mis viejos amigos como a los nuevos».

De hecho, creer que las amistades se producen por sí solas —que las energías cósmicas te concederán un amigo— en realidad nos impide hacer amigos, porque dejamos de buscarlos de forma intencional. Nancy E. Newall, profesora asociada de Psicología de la Brandon University, y sus colegas encuestaron a personas mayores para ver cuáles eran las diferencias en sus relaciones sociales cuando creían que los amigos se hacían a base de esfuerzo o de suerte, y descubrieron que los que creían que era cuestión de suerte estaban más solos cinco años después, mientras que los que creían que la amistad conllevaba un esfuerzo estaban menos solos.[9] ¿Por qué? Porque al pensar que se requería esfuerzo participaban en más actividades sociales, como visitar a la familia y a los amigos o ir a la iglesia, y era la participación en estas actividades sociales lo que los llevaba a hacer amigos.

Tenemos que ser nosotros los que demos el primer paso, pero la buena noticia es que podemos elegir cómo hacerlo. Puede que lo nuestro no sea acudir a un *networking* de agricultura urbana o participar en una carrera de ocho kilómetros con el club de ciclismo, pero tomar la iniciativa no implica la obligación de participar en este tipo de actividades. Una forma agradable de hacerlo para quienes son más introvertidos podría ser llamar a antiguos amigos para retomar el contacto. Otra manera podría ser quedar con una persona a la que hace tiempo que nos gustaría conocer mejor. Estas dos opciones me parecen especialmente interesantes porque a un antiguo amigo ya lo conocemos y, en el segundo caso, al tratarse de un conocido, ya podemos contar con pruebas sólidas de nuestra conexión con esa persona. Tara y Mika son amigas que solo se conocían por haber coincidido brevemente en el trabajo antes de que Mika lo dejara, pero después se siguieron por Instagram, escribiéndose comentarios y construyendo una relación hasta que Tara le preguntó a Mika si le gustaría salir a comer con ella alguna vez. Con la tecnología como intermediaria, tomar la iniciativa puede ser más fácil.

Para tomar la iniciativa podrías invitar a un café a ese colega con el que te llevas bien pero al que nunca has visto fuera del trabajo. También podrías apuntarte a un círculo deportivo, inscribirte en un curso o involucrarte en esa organización que tanto te gusta, ya que así entrarías en un ambiente en el que podrías hacer amigos. A la luz de los resultados del estudio de Newall, deberíamos abandonar el enfoque pasivo y lanzarnos a lo que yo llamo «iniciativa sin reparos». Su investigación nos anima a reconocer que, aunque el panorama social no facilite la amistad, seguimos teniendo capacidad de acción.

Para evitar la pasividad y la desesperanza es importante cultivar lo que se denomina «locus de control interno», que en la jerga de la investigación quiere decir asumir la responsabilidad a la hora de alcanzar los propios objetivos. Por el contrario, las personas que tienen un «locus de control externo» creen que su vida está determinada por fuerzas que se hallan fuera de su control, y en consecuencia les cuesta tomar la iniciativa para lograr sus objetivos. ¿Quién piensas que es el piloto de tu avión? Las personas con un locus de control interno dirían que son ellas, mientras que las personas con un locus externo dirían que es otra cosa: su horóscopo, su jefe, su pareja o Mercurio retrógrado. Una persona con un locus interno que quiera hacer amigos podría unirse a un grupo de senderismo y presentarse a sus compañeros, mientras que otra con un locus externo se sentaría en el sofá a ver fabulosos destinos de senderismo por televisión.

Un antiguo novio me recordó que debía seguir mis propios consejos sobre la toma de iniciativa cuando estábamos andando por el pasillo de nuestro bloque. Allí nos cruzamos con un par de vecinos, y él sabía que yo quería entablar amistad con ellos, pero al verlos hablar, me dio vergüenza saludar.

—¿Qué consejo te darías a ti misma? —me preguntó cuando entramos en el piso.

—Toma la iniciativa y preséntate —susurré.

—Perfecto —me dijo, y me hizo salir otra vez al pasillo.

Por muy incómoda que me sintiera, sabía que la responsabilidad de saludar, el locus de control, estaba en mis manos.

—Hola, me acabo de mudar. Solo quería presentarme.

Eran personas abiertas y amables, y terminamos la conversación intercambiándonos los números de teléfono. Luego, en un grupo de WhatsApp, programamos un pícnic semanal de vecinos. Hay gente que cree que los pequeños detalles, como saludar, no pueden tener consecuencias colosales para su vida. Pero sí pueden. Un saludo puede ser la diferencia entre estar solo y encontrar a tu mejor amigo.

El mantener un locus interno no solo te ayudará al principio, sino en todas las etapas de la amistad. Podemos desarrollar un locus de control interno cambiando nuestra forma de pensar para ver que la amistad es algo que aparece cuando nosotros se lo facilitamos. Podemos creer que podemos acercarnos a los demás si lo intentamos. Podemos dejar de pensar que la amistad debería surgir sin ningún esfuerzo o que para hacer amigos solo tenemos que esperar a que alguien nos escoja.

Nosotros elegimos. Nosotros nos presentamos. Nosotros mantenemos el contacto. Nosotros proponemos quedar si queremos quedar. Nosotros llevamos las riendas del proceso. Pero, para hacerlo, vamos a tener que explorar y abordar algunas suposiciones que podrían interponerse en nuestro camino.

El amor (no) es todo lo que necesitas

La vida de Rob iba bien en muchos ámbitos.

Era un chico guapo y musculoso con mucho pelo castaño y ojos a juego, y unas grandes gafas cuadradas que remataban su aspecto de Clark Kent. Hacía poco que se había mudado a Chicago, donde había conseguido un trabajo decente como asistente legal en un importante bufete de abogados. El sueldo evitaba que se ahogara con los pagos mensuales de su préstamo universitario. Encontró un piso agradable por un precio razonable en un barrio que le permitía disfrutar de todo lo que ofrecía la ciudad.

Vivía con su novia, Leila, y su relación iba bastante bien. Leila trabajaba en una guardería y, cuando llegaba a casa, le contaba cómo les había ido a sus pequeños: «Hoy un niño se ha puesto a llorar como loco porque su amigo tenía fruta para merendar y su madre no se le había puesto una a él. Pobrecito». Se habían conocido al salir de la universidad y, aunque en general eran muy distintos, se llevaban bien.

Muchas de sus diferencias se debían al estilo de comunicación personal. Rob era extrovertido por naturaleza, y tenía una inconfundible vitalidad. Su dinamismo contrastaba con el comportamiento apagado de Leila. A Rob le gustaba hablar y salir, pero muchas veces Leila prefería encerrarse en su habitación y leer. A Rob le gustaban algunas cosas que a Leila no le interesaban, como los videojuegos, el kung-fu y fumar hierba. Conocer a gente nueva le ayudaría a satisfacer esos intereses, pero no sabía qué hacer. Por supuesto, podía salir y entablar una incómoda charla con desconocidos sobre el lluvioso otoño que estaban teniendo o la sensación en boca de los aperitivos de *pizza*, o podía quedarse en casa y pasar el rato acurrucado con Leila.

Pero por mucho que disfrutara de las noches frente al televisor atiborrándose de empanadillas chinas, pollo General Tso y Coca-Cola Light, Rob sabía que le faltaba algo. Sabía que no era bueno para él depender de Leila para todas sus necesidades sociales. Sin embargo, mientras que era un hombre resuelto en la mayoría de los aspectos de su vida —recurrir a sus contactos para conseguir trabajo, ir al gimnasio (bueno, por lo menos durante un tiempo) y llamar diligentemente a sus padres como un buen hijo—, nunca lo había sido a la hora de hacer amigos. Porque nunca había tenido que serlo.

Hasta entonces, las amistades habían surgido sin más. Entraba en una clase o en una residencia universitaria y los que estaban allí simplemente se acercaban unos a otros. El ambiente escolar le había proporcionado los ingredientes que los sociólogos consideran esenciales para conectar con los demás: una interacción continua no planificada y vulnerabilidad compartida.[10] Desde que se mudó, Rob había creído que no tendría que esforzarse para hacer amigos, puesto que estos acabarían entrando en su vida, como siempre habían hecho. Pero cada día se sentía más decepcionado.

Había habido algunas excepciones en los últimos dos años. Conoció a un hombre, Mike, en un partido de baloncesto y le encantó que Mike se interesara por conocerle mejor. Quedaron un par de veces y Rob disfrutaba de su compañía, hasta que Mike empezó a hablar de sus fabulosos cuchillos, que podían cortar los huesos de un pollo de un solo corte. Mike le preguntó a Rob si estaba dispuesto a organizar una fiesta de cuchillos para sus amigos, y fue entonces cuando Rob se dio cuenta de que Mike estaba atrapado en una estafa piramidal y que su amistad no era desinteresada.

También había un compañero de trabajo en el que Rob tenía grandes esperanzas. Habían salido juntos algunas veces y habían ido a jugar al tenis. Fue agradable, pero no lo suficiente como para que Rob lo llamara de nuevo. Después del tenis, ninguno de los dos se puso en contacto con el otro y la amistad decayó. Volvieron a ser simplemente compañeros de trabajo.

La larga sequía de amistad empezó a afectar a la forma en que Rob se comportaba con los demás. Comenzó a sentirse inseguro cuando se relacionaba con gente que no conocía bien. Cada vez que conocía a personas nuevas, él pensaba que seguramente no les parecería interesante, que no tenía nada que aportar a la conversación y que si intentaba quedar con ellos, lo más seguro es que le dijeran que no, así que ¿para qué arriesgarse? El mundo social que se desplegaba en su cabeza era mucho más sombrío que la realidad, pero él se estaba creyendo sus terroríficas historias. La soledad había empezado a deformar su percepción del mundo.

Rob quería hacer amigos, pero no sabía cómo. Deseaba conectar con alguien, pero le costaba tener la paciencia necesaria para el dificultoso proceso de conseguirlo. Se sentía ansioso, a veces temeroso, ante los demás, pero también necesitaba a los demás para sentirse él mismo. Estaba seguro de que si había algo que pudiera mejorar su vida, eran los amigos, y aun así adoptaba un enfoque pasivo para encontrarlos.

Por desgracia, la relación de Rob y Leila no duró. Fue una ruptura difícil, pero Rob lo superaría. Lo que realmente lo derribó fue el abismo de soledad en el que se sumió. Y la recuperación fue aún más difícil porque no tenía amigos que pudieran ayudarlo a sobrellevar la situación. En vez de volver a casa para cenar comida para llevar mientras veía una película con Leila, regresaba a un sofá y una cama vacíos.

Mirando atrás, a Rob le habría gustado no haber esperado hasta la ruptura para empezar a crearse un grupo de amigos. Se sentía tan lejos de lo que siempre había sido que la idea de salir a la calle se le hacía cuesta arriba. Pero no iba a volver con Leila, así que solo le quedaban dos opciones: retorcerse de dolor en soledad o hacer amigos.

Rob se apuntó a una clase de kung-fu, retomó el contacto con un amigo de la universidad y poco a poco se fue creando su grupo. Sus nuevos amigos lo escuchaban con empatía cuando hablaba de su relación con Leila, de su renuencia a salir y encontrar a otra persona, de su deseo de ser padre pronto y de cómo sentía que le habían robado todo esto. La empatía de los amigos no lo curó, pero le ayudó.

La situación de Rob pone de manifiesto un impedimento para la amistad que hemos visto en el capítulo I: la idea de que las relaciones románticas son lo único que necesitamos. Esta creencia nos lleva a descuidar la amistad, o incluso a rehuirla directamente, para poder pasar más tiempo con nuestra pareja. Hasta los que están solos se dejan llevar por esta idea. Les duelen los pulgares de tanto mirar perfiles en aplicaciones de citas, pero no mueven un dedo para encontrar amigos, y hasta puede que no queden con sus amigos varias veces por semana para quedarse libres por si les surge una cita. Yo también he caído en ese tipo de comportamiento, y lo comento como una observación, sin ninguna intención de juzgar. El exaltar las relaciones románticas por encima de la amistad es un subproducto de una esfera cultural más amplia. Para dar prioridad a las amistades hay que desaprender este mensaje cultural.

Podemos recuperar una verdad fundamental, una verdad basada en la ciencia de la amistad y el amor: tener buenos amigos mejora nuestras relaciones románticas.[11] Según un estudio, los conflictos con nuestra pareja nos hacen segregar un patrón de hormonas del estrés perjudicial, pero solo si no tenemos buenos amigos fuera del matrimonio.[12] Los estudios demuestran que aun en el caso de hombres que sienten que han encontrado a su alma gemela, una buena amistad sigue estando relacionada con una mejor autoestima.[13] Este estudio, comparado con otro que sostiene que las personas son más resilientes ante los acontecimientos negativos que puedan producirse entre la pareja cuando tienen amigos (especialmente en el caso de las mujeres, que tienden a tener amistades más fuertes),[14] sugiere que el mantener las amistades mientras se tiene una relación romántica hace que esta sea más sana, una relación que no tiene que cargar con el peso que supone el que cada uno tenga que serlo todo para el otro. Este tipo de estudios demuestran que hacer amigos ayuda a que las relaciones sentimentales prosperen, y que una sola persona nunca puede completarnos o llenarnos tan profundamente que no necesitemos ni nos beneficiemos de la amistad.

Si tienes una relación, asegúrate de estar dedicando tiempo a tus amigos. Si hasta ahora has considerado a tu pareja como tu única amistad, ha llegado la hora de hacer nuevos amigos. Busca amigos que tengan intereses que no puedas compartir con tu pareja. Reserva un momento cada semana para dedicárselo a ellos. Anima a tu pareja a que también pase tiempo con sus amigos. Si estás soltero y buscas una relación romántica sana, sienta las bases para esa relación cultivando amistades sólidas. Que no se te olvide: los amigos harán que tu relación mejore.

Da por hecho que caes bien

Ya sabemos que el tipo de apego que tengamos, seguro o inseguro, afecta a la forma en que nos relacionamos. Hemos aprendido que cuanto más segura es una persona, mejor es su capacidad para tomar la iniciativa en las relaciones de amistad, y que a las personas inseguras se les da mejor tomar la iniciativa en los momentos en los que se sienten seguras. Un estudio demostró que cuando a las personas inseguras se les dotaba de seguridad (escribiendo sobre alguien que era cariñoso y las apoyaba), mejoraban en la toma de iniciativa en la amistad.[15] «Qué audaz se vuelve uno cuando está seguro de que lo aman», dijo una vez Freud.

Pero ¿por qué? Las investigaciones sobre las parejas románticas sugieren que cuanto más positivos nos sentimos sobre nosotros mismos, más probable es que creamos que caemos bien.[16] Y cuanto menos merecedores nos sintamos, menos creemos que caemos bien. Según un estudio, la forma en que las personas creen que las ven sus parejas sentimentales no es un reflejo fiel de la imagen que tienen de ellas sus parejas, sino más bien de la imagen que ellas tienen de sí mismas. Como se suele decir, «tienes que quererte a ti mismo antes de que alguien pueda quererte», porque si no te quieres, no te darás cuenta de que los demás te quieren.

Este estudio sugiere que la manera en que creemos que nos ven no es real. Lo mismo pasa con las relaciones platónicas. A los seres humanos se nos da fatal adivinar lo que están pensando los demás. Cuando conocemos a alguien, aunque no tengamos ninguna prueba, pensamos: «No creo que quiera quedar conmigo»; pero no lo pensamos gracias a algún tipo de telepatía por la que sepamos lo que la otra persona siente respecto a nosotros, sino porque somos nosotros los que no nos consideramos interesantes. Si me quiero a mí mismo, creo que el mundo es mío. Si no, me parece cruel e implacable. En los dos casos se trata del mismo mundo, pero la forma en que lo vemos cambia en función de nuestro mundo interior. El peligro radica en que las personas que se sienten mal consigo mismas son las que más necesitan a los amigos, pero también tienden a ser las más derrotistas.

Las personas seguras se valoran, por lo que dan por hecho que los demás también las valoran. Dan por hecho que caen bien. Mientras que las personas inseguras piensan lo contrario. La sensibilidad al rechazo (la tendencia a proyectar el rechazo ante la incertidumbre) es una característica clave del apego ansioso, y perjudica a las personas ansiosas y a sus relaciones. Según las investigaciones, las personas sensibles al rechazo tienen más probabilidades de caer en un estado de ánimo de tristeza, ansiedad, soledad e infelicidad en sus relaciones.[17] Afirman que su pareja quiere dejarlas, aunque no sea así.[18] También tienden a reaccionar a situaciones sociales ambiguas (como alguien que esté más callado) volviéndose más frías y distantes.[19] Como creen que se les está haciendo daño, estas personas tienen más probabilidades de ser celosas (los hombres) u hostiles e incapaces de dar apoyo emocional (las mujeres), lo que hace que sus parejas se sientan menos satisfechas.[20] Este estudio sostiene que cuando proyectamos el rechazo, estamos ante una profecía autocumplida. Somos nosotros los que rechazamos (siendo hostiles, distantes y celosos) y hacemos que se dé el rechazo que tanto tememos.

Cuando las personas seguras dan por hecho que caen bien a los demás, la profecía autocumplida se llama «profecía de la aceptación». La profesora de Psicología Danu Anthony Stinson de la Universidad de Waterloo y sus colegas formularon la siguiente hipótesis: «Si uno cree que va a caer bien, se comportará de forma más cercana y amigable, lo que provocará la aceptación de los demás; pero si cree que va a caer mal, se comportará con más frialdad, por lo que la aceptación será menor».[21] Para poner a prueba esta hipótesis, en su estudio les dijo a los participantes que se iban a unir a un grupo de sondeo y les preguntó si creían que caerían bien, y luego les pidió que grabaran una presentación. Después, los que vieron las grabaciones calificaron a los participantes en función de cómo de bien les habían caído. Los participantes que creían que caerían bien realmente cayeron mejor de lo que pensaban. Este estudio se basó en otro similar, realizado en la década de 1980, en el que se descubrió que los voluntarios a los que se les hacía creer que le caían bien a otro compañero contaban más cosas sobre sí mismos, disentían menos y tenían una actitud más positiva, lo que hacía que la premonición se hiciera realidad.[22]

En la amistad hay una buena parte de incertidumbre; es raro que las personas nos digan directamente si les caemos bien o no. Por consiguiente, nuestras proyecciones acaban desempeñando un papel más importante en cómo pensamos que se sienten los demás respecto a nosotros que lo que realmente sientan estos. Nuestro tipo de apego determina el modo en que abordamos esta incertidumbre. Cuando no contamos con toda la información, rellenamos los huecos que nos faltan basándonos en nuestra propia seguridad o inseguridad. La seguridad nos lleva a afrontar la incertidumbre con optimismo. Nos valoramos a nosotros mismos, así que ante la falta de datos suponemos que los demás también nos valoran.

En conjunto, esta investigación revela uno de los secretos más importantes para tomar la iniciativa en la amistad. Pensar que caemos bien. ¿Quieres invitar a un amigo a tomar café? Piensa que a él también le apetecería. ¿Te gustaría quedar con un compañero del gimnasio para tomar algo? Piensa que él también quiere. ¿Te da pena haber perdido el contacto con un amigo y te gustaría llamarlo para retomar la amistad? Piensa que seguro que le hace ilusión. Cuando pensamos así, el tomar la iniciativa no se nos hace tan difícil. De hecho, el pensar así no solo nos ayuda a tomar la iniciativa, sino que además todo el proceso de la amistad, y de la vida, se vive con más tranquilidad, ligereza y placer.

Cuando damos por hecho que les vamos a caer bien a los demás, no solo nos comportamos de un modo que hace que esta idea se cumpla, sino que también hacemos predicciones más cercanas a la realidad. En 2018, Erica J. Boothby, entonces investigadora posdoctoral en la Universidad de Cornell, llevó a cabo un estudio en el que las personas interactuaban en distintos ambientes (una residencia universitaria, un laboratorio, un taller de desarrollo profesional) y se les preguntaba si les agradaban sus compañeros. En todos los ambientes se encontró lo que se conoce como «brecha de agrado», es decir, las personas infravaloraban sistemáticamente el grado en que les caían bien a las demás.[23] Pensar que caemos bien corrige el sesgo de subestimar el agrado que provocamos en los otros.

A lo mejor estás pensando: «Puede que eso sea así para mucha gente, pero no para mí. Yo soy la definición de bicho raro. No hace falta recurrir al Tribunal Supremo, mi caso está cerrado». Sin embargo, por más que creamos que no podemos caer bien, lo cual nos lleva a ser fríos y distantes, a la gente le seguimos cayendo mejor de lo que creemos. El estudio de Boothby indica que las personas que tienen una visión más negativa de sí mismas son las que más se equivocan al pensar cómo las perciben los demás. Boothby les pidió a los participantes que contaran qué habían pensado durante su conversación con un desconocido y si estos pensamientos habían sido positivos o negativos; por ejemplo, si habían pensado que estaban siendo unos ases de las relaciones sociales y estaban creando una conexión espectacular (positivo) o que por sus escasísimas habilidades sociales no le estarían cayendo bien a la otra persona (negativo). Cuanto más negativos eran los pensamientos que habían tenido, más probabilidades había de que estuvieran subestimando la opinión de la otra persona. En otras palabras, los participantes creían en sus pensamientos autocríticos, cuando en realidad esos pensamientos estaban distorsionando la verdad.

Lo que demuestra esta investigación es que muchas personas nos sentimos inseguras y creemos que los demás perciben la inadecuación que sentimos. Pero sentirse un negado para las relaciones sociales no es lo mismo que serlo. Si derramamos vino en la alfombra de felpa del anfitrión de una fiesta elegante (a mí me pasó; la anfitriona era mi directora de tesis del doctorado), lo más probable es que terminemos siendo más duros con nosotros mismos que los demás (espero; gracias por ser tan amable, Karen). Seguramente pensaremos que los otros nos están juzgando, y para la psicología humana, creer que nos están juzgando tiene el mismo efecto que el que lo hagan de verdad. Nuestros pensamientos suelen hacernos más daño que los abusones. Lo cierto es que a nadie le importa tanto tu torpeza como a ti. El resto de la gente está demasiado ocupada preocupándose por la suya.

Cuando creas que una interacción social no está yendo bien, pregúntate si son tus pensamientos los que te han dado esa sensación o si es el comportamiento de la otra persona. ¿Qué comportamientos ha tenido esa persona para hacerte ver que no le caes bien? Si no puedes señalar ningún comportamiento en particular, es posible que tus pensamientos ansiosos sean demasiado cínicos al tratar de adivinar lo que la otra persona está pensando.

Aunque te expongas y no hagas ningún amigo nuevo, una o muchas veces, no significa que no se te dé bien hacer amigos. De hecho, como psicóloga, animo a mis pacientes a premiarse por el proceso, y no por el resultado. Estoy orgullosa de ti si eres capaz de tomar la iniciativa, sin importar si haces amigos. Estás desarrollando una nueva habilidad. El esfuerzo confirma que estás dando pasos hacia el resultado que buscas. Tú ganas, pase lo que pase.

Saluda

Cuando Clive, un analista de negocios negro de treinta y tantos años, estaba intentando hacer nuevos amigos, acudió a un evento de *networking* que había organizado LinkedIn. El evento era para jóvenes profesionales de minorías que quisieran montar un pequeño negocio. Clive se presentó vestido para impresionar, con una camisa del color de la nieve, pantalones de vestir plateados y una pajarita de rayas negras y verde lima que esperaba que dijera: «Soy convencional pero también interesante». Además, pensaba que el evento sería formal, ya que se celebraba en el Empire State Building.

Cuando llegó a lo alto de un número ofensivo de pisos, el ascensor se abrió ante una sala que parecía sacada de la sede de Google. Había pantallas digitales blancas, grandes ventanales que hacían las veces de paredes y mesas redondas para que todos pudieran sentarse juntos. Sin embargo, los organizadores parecían querer recordarles a los asistentes que aquello no era una reunión sobre tecnología, sino un evento de *networking* para profesionales de minorías, sirviendo arroz con frijoles, pollo jamaicano y plátanos.

Cuando terminaron de comer, los más valientes se levantaron y se lanzaron a hablar con los demás. Antes, Clive se habría quedado en la mesa esperando a que los demás se le acercaran y, si no lo hubieran hecho, habría pensado que era un grupo desagradable y excluyente. Pero con el tiempo Clive había aprendido que el contexto social no era solo algo que se daba sin más, sino que él podía crearlo. Así que, en vez de quedarse sentado a la mesa, se levantó y se presentó a una mujer que le recordaba a Alicia Keys. Resultó que las madres de ambos eran magnates del sector inmobiliario. A Clive le cayó bien, pero parecía que ella tenía prisa y, antes de que le diera tiempo a preguntarle si podían intercambiarse los teléfonos para mantener el contacto, tuvo que irse.

Entonces empezó a hablar con Cameron, que trabajaba para las Naciones Unidas y parecía tener ganas de charlar con él. Cameron le contó que hacía poco que había hecho un curso en el que tenían que aprender a saltar de un camión en movimiento, un ejercicio que formaba parte de un entrenamiento para trabajar en zonas peligrosas.

—¿De verdad crees que irás a trabajar a una zona de riesgo? —le preguntó Clive fascinado.

—¡Me encantaría! —afirmó Cameron.

A Clive le parecía muy intrigante la actitud tan aventurera de Cameron, y la forma en que este le hablaba lo hizo sentirse lo suficientemente seguro como para preguntarle si podían intercambiarse los teléfonos. Lo que Clive solía decir en estas situaciones era: «Deberíamos seguir en contacto. ¿Cómo puedo dar contigo?».

Había otro hombre en el evento con el que Clive pensó que podría llevarse bien, Adrian. Se dedicaba a la consultoría en materia de diversidad y había estudiado en la Universidad de Míchigan, su *alma mater*. Adrian despedía una seguridad que hizo que Clive se sintiera cómodo. Cuando Clive se le acercó y le pidió su información de contacto, Adrian le escribió su dirección de LinkedIn en el teléfono. «¿Me está evitando?», se preguntó Clive. ¿O era la nueva moda *millennial* neoyorquina, darse la página de LinkedIn en vez de los números de teléfono? ¿O eso era lo que se suponía que había que hacer porque estaban en un evento de LinkedIn? Clive no estaba seguro de si lo estaban rechazando.

Pero Clive decidió pensar que Adrian no lo estaba rechazando; y ya hemos aprendido que suele ser buena idea cuando se trata de hacer amigos. Seguramente, Adrian estaba más acostumbrado a dar sus redes sociales que el número de teléfono. Después del evento, Clive le mandó un mensaje a Adrian por LinkedIn para preguntarle si le apetecería quedar en persona. Adrian aceptó encantado.

Al final, Clive acabó conectando con dos personas del evento, un número que habría sido cero si no hubiera tomado la iniciativa. Lo que le pasó a Clive también nos enseña que tomar la iniciativa no es solo presentarse en un lugar. Es mucho más que eso. Hay que hablar con la gente al llegar, a veces con mucha gente. La persistencia da sus frutos. Si somos persistentes, tenemos más posibilidades de sacar una experiencia positiva en el entorno social. En un estudio finlandés, los participantes se calificaron a sí mismos y a sus compañeros en función de las impresiones que se causaban unos a otros, y propusieron asimismo una calificación del ambiente social de la clase.[24] El resultado mostró una amplia gama de calificaciones para un mismo ambiente social. Los participantes que eran más resueltos y participativos lo consideraron un entorno más sano, mientras que las mujeres del estudio que estaban más desvinculadas lo consideraron más frío. Aunque no sabemos qué fue lo primero, si el que las personas fueran más afables hacía que el ambiente les resultara más agradable o al revés, el resultado demuestra que el entorno social no es una realidad estática. La percepción que tenemos de nuestro entorno social está relacionada con las acciones que realizamos en él.

Los que son más activos en un ambiente social (saludando a los demás, presentándose, hablando sobre lo que han hecho el fin de semana, cotilleando sobre el peluquín torcido de un profesor) han superado dos tipos de evitación social: la evitación manifiesta y la encubierta. La evitación manifiesta se da al no acudir a los eventos porque resultan demasiado incómodos. Cuando alguien nos invita a salir a hacer algo y luego no aparecemos, tenemos muchas probabilidades de que no nos vuelva a invitar, ya que la gente no puede saber que nuestra ausencia se debe a la ansiedad y lo interpretará como una falta de interés por nuestra parte (la gente interpreta rechazo con facilidad, como ya hemos visto). Para los estudiantes finlandeses, la evitación manifiesta se traducía en no acudir a clase o a las reuniones sociales. La gente suele utilizar este tipo de evitación para reducir la ansiedad a corto plazo, aunque la perpetúa a largo plazo.

La evitación encubierta consiste en presentarse físicamente pero alejarse mentalmente. En este caso, aunque sí aparezcamos en el lugar acordado, no establecemos contacto visual, hablamos demasiado rápido, nos ponemos a mirar el móvil, a acariciar al perro o a echar un pulso chino con el perro y a ganar injustamente porque el pobre animal no tiene pulgares oponibles. Para tomar la iniciativa tenemos que superar tanto la evitación abierta como la encubierta. No solo hay que acudir. También hay que presentarse, estar atento y participar.

Es importante reconocer los tipos de comportamientos encubiertos que puedes tener y que parecen protegerte de los juicios de los demás (aunque en realidad están alejando a los demás). Así que la próxima vez que vayas a un evento, no te quedes ahí parado: preséntate. Cuando empieces el curso de preparación para tu próximo trabajo, saluda a tus nuevos compañeros. Cuando vayas a tu lugar de culto, llega antes para saludar. Cuando conozcas a los amigos de tus amigos, hazles preguntas y muestra interés.

La evitación es producto de la ansiedad o la fobia social. La mayoría de las personas experimentamos cierto grado de ansiedad social (ansiedad de estar rodeado de gente junto con el temor de no caer bien). Podemos superar la ansiedad exponiéndonos repetidamente a nuestros temores hasta darnos cuenta de que el león que nos imaginamos es en realidad un Shih Tzu con su sombra. Cuando se deja de evitar lo que se teme, la ansiedad acaba disipándose, mientras que la evitación constante cristaliza el miedo. A través de las experiencias acumulas pruebas de que esa voz sórdida de tu cabeza que te repite que eres horriblemente desagradable no está diciendo la verdad, y al mismo tiempo demuestras tu resiliencia, tu capacidad para sobrevivir incluso a las circunstancias más incómodas. Así que ¡a por ello!

La lección que podemos aprender de Clive es que para aprender a tomar la iniciativa no solo hay que a salir de casa. Tenemos que lanzarnos a saludar, presentarnos e invitar a la gente a un café. Y tenemos que hacerlo muchas veces. Debemos vencer la evitación manifiesta acudiendo y la evitación encubierta estando realmente presentes y hablando con la gente cuando lleguemos. Y para hacerlo tenemos que acallar esa voz interior que nos dice que nos van a rechazar y asegurarnos a nosotros mismos que caemos bien, que la gente se alegrará de conocernos y que somos simpáticos.

CÓMO TOMAR LA INICIATIVA

Las barreras que hemos explorado hasta ahora (centrarse demasiado en las relaciones románticas, dar por hecho el rechazo o acudir sin hacer nada más) son solo una parte de la historia. Es posible que tengas otros problemas con los que deberás lidiar para llegar a un punto en el que estés preparado para tomar la iniciativa.

- Puede que sigas pensando que estás demasiado ocupado: tienes tu rutina de 9.00 a 17.00 y haces malabares con tus hijos (y con tres o cinco bolos, gracias a esa clase de malabares a la que te apuntaste en el centro cívico). Necesitas terapia física para la muñeca de malabarista antes de pensar en hacer amigos.
- O tal vez estés convencido de que no necesitas amigos, porque de alguna manera eres un caso atípico de la experiencia humana.
- O quizá (mucho menos probable que los otros dos supuestos, claro) te hayas dado cuenta de que has tenido un enfoque pasivo a la hora de hacer amigos y tienes la esperanza de aprender a hacerlo mejor. Estás listo, pero te estás preguntando: «¿Y ahora qué?».

Pues ahora vamos a hablar de lo que te puedes esperar cuando empieces a lanzarte y de cómo abordar de un modo eficaz esos primeros pasos.

Imagínate en un evento que se ha organizado para gente de tu profesión en el que no conoces a nadie. Al principio te fijas en un pequeño grupo de personas que podrían estar allí para el evento y empiezas a sentirte avergonzado. «¿Por qué me empeño en venir a estas tonterías?», piensas. La mujer que está a tu lado te mira y de pronto te preguntas si no lo habrás dicho en voz alta. Le devuelves la mirada fingiendo estar seguro de que solo ha sido un pensamiento y no se ha oído. Esperas que aparte la vista porque ya no sabes ni qué cara poner y comienzas a ponerte nervioso. Ansiedad, reticencia...; todo esto es de esperar cuando te expones a un montón de hienas, quiero decir..., seres humanos que no conoces.

Te pides una bebida en la barra y te pones a mordisquear la pajita de plástico roja para no terminártela demasiado pronto. Esta bebida es tu evitación encubierta líquida, igual que el parloteo de tu cabeza que te dice que no deberías haber usado el plástico debido al inevitable apocalipsis del cambio climático. Pero si es inevitable, ¿por qué deberías renunciar al lujo de la pajita? No podrías sentirte más incómodo; te mereces la puñetera pajita. Ay, dulce evitación encubierta. Ya tienes a alguien con quien hablar, aunque solo sea tu propia mente crítica.

Alguien pasa cerca de ti, un solitario como tú, también fascinado por su bebida. Lleva una chaqueta gris y unos vaqueros. Podría ser tu oportunidad, piensas. Pero ¿y si no quiere hablar contigo? Te inventas la historia de que estará esperando a alguien, de que tú eres el único perdedor que no tenía un amigo con el que ir. Te das cuenta de que son pensamientos autocríticos. ¿Qué decía el libro aquel? Ah, sí, que probablemente estás pensando que los demás te rechazan más de lo que en realidad lo hacen. Ahora ya sabes que la investigación afirma que, cuando eres crítico contigo mismo, piensas que no les caes bien a los demás, aunque no tenga por qué ser verdad. Y te lo repites mentalmente: «Tengo que pensar que caigo bien».

Ahora esa persona seguramente pensará que eres un rarito, te susurra una parte de tu cerebro, mientras tú te repites ese mantra tan cursi una y otra vez. Pero otra parte de ti empieza a sentirse más tranquila, menos amenazada. Se te relajan los hombros, suavizas el ceño y te acercas a Chaqueta Gris.

—¡Hola! Soy [pon aquí tu nombre o el nombre que te has inventado para que la gente no pueda encontrarte en las redes sociales hasta que tú no quieras que te encuentren]. ¿Qué te trae por aquí? —preguntas.

—Ah, soy Obi. Trabajo para la empresa tal-y-cual —contesta.

«¿Tal-y-cual? Mmm, no me suena», piensas. Y empezáis a hablar. Por suerte, a Obi le gusta hablar y se lo ve aliviado, más que horrorizado, de que te hayas acercado a él. Habláis unos cinco minutos hasta que la conversación comienza a decaer y Obi parece tener ganas de darse una vuelta por la sala.

—Ha sido un placer hablar contigo —dices.

—Igualmente —responde.

Haber roto el hielo te da más confianza, y al final terminas acercándote a un montón de gente esa tarde. Está la mujer alegre del vestido verde, Keshia, a la que parece que has dejado fascinada. Te cae bien. Y luego está el hombre robusto y nervioso con tirantes que es bastante seco. Y algunas personas más, aunque ya no te acuerdas de cómo se llaman: una de ellas vive en tu barrio, y también hay un chico que te ha enseñado fotos de su perro, monísimo, un cruce de dálmata y perro salchicha. ¿Cómo habrá podido pasar?

Hay momentos en los que te quedas solo, en el purgatorio que media entre compañeros de conversación, pero gracias al historial que estás construyendo de interacciones no terroríficas te sientes tranquilo. La gente incluso empieza a acercarse a ti. Clark, el organizador del evento, va hacia ti para preguntarte cómo te lo estás pasando. Le contestas, pero parece distraído. No estás seguro de qué puede distraerle y esperas que no sea tu aburrida respuesta sobre el deseo de ampliar tu red profesional.

Entonces dudas de ti mismo: ¿deberías haberle contado que te has estado sintiendo angustiosamente solo, sobre todo los larguísimos fines de semana, y que ha llegado un momento en que el sufrimiento de la soledad ha empezado a eclipsar tus miedos de tener que hacer algo al respecto? Y entonces te acuerdas de que no debes proyectar el rechazo en situaciones de incertidumbre. A lo mejor Clark tenía otras cosas en la cabeza. Pues era eso, piensas cuando lo ves mirando el reloj y te das cuenta de que seguramente estaba distraído porque el evento que ha organizado está a punto de terminar. En ese instante hace una pausa en vuestra conversación para hacer un anuncio:

—Muchas gracias a todos por venir. Este evento ha sido todo un éxito, y es gracias a todos vosotros. Os espero todos los meses aquí. Pero, antes de iros, que no se os olvide intercambiar tarjetas de visita para mantener el contacto.

Y ahora tienes que tomar una decisión. ¿A quién te quieres acercar? Te has pasado la mayor parte del tiempo hablando con Obi, te pareció haber conectado con Keshia, la mujer del vestido verde, y le has cogido cariño al chico del perro, con esa mezcla de razas imposible.

La investigación ha demostrado que vale la pena ser estratégico a la hora de decidir si seguir en contacto con una persona que acabamos de conocer. En un estudio realizado por Michael Sunnafrank, de la Universidad de Minnesota, y su colega Artemio Ramirez, que entonces trabajaba en la Universidad Estatal de Ohio, los investigadores siguieron a unos estudiantes universitarios mientras interactuaban entre sí durante nueve semanas. Después de su primer encuentro, se les pidió que dijeran con qué probabilidad creían que llegarían a hacerse amigos. El resultado fue que las valoraciones de los estudiantes sobre el potencial de amistad de cada uno tras su primer encuentro realmente predecían si iban a ser amigos nueve semanas más tarde.[25]

En otras palabras, la chispa es real. Así que confía en ti mismo cuando conozcas a alguien que te resulte familiar, con quien te sientas cómodo, cuando haya química, cuando sientas que puedes haber encontrado un espíritu afín. Seguir estas prometedoras semillas de conexión aumentará tus posibilidades de obtener las amistades profundas que estás buscando. Ding, ding, ding: la primera ganadora es Keshia, la del vestido verde. Mi lema es que si alguna vez conozco a alguien que me parece realmente genial, voy a mantener el contacto e intentar quedar con esa persona. Esas chispas son demasiado valiosas como para desperdiciarlas.

Sigue dejándote ver

Una forma de sacar el máximo partido es confiar en lo que los investigadores llaman «propincuidad». La propincuidad significa que es probable que establezcas relaciones con personas a las que tienes más cerca constantemente. Los neoyorquinos saben que es así. Cuando Amazon desistió de su intención de construir su sede relativamente lejos, en el distrito de Queens, cerca del aeropuerto JFK de Nueva York, leí un tuit que decía: «Para ser justos, no son los primeros que se retiran después de comprometerse a ir a Queens».

Mady Segal, profesora de Sociología de la Universidad de Maryland, descubrió el poder de la propincuidad durante un estudio cuyo objetivo era predecir qué policías se harían amigos. Descubrió que el secreto de la amistad eran los apellidos. Los cadetes cuyos apellidos empezaban por la misma letra (por ejemplo, Carlton y Cassidy) tenían más probabilidades de hacerse amigos. En realidad no se trataba de los apellidos en sí, sino de las implicaciones de tener dichos apellidos. Los cadetes se sentaban por orden alfabético, de modo que los Carlton y los Cassidy tenían más probabilidades de sentarse cerca. Cuando se le pidió a cada cadete que nombrara a otra persona de la academia con la que hubiera entablado una buena amistad, un impresionante 90 por ciento de los cadetes mencionó a la persona que se sentaba a su lado.[26]

La propincuidad es la prueba de que la amistad no es mágica. Está determinada de forma abrumadora por los lugares en los que nos encontramos o a los que vamos. Si tenemos suerte, nuestro trabajo, colegio o aficiones ya nos proporcionarán una amplia propincuidad con otras personas con las que podríamos congeniar; si no la tenemos, nos toca crearla. Eso quiere decir que si nos quedamos todo el día en casa tirados en el sofá, es posible que solo consigamos propincuidad con los programas de la tele. No importa cuántas almas gemelas puedan estar esperándonos si nunca logramos ningún tipo de propincuidad con ninguna de ellas; a menos que las invitemos a entrar, no se colarán en nuestras vidas como hacen las moscas en verano. Cuando buscamos regularmente la proximidad física con otras personas con las que podemos conectar estamos escribiendo nuestro propio destino, reconociendo que tenemos control sobre la amistad y aumentando nuestras posibilidades de conectar con los demás.

Una de las razones por las que la propincuidad funciona tan bien es que reduce los costes que supone ver a alguien. Cuando los amigos potenciales viven lejos, hay que coger el coche o el autobús para ir a verlos, pero cuando están cerca, verse es más fácil. Según un pequeño estudio realizado por Robert Hayes en la Universidad de California en Los Ángeles, cuando se está comenzando una relación, los costes disminuyen la probabilidad de que la relación progrese.[27] Así, si tenéis que desplazaros una hora para veros, puede que os deis cuenta de que, aunque tengáis una amistad incipiente, el desplazamiento no merece la pena.

Cuando ya se ha avanzado en la amistad, los costes están mucho menos correlacionados con el mantenimiento de la relación, por lo que la gente se desplazará; pero no lo hará solo para saber si acabarán siendo más o menos amigos. Por eso hay tanta gente con lo que podríamos llamar «amigos locales» o «amistades de bajo coste» que se mantienen con facilidad porque viven en el mismo lugar. Volviendo a nuestro evento, aunque hayas charlado brevemente con esa persona que vive en tu barrio y te hayas olvidado de su nombre, es alguien con quien deberías mantener el contacto.

Otra razón por la que la propincuidad funciona es porque si sabemos que podemos volver a ver a alguien, nos cae mejor. En un estudio más antiguo, de la década de 1960, a las participantes se les presentaron los perfiles de dos mujeres que eran parecidas a ellas y se les dijo que participarían con una de ellas en grupos de conversación continuos. Las participantes dijeron que les gustaba más el perfil de la mujer a la que volverían a ver.[28] Cuando sabemos que volveremos a ver a alguien tendemos a sentir más interés por esa persona.

Una última razón por la que la propincuidad funciona es que la gente nos cae mejor cuando la vemos más a menudo y nos resulta familiar. En el mundo de la psicología, esto se denomina «efecto de mera exposición», ya que por el mero hecho de estar expuestos continuamente a la visión de alguien, al final nos cae bien. En un estudio realizado en la Universidad de Pittsburgh, un investigador eligió a cuatro desconocidos para que fueran a varias clases de un curso de Psicología muy numeroso. Uno de ellos fue a quince clases; otro, a diez; otro, a cinco, y otro no fue a ninguna. Los desconocidos no interaccionaron con nadie de la clase, y aun así los estudiantes dijeron que les caía mejor el desconocido que había ido a más clases; este desconocido caía un 20 por ciento mejor que el que nunca había ido a clase.[29] En general, los estudiantes ni siquiera se habían dado cuenta de que esa persona había asistido a las clases, lo que demuestra que el mero efecto de exposición se produce de forma inconsciente.

La mera exposición significa que las personas que acaban entablando amistades son las que pasan más tiempo cara a cara con las personas que las rodean. Por este motivo, los estudios que se han realizado en residencias universitarias han descubierto que los estudiantes que viven en los extremos de los pasillos hacen menos amigos que los que viven en la zona central la residencia.[30] Las habitaciones centrales, al dar la posibilidad de verse cara a cara con más compañeros de residencia, nos ofrecen la ventaja de la mera exposición.

Podemos aprovechar el efecto de la mera exposición participando en un evento social recurrente, en lugar de acudir a uno puntual; por ejemplo, frecuentando clubes de lectura, en lugar de *happy hours*, o asistir a un curso de idiomas en lugar de a un taller. La propincuidad también nos anima a hacer amigos entre las personas a las que ya vemos a menudo, como nuestros vecinos, nuestros compañeros de trabajo o alguien que viva cerca. Otra forma de favorecer la propincuidad y la mera exposición podría ser frecuentar una cafetería, un bar o un gimnasio, pues el acudir con regularidad aumentará las posibilidades de que los demás se sientan bien con nosotros. Por su parte, la mera exposición implica que para hacer amigos hay que seguir dejándose ver por el mismo sitio una y otra vez.

Pero lo que crea la amistad no es la mera exposición, sino la iniciativa. Mi sugerencia es establecer una «comunicación espontánea» con otras personas que encontramos en el mismo lugar a lo largo del tiempo y ver si esas interacciones casuales sientan las bases de la amistad. La comunicación espontánea es una conversación no planificada que se produce porque dos personas están en el mismo lugar al mismo tiempo. En los momentos fugaces de charla es cuando surgen las relaciones.

Podemos entablar una conversación con desconocidos siguiendo el método de la afirmación y la pregunta de David Hoffeld, *coach* de jefes de venta y director general de Hoffeld Group, que consiste en hacer un comentario y seguirlo de una pregunta.[31] Por ejemplo, podríamos decir: «Me encantó la protagonista del libro que leímos en el club, ¿a ti qué te pareció?»; «Esta bebida está buenísima, ¿te gusta la tuya?», o «Hacía mucho que no venía a la playa y la verdad es que se está muy bien, ¿a ti qué es lo que más te gusta de la playa?».

A mí me impone bastante hablar con desconocidos, y para hacerlo tengo que animarme recordando que debo pensar que les caeré bien a los demás y que estarán dispuestos a hablar conmigo; es lo contrario de lo que solemos pensar, pero esta suposición está más cerca de la realidad. En un estudio realizado por Nicholas Epley y Juliana Schroeder, de la Universidad de Chicago, se les pidió a los participantes que hablaran con un desconocido en el tren.[32] ¿Y sabéis cuántos de ellos encontraron a personas que no querían hablar? ¡Ninguno! Epley y Schroeder dicen: «Los participantes parecían pensar que hablar con un desconocido suponía un riesgo significativo de rechazo social. Pero, hasta donde hemos visto, en realidad no supone ningún riesgo».

Hablar con desconocidos me ha ayudado a convertir mi barrio en mi propia comunidad. Cuando era estudiante de posgrado pasaba muchos días en Starbucks, sentada a una mesa común con desconocidos, mientras escribía y leía artículos de investigación. Al principio, las personas que me rodeaban se desvanecían como si fueran parte de la decoración, un empapelado humano, pero con el paso del tiempo empecé a conectar con ellos mediante la «conversación espontánea», diciendo, por ejemplo: «Llevo mucho tiempo con esto, ¿tú cómo vas?». Me iba encontrando aquellas caras, que ya se me hacían familiares, por todas partes: en la piscina, en los restaurantes, paseando por la calle. Empezamos a saludarnos y todo el vecindario se me fue haciendo menos anónimo. Había algo en el hecho de encontrarme con gente conocida que me hacía sentir que pertenecía a aquel barrio. Aquellos días en Starbucks hicieron que mi barrio se convirtiera en mi comunidad.

Eso es lo que he hecho cuando he querido hacer amigos: he ido a algún tipo de encuentro o evento. Normalmente me siento torpe e incómoda cuando voy a algún sitio en el que no conozco a nadie y los demás ya se conocen, así que me desanimo y no vuelvo. Pero si soy nueva en un club social, una liga de fútbol o un espacio de *coworking* y siento la tentación de no volver cuando estoy incómoda, la mera exposición me recuerda que tengo que seguir yendo. Por eso, en nuestro ejemplo del evento, se debería acudir todos los meses. Gracias a la mera exposición, no solo se te empezarán a acercar los demás con el tiempo, sino que también les caerás mejor. Toma la iniciativa, sin reparos, y luego otra vez, y otra.

La mera exposición justifica el valor de la persistencia. En lugar de acudir una sola vez a un evento para hacer amigos, es mejor que sigas yendo al menos tres meses antes de abandonarlo, pues de lo contrario perderías la ventaja de la mera exposición. Luego, toma la iniciativa e invita a hacer algo a la persona que mejor te caiga de ese grupo. Todo ello sin olvidar que la mera exposición nos hará sentir incómodos al principio, con todas esas caras desconocidas de las que por defecto tenderemos a desconfiar, pero nos hará sentir más cómodos poco a poco, al acudir con continuidad.

CÓMO HACER UN AMIGO

Busca un grupo que se reúna regularmente y asiste a las quedadas.	Piensa que les caes bien a las personas de ese grupo.	Supera la evitación encubierta iniciando conversaciones con los demás.	Invita a la persona (o personas) que más te guste del grupo a hacer algo contigo.

SÉ EL AMIGO QUE TE GUSTARÍA TENER

Lo que hemos aprendido en este capítulo es que, para hacer amigos, tenemos que tomar la iniciativa. Pero lo más importante es que para hacer un amigo, debemos «ser» un amigo. «Sé el amigo que quieres ver en el mundo», podríamos decir basándonos en la sabiduría de Gandhi. En vez de esperar a que alguien nos atraiga a su mundo de la amistad, tenemos que atraerlo nosotros al nuestro. Me he dado cuenta, y la investigación lo corrobora, de que las personas inseguras (como yo en la universidad, y todavía a veces) no suelen hacerlo. Se preguntan: «¿Por qué nadie se acerca a mí?»; «¿Por qué nadie queda conmigo?»; «¿Por qué no me han saludado?»; «¿Por qué no se han fijado en mí?»; «¿No les caigo bien?». Si sus respuestas a estas preguntas no son favorables, saltarán a la negación. «Que les jodan. De todos modos, no me caen bien. No necesito a nadie más que a mí mismo y al perro ese de la fiesta.»

Pero, como me gustaría que alguien me hubiera dicho en la universidad, debemos hacernos estas preguntas a nosotros mismos: «¿Le he propuesto a alguien que quedemos fuera de aquí?»; «¿Me acerco a saludar?»; «¿Hablo con ellos?»; «¿Les pregunto cómo están?». Cuando nos obsesiona tanto el trato de los demás, les echamos la culpa sin asumir nuestra parte de culpa y pretendemos que hagan más de lo que hacemos nosotros por ellos. Pero el secreto para hacer un amigo es no dar por hecho que es esa persona la que tiene que hacer el esfuerzo mientras nosotros esperamos sentados. Eso no es justo. Ni para nosotros ni para ellos.

Elizabeth Gilbert, la autora de *Come, reza, ama*, lo expresa mejor: «Cada vez que he hablado de amigos estupendos que he tenido e historias increíbles de amistad, siempre hay alguien muy apenado que dice en los comentarios: "Qué suerte. Yo no tengo ningún amigo así". Y a mí me gustaría decirle: "Pues sé un amigo así". Sé un amigo así para alguien. Si no tienes a nadie que sea generoso, cariñoso y agradable contigo, entonces sé tú eso en la vida de otra persona. No se trata de lo que recibes, sino de lo que puedes aportar a la relación. ¿Qué puedes ofrecer? Así es como se construye la comunidad, con lo que ofrecen los generosos y los que aman». Aprenderemos esta lección una y otra vez.

CONCLUSIONES

- La amistad no se basa en la suerte. Toma la iniciativa sin reparos, buscando ambientes que ofrezcan una interacción continua no planificada y situaciones de vulnerabilidad compartida para hacer amigos.
- Intenta no ignorar la amistad en favor del amor romántico. Tener amigos hará que tu relación sentimental sea mejor.
- Piensa que caes bien. Cuando te dé apuro acercarte a alguien nuevo, acuérdate de la «brecha de agrado»: es probable que subestimes cómo de bien vas a caer.
- Cuando creas que una interacción social no está yendo bien, pregúntate si son tus pensamientos los que te han dado esa sensación o si es el comportamiento de la otra persona. ¿Qué comportamientos ha tenido esa persona para hacerte ver que no le caes bien? Si no puedes señalar ningún comportamiento en particular, acuérdate de que debes dar por hecho que le caes bien.
- Supera la evitación encubierta y la evitación manifiesta. Cuando cruces la puerta, no te escondas en un rincón. Toma la iniciativa y mantén el contacto con las personas con las que

sientas cierta química, con las que viven cerca de ti y con las que ves todos los días.

- Apúntate a algo que se repita periódicamente para aprovechar las ventajas de la mera exposición. Es mejor un curso que un taller; también podrían ser clases de improvisación o de escritura, un evento de networking, un club de lectura, un grupo de senderismo, una actividad de voluntariado, etc.

CAPÍTULO 4

MUESTRA VULNERABILIDAD

Cómo confiar en los amigos sin parecer débil

Sam fue con otros estudiantes de posgrado a un evento que se había organizado en Busboys and Poets, una cafetería y restaurante de Hyattsville (Maryland). Se presentaron unos veinte estudiantes y la noche comenzó con un micrófono abierto. Busboys and Poets es conocido por sus actuaciones de recitación, y Sam estuvo escuchando poemas que hablaban del amor, el racismo y la depresión. Fue evocador, pero Sam no podía concentrarse en la poesía.

Estaba esperando el mensaje de un chico con el que llevaba unos meses saliendo. Pero cada vez que miraba el teléfono estaba más segura de que ese mensaje no llegaría. Aun así, seguía comprobándolo compulsivamente. Y cada vez que lo hacía, lo único que encontraba era una pantalla vacía y una oleada de ansiedad.

Al final de la noche, el coordinador de la escuela de posgrado les pidió a todos los estudiantes que posaran para una foto. A Sam le preocupaba salir triste en la foto, así que se colocó en uno de los extremos e intentó parecer seria, en vez de triste. Al ver a la gente riéndose y gritando a su alrededor se dio cuenta de que no debería haber ido. Estaba demasiado angustiada como para disfrutar, y la felicidad de los demás era como un foso que acentuaba su aislamiento.

Mientras regresaba a su casa en coche, no pudo evitar sentirse desgraciada. No hacía más que pensar en alguien que ni siquiera contestaba a sus mensajes. Sam se consideraba una mujer fuerte, que no necesitaba el afecto de un hombre, pero a juzgar por cómo se sentía ahora, parecía todo lo contrario. Avergonzada de sí misma, tomó la decisión de no volver a pensar en él. Lo bloquearía en el móvil y en su mente. Desde aquel momento, cada vez que pensaba en él, desechaba rápidamente ese pensamiento. Nadie llegaría a saber nada de esta humillación, ni siquiera ella. En lugar de ser desgraciada, sería invulnerable.

Durante una semana, Sam se sintió muy a gusto con su decisión. Ya no pensaba tanto en él. Si se le pasaba algún pensamiento por la cabeza, lo apartaba de un manotazo como a una mosca. Antes, cuando hablaba de ese chico con sus amigos solía expresar su preocupación, pero ahora, cuando sus amigos le preguntaban, solo decía que habían terminado y que ella estaba bien.

Aquella semana, Sam se sintió fuerte y capaz de controlar la situación, que era exactamente lo contrario de como se había sentido antes. Reprimir las emociones no solo la ayudó a sentirse menos alterada, sino que también reforzó su identidad como mujer fuerte. Se sintió aliviada por no estar dándoles la lata a sus amigos con sus temores. Se sintió orgullosa de su decisión durante su paréntesis de tristeza. ¿Para qué iba a admitir sus sentimientos si podía controlarlos? ¿Para qué iba a cargar a sus amigos con su dolor y dejar que la vieran como a una mujer débil? ¿Para qué iba a ser vulnerable?

Sam no tardaría en descubrirlo. Y nosotros tampoco.

¿QUÉ ES LA VULNERABILIDAD?

La vulnerabilidad es la forma más profunda de autenticidad, e implica hacer partícipes a los demás de las verdades que creemos que pueden provocar rechazo o aislamiento, aquello de lo que más nos avergonzamos. La vergüenza es la sensación de que nuestros secretos harán que dejemos de merecer la conexión humana. Por eso, cuando somos vulnerables, sentimos que están en juego no solo nuestros secretos, sino todo nuestro ser.

Skyler Jackson, un profesor de la Universidad de Yale que estudia la ocultación y la divulgación de identidades estigmatizadas, explica: «No hay nada inherentemente vulnerable. Es un constructo basado en si algo hace que alguien tenga poder material o emocional sobre ti». Lo que nos parece vulnerable refleja nuestra psique, nuestra cultura y nuestra historia. Lo que a una persona le puede parecer vulnerable puede no significar nada para otra. Comprender y sentirse en sintonía con la vulnerabilidad de los demás es la clave para desarrollar y profundizar en la amistad, y perder esas señales puede ponerla en peligro.

A Sam le daba vergüenza obsesionarse con un chico, probablemente porque se adhería al «ideal» de mujer fuerte que no dejaba que los hombres la afectaran. Un amigo me habló de su divorcio y de la vergüenza que le hacía sentir, y no entendí del todo por qué hasta que me di cuenta de que formaba parte de una comunidad profundamente cristiana en la que se puede negar el trabajo a personas divorciadas. El Código Penal islámico de Irán «estipula que la pena por fornicación es la flagelación, es decir, cien latigazos para los infractores solteros, ya sean hombres o mujeres», por lo que la gente en Irán probablemente sentirá, en promedio, más vergüenza por las relaciones sexuales prematrimoniales que la gente en Estados Unidos, cuna de *Sexo en Nueva York*. Hay quienes comentan su situación de bancarrota, su infección por clamidias o su historial delictivo como el que le pide un bocadillo a un camarero, mientras que a otros hablar de estos temas les produce urticaria. Lo cierto es que lo que a cada uno le hace sentir vulnerable pone de manifiesto algo más profundo sobre lo que hemos aprendido que nos debe causar vergüenza.

Jackson afirma asimismo que no solo comunicamos vulnerabilidad con lo que decimos, sino con la forma en que lo decimos. «¿Te tiembla la voz? ¿Te alteras? ¿Te pones nervioso? Con eso estás diciendo: "Esto es importante para mí". Cuando digo algo que me hace sentir vulnerable: eso es la vulnerabilidad. Pero me hace todavía más vulnerable el dejar que los otros lo sepan, por mi comportamiento o por señales no verbales; no es solo compartir algo vulnerable, sino *serlo* en el momento de hacerlo.» Cuando hay un desajuste entre el contenido («Este soy yo siendo vulnerable») y las señales no verbales («No es tan importante») es cuando pueden aparecen los malentendidos. Es lo que yo llamo «vulnerabilidad velada».

Jackson y yo fuimos juntos a la escuela de posgrado, y los dos sabemos muy bien lo que es la vulnerabilidad velada, cuando las palabras parecen transmitir vulnerabilidad, pero la forma de presentarla no. Como estábamos estudiando Psicología, solíamos contarnos muchas cosas en clase. Sin embargo, muchos contaban sus experiencias o traumas de una manera que sonaba vulnerable pero no lo parecía. Podían hablar de una relación tumultuosa con su madre como si estuvieran diciendo que iban a llevarse al caniche al parque, pero no necesariamente porque no les importara, sino porque querían presentarse de cierto modo ante los demás. Velaban su vulnerabilidad para que nos resultara más agradable a los demás.

El problema de velar la vulnerabilidad, afirma Jackson, es que «las emociones son señales para que los demás sepan cómo responder». Cuando velamos nuestra vulnerabilidad para parecer menos indefensos, corremos el riesgo de recibir una respuesta insignificante, pero no porque a la gente no le importe, sino porque no percibe que es un momento en el que contar con su apoyo es primordial. Así, un estudio descubrió que las personas que reprimían sus emociones recibían menos apoyo social en su primer año de la universidad, al tiempo que estas mismas personas afirmaban sentirse menos cercanas a los demás y menos satisfechas con sus relaciones.[1]

Pero si estoy nerviosa y dejo que se note, es probable que la gente me tranquilice y me diga que todo va a salir bien. Si estoy triste o agobiada, al día siguiente me preguntarán: «Oye, ¿cómo lo llevas?». En un estudio, los estudiantes universitarios se mostraron más propensos a buscar información para ayudar a una mujer que tenía que hablar en público cuando ella admitía que estaba nerviosa.[2] Y de un modo más general, en ese mismo estudio la gente que expresaba abiertamente sus emociones negativas (con independencia del género) tenía más vínculos sociales. La vulnerabilidad que se muestra sin reparos, alineando las acciones con las palabras, hace que recibamos la conexión y el apoyo que necesitamos.

Sam aprendió esta lección sobre la vulnerabilidad velada cuando le contó a una amiga que le estaba costando superar la relación con aquel chico. Aunque estaba destrozada por dentro, lo dejó caer de pasada, sin darle demasiada importancia. Aun así, le sorprendió la respuesta tan superficial de su amiga. «Pues tendrás que superarlo», le dijo. No fue más que un comentario, hasta puede que bienintencionado, pero a Sam la hundió aún más en la vergüenza. «Sí, ¿por qué no puedo superarlo? ¿Por qué no soy capaz? ¿Y para qué habré dicho nada?», pensó angustiada. Aquello le confirmó que si pedía ayuda, lo único que conseguía era pasar más vergüenza y acordarse de lo que había perdido.

Pero ¿el error de Sam había sido mostrarse demasiado vulnerable o quizá todo lo contrario? A lo mejor, si hubiera pedido ayuda de un modo más franco (no con un comentario hecho de pasada, sino expresando todos sus sentimientos), habría encontrado el apoyo que necesitaba. Su amiga se habría dado cuenta de que realmente lo estaba pasando mal y habría sido más comprensiva. A nadie le gusta que los demás no le entiendan, pero si le restamos importancia a nuestros sentimientos, nos exponemos a la incomprensión.

¿La vulnerabilidad me hace débil?

Puede que, como Sam, tú también te sientas reacio a mostrar la vulnerabilidad plenamente. La vulnerabilidad plena asusta. Si a la gente no le gusta hablar de un tema en el que se sienten vulnerables, puede que todavía les guste menos parecerlo. Una cosa es admitir la debilidad, y otra es encarnarla. Pero ¿la vulnerabilidad es admitir debilidad? Últimamente hemos sido más críticos con esta visión de la vulnerabilidad gracias a figuras del liderazgo intelectual como Brené Brown.

«La vulnerabilidad no es ganar o perder; es tener el valor de mostrarse y ser visto cuando no tenemos el control sobre el resultado. La vulnerabilidad no es debilidad; es nuestra mayor medida del valor», dice Brown en su libro *Más fuerte que nunca*. Hay que ser valiente para revelar secretos. Hace falta confianza y optimismo para dar por hecho que los demás no nos rechazarán. Las personas vulnerables saben que cuentan con el tiempo y la atención de los demás y que se los merecen; o sea, que sí, hay fuerza en la vulnerabilidad.

Pero también hay debilidad.

William B. Stiles, profesor emérito de Psicología de la Universidad de Miami, usó la fiebre como metáfora para describir la vulnerabilidad. Cuando tenemos fiebre, el cuerpo utiliza a sus guerreros internos para defenderse de la enfermedad, y mientras tanto nos asamos, pero seguimos estando enfermos. La fiebre refleja nuestra capacidad de abarcar muchas cosas: enfermedad y fuerza, angustia y curación, perturbación y recuperación. Y lo hace asimismo la vulnerabilidad. Somos fuertes al tomar la iniciativa para superar el dolor, al creer que nuestro dolor es lo suficientemente importante como para hablar de él y al ser valientes pese al riesgo que supone hacerlo, al tiempo que nuestro deseo de hablar de él sugiere angustia. Cuando nos mostramos vulnerables, encarnamos el yin y el yang de la fuerza y la debilidad. Reprimir la vulnerabilidad no erradica la debilidad; por el contrario, nos impide ser fuertes con ella.

Es bueno darnos cuenta de la debilidad que hay en la vulnerabilidad. «Los sentimientos te dan información sobre ti mismo, y resultan beneficiosos. No son solo una reacción. Nos ofrecen datos sobre nosotros mismos, sobre lo importantes que son las cosas», afirma Jackson. Y la debilidad nos dice algo muy poderoso si se lo permitimos. La debilidad nos dice que vayamos más despacio y no seamos tan duros con nosotros mismos, nos demuestra que no somos invencibles, que somos mortales y tenemos que cuidarnos. La debilidad nos invita a experimentar el valor inherente a nosotros mismos, un valor que no desaparece cuando estamos demasiado cansados para soportar, crear o producir. No hay una oportunidad mejor para aceptarnos plenamente que cuando nos aceptamos cuando somos débiles. Cuando somos débiles necesitamos más del amor y el apoyo de los demás, lo que da profundidad a nuestras relaciones y pone de relieve el carácter fundamental de la interrelación. Nuestra debilidad nos recuerda que debemos tener sensibilidad para con los demás, mientras que el ser fuertes nos hace más difícil entender su agitación.

Lily Velez, conferenciante y *coach* personal, quedó destrozada cuando su padre murió de cáncer de colon. Al principio ocultó sus sentimientos, hasta que estallaron como el agua que rompe una presa. Cuando por fin reconoció su desesperación, esos sentimientos que la hacían sentirse tan débil, sorprendentemente sintió paz y liberación. También descubrió que admitir su debilidad la acercaba a los demás: «Se establece un vínculo increíble entre la otra persona y tú cuando aceptas tu debilidad. La transparencia, la honestidad y la comunicación abierta ganan. Sentí un flujo de amor con las personas que me rodeaban. Era inspirador y embriagador; empoderante y alentador. Era un amor como nunca lo había visto: el tipo de amor que solo puede perfeccionarse en nuestras debilidades».[3]

La debilidad es una parte inherente de la vida para cada uno de nosotros. No podemos escapar de ella; y, desde luego, no podemos evitarla negándola. El problema de la debilidad no es que haya momentos en los que estemos deshechos, seamos frágiles o necesitemos apoyo y descanso, sino la forma en que la estigmatizamos, hasta el punto de no permitirnos reflexionar sobre lo que revela acerca de nosotros mismos, nuestras relaciones y nuestra condición humana.

LOS PELIGROS DE EVITAR LOS SENTIMIENTOS

Después de una semana rehuyendo los pensamientos sobre aquel chico, Sam creyó que podría seguir así sin problemas. Hacía meses que no se sentía tan relajada como aquella semana. Pero un día que estaba sola en su piso, sin nada que la distrajera, de pronto se le hizo más difícil esquivar los pensamientos. Lo que antes había sido como espantar una mosca ahora era como tener que aplastarla con un mazo. Cuanto más se esforzaba por alejar esos pensamientos, más difícil le resultaba. Las imágenes de aquel chico le martilleaban la cabeza. Se sentía invadida, y eso le producía dolor de cabeza.

Un día, mientras se dirigía a clase, un profesor la llamó para hablar de su tesis del máster. Pero era como si la voz del profesor se desvaneciera mientras ella intentaba concentrarse en evitar sus angustiosos pensamientos. Y luego, cuando siguió andando hacia la clase, rompió a llorar. Intentaba sobreponerse tratando de controlar lo que pensaba y sentía, pero estaba totalmente descontrolada. Su propia mente la aterrorizaba. Se secó las lágrimas de las mejillas y se puso las gafas esperando que sus compañeros no se dieran cuenta.

¿Qué le había ocurrido? ¿Cómo había pasado de estar tranquila y relajada a explotar entre clase y clase? ¿Qué había fallado? Para entenderlo, primero tenemos que entender la ciencia de la represión, lo que el profesor Mario Mikulincer de la Universidad de Bar-Ilán y sus colegas se propusieron hacer.[4] En el laboratorio, se les pedía a los participantes que pensaran y escribieran sobre una ruptura dolorosa. Después, se les sometía a una situación en la que tenían que escribir sobre cualquier cosa menos la ruptura (grupo de represión) o a otra en la que podían escribir sobre lo primero que se les viniera a la cabeza (grupo de control).

A continuación hicieron un test de Stroop, en el que tenían que decir en qué color estaba escrita una palabra lo más rápido que pudieran. Si la palabra estaba escrita en rojo, tenían que decir «rojo», o si estaba escrita en negro, tenían que decir «negro». El obstáculo era que si el significado de la palabra representaba algo que les preocupara, a nivel consciente o inconsciente, se distraerían y tardarían más en nombrar el color de la palabra. Así, si tengo hambre y la palabra es *cruasán*, tardaré más en decir «azul», o si estoy a punto de ser desahuciado y la palabra es *casa*, tardaré más en decir «verde». Las palabras del test estaban relacionadas con la ruptura (como *separación*, *abandono*, *rechazo*, *marcharse*), y si tardaban más en nombrar el color de esas palabras, indicaba que estaban más absortos en la ruptura sobre la que habían escrito.

Cuando los participantes tuvieron que reprimir sus pensamientos, se produjo un efecto rebote. Comparados con los del grupo de control, los represores tardaban más en nombrar el color de las palabras que indicaban separación, lo que sugería que estaban más enfrascados en la ruptura después de reprimir los pensamientos sobre ella. Estos sorprendentes resultados encajan con la experiencia de Sam. Esperamos que los pensamientos desaparezcan cuando los reprimimos, pero el efecto rebote nos dice que no es así. Nuestros sentimientos sobreviven en el frío patio trasero en el que los hemos dejado, y al final consiguen abrir la puerta para entrar en casa.

Pero el estudio de Mikulincer fue más allá. Hay personas que son maestras de la represión: las que tienen apego evitativo. Debido a que sus seres queridos no supieron responder en momentos de necesidad, estas personas inhiben sistemáticamente las emociones y aspiran a la invulnerabilidad. Con toda una vida de práctica, ¿las personas con apego evitativo serían capaces de reprimir con éxito, sin efecto rebote?

Dos o tres semanas antes del estudio, los participantes contestaron a una encuesta que evaluaba su tipo de apego. Los resultados indicaron que las personas con apego ansioso se fijaban en las palabras de separación en el test de Stroop tanto si se reprimían en la actividad de escritura como si no, lo que confirma lo que ya sabemos sobre el apego ansioso. Los problemas de relación les angustian.

Pero los resultados de los participantes con apego evitativo no fueron tan sencillos. Para complicarlo más, durante el test de Stroop la mitad de los participantes recibieron un número de un dígito que debían recitar durante toda la prueba (baja carga cognitiva), y la otra mitad recibió un número de siete dígitos (alta carga cognitiva). Este complemento ayudó a los investigadores a analizar una cuestión vital: ¿cuánto pueden reprimir las personas evitativas? Dado que se cree que la represión requiere actividad cerebral, ¿podrían seguir reprimiendo aun cuando la capacidad del cerebro se agotara, como cuando estaban sometidos a una alta carga cognitiva?

Para las personas evitativas, el efecto rebote no se producía. «Azul», «verde», «amarillo», «rojo», decían rápidamente. Incluso cuando tenían que reprimir los pensamientos de la ruptura podían nombrar enseguida el color de las palabras que indicaban separación. ¿Puede que la represión funcione si se te da realmente bien, como a las personas con apego evitativo? Sin embargo, los evitativos tenían un límite. En la situación de alta carga cognitiva, cuando hicieron el test de Stroop mientras recitaban el número de siete dígitos, ya no podían reprimir. Con independencia de si se les había pedido que reprimieran antes, tardaban más tiempo en nombrar el color de las palabras que indicaban separación. Así pues, el efecto rebote solo se producía con alta carga cognitiva.*

Mikulincer realizó un estudio de seguimiento con métodos similares pero más crueles: los participantes tenían que escribir sobre una ruptura; luego se les pedía que reprimieran o no sus pensamientos sobre ella, y después hacían el test de Stroop, solo que en el estudio de seguimiento tenían que hacer una lista de sus cualidades negativas antes de ir al laboratorio, y esas cualidades constituían las palabras del test. Si tardaban más en nombrar los colores de las palabras que representaban sus cualidades negativas quería decir que estas cualidades les preocupaban.

En una situación de alta carga cognitiva, cuando las personas con apego evitativo realizaron el test de Stroop, fueron más lentas a la hora de nombrar los colores de las palabras que representaban sus cualidades negativas, lo que indicaba que estaban más angustiados por estas cualidades. Se mostraron más desconcertados por las palabras negativas y menos capaces de reprimir que las personas con un nivel más bajo de apego evitativo, lo que sugiere que, en situaciones de mucho estrés, la apariencia de represión de los evitativos no solo se resquebraja, sino que cuando no son capaces de reprimir, se obsesionan más con sus aspectos negativos que las personas seguras.

¿Qué nos dicen estos resultados? Que la forma más segura de terminar consumidos por nuestros pensamientos es intentar repri-

* Los autores explicaron que, como los evitativos reprimen todo el tiempo, seguramente estaban reprimiendo independientemente de si se les pedía que lo hicieran (grupo de represión) o no (grupo de control). Eso explica el efecto de rebote aunque no estuvieran en el grupo de represión.

mirlos. El apego evitativo puede hacer que se repriman los pensamientos durante más tiempo, pero cuando es demasiado, estas personas son más susceptibles al estrés que las demás, puesto que no solo tienen que lidiar con el estrés, sino también con la autoflagelación que les supone el ser demasiado débiles para reprimirlo. Para ellas, la represión puede funcionar para asuntos menores y pasajeros, pero no para situaciones de estrés intenso y prolongado. Por ejemplo, en el caso de los judíos israelíes que soportaban el estrés crónico de vivir en un territorio disputado con Palestina, cuanto más evitativa era la persona, más síntomas psiquiátricos experimentaba. Las personas seguras eran menos vulnerables.[5]

Estos resultados también sugieren que las personas que reprimen crónicamente sus sentimientos (evitativas) pueden afirmar que se sienten «fuertes», pero esta afirmación se apoya en fundamentos poco sólidos. A los evitativos les cuesta trabajo mantener su imagen positiva de ser personas «fuertes» o «invencibles». Les pasa factura. Si toda su capacidad cerebral se concentra en otra cosa, se quedan sin recursos para mantener la imagen que tienen de sí mismos. En cambio, no les ocurre lo mismo a las personas seguras o con bajo nivel de evitación: la susceptibilidad a sus cualidades negativas no se dispara cuando están demasiado cansadas mentalmente, ya que la percepción positiva que tienen de sí mismas es más estable y honesta, menos forzada. Según los autores del estudio, «al no tener que crear una fachada de extrema autonomía y autoestima, porque por lo general han sido aceptados por sus figuras de apego, [los seguros] son libres de mirarse a sí mismos de forma bastante realista (es decir, moderadamente positiva)». Como dice Eric Micha'el Leventhal, educador holístico y autor de *A Light from the Shadows*, «somos más poderosos desde el momento en que no necesitamos serlo».

Hablamos tanto de los riesgos de la vulnerabilidad que se nos olvidan los riesgos de la invulnerabilidad, cuando son riesgos que asolan a los evitativos, como le pasó a Sam y les ocurre a muchas otras personas. Y lo que nos perjudica no es solo reprimir las emociones, sino también el negarnos a compartirlas con los demás. Según la investigación, si Sam siguiera guardándose el problema para sí misma, acabaría más enfrascada en él, más deprimida y más enferma física y mentalmente.

Aunque pueda preocuparnos que el ser vulnerables haga que nuestros problemas sean más reales, la experiencia de Sam y el estudio de Mikulincer demuestran que el problema es más real cuando lo ocultamos, al menos en lo que se refiere al efecto que esto nos produce en el cuerpo y la mente. En el documental *Disclosure: Ser trans en Hollywood*, en el que se analizan las representaciones de las personas transgénero en los medios, la actriz de *The Cheetah Girls* Sandra Caldwell nos cuenta cómo vivía la preocupación de que su identidad transgénero saliera a la luz durante el rodaje.

«¿Sabes lo que es ir a un set de rodaje y tener miedo? Intentas desesperadamente mantener la cabeza en la escena. Te levantas con miedo. Te acuestas con miedo. Intentas enterarte de si alguien va a lanzar una bomba ese día, o al día siguiente. ¿Cuándo pasará? Así que estás con miedo todo el tiempo», dice. Lo que reprimimos nos consume, como demuestra un estudio que afirma que el guardar secretos lleva a la rumiación, que será mayor cuanto mayor sea la vergüenza que sintamos por esos secretos.[6]

La represión también deteriora la salud mental. La ocultación, la tendencia a esconder información negativa sobre nosotros mismos, está relacionada con el malestar psicológico e incluso con el suicidio en adultos jóvenes.[7] La invulnerabilidad le exige un precio muy alto al cuerpo. Como demuestran los estudios realizados, debido a toda la energía que gastamos pensando en lo que estamos ocultando, el guardar secretos nos hace sentir más aislados y fatigados.[8] Cuando pasamos por experiencias traumáticas y no hablamos de ellas tenemos más problemas de salud. Otro estudio descubrió que cuando fallecía el cónyuge de una persona, cuanto menos hablara de ello, peor sería su estado de salud un año después del fallecimiento.[9] Al contrario de lo que muchas personas puedan pensar, estos estudios señalan que, si de verdad Sam quería «superar» el dolor (pensar menos en ello y sentirse menos afectada), tenía que abrirse.

La invulnerabilidad nos roba la vida: dedicamos tantos esfuerzos a intentar meter los esqueletos en el armario que descuidamos el resto de la casa. Solo la vulnerabilidad nos puede devolver la vida. Sin embargo, como sociedad nos estamos volviendo más invulnerables. Según un estudio longitudinal, en 1985 los participantes tenían, de media, tres confidentes; mientras que en 2004 se redujeron a dos, y el número de personas no tenían a nadie a quien hacer confidencias era el triple.[10] En una entrevista para NPR, la autora del estudio, Lynn Smith-Lovin, profesora de Sociología de la Universidad de Duke, dijo: «No solemos ver grandes cambios sociales como este en un periodo de diez o veinte años. La mayor parte de las características de la vida de las personas son bastante estables de un año para otro».[11]

El coste de toda esta invulnerabilidad es muy alto. ¿De qué arte inspirador nos hemos visto privados porque el artista tenía demasiado miedo de revelar su dolor a través de su arte? ¿Qué curso habría seguido la crisis de los opiáceos en un mundo propenso a la vulnerabilidad? ¿Qué científica podría estar resolviendo el cambio climático pero está demasiado debilitada por los pensamientos que intenta enterrar? Toda la vergüenza, las rumiaciones, las depresiones, las visitas al hospital, los suicidios; nada de esto habría ocurrido si fuéramos vulnerables.

CÓMO SER VULNERABLE

Anna Bruk es una paradoja, como sugiere el nombre de su blog en *Psychology Today*, «Beautiful Mess». Es una gran triunfadora. Tras graduarse en la escuela de negocios, comenzó un programa de doctorado en Psicología Social, ambos en la Universidad de Mannheim (Alemania). Ahora es directora del departamento de Psicología Social de esa universidad. Su tesis sobre la vulnerabilidad fue tan innovadora que hablaron de ella en *The Atlantic* antes de que estuviera terminada. Y a pesar de su currículum, cuando conoces a Bruk, las primeras palabras que se te vienen a la mente no son «intensa» o «intimidante», sino más bien «amable» y «acogedora», por la forma en que te sonríe mientras hablas. Hablar con ella sobre su investigación es como charlar con una amiga. Pregona la importancia de la conexión, pero también la personifica.

Bruk pasó por momentos difíciles antes de llegar a lo que es hoy. En el arco de unos pocos meses, afrontó una ruptura difícil, la muerte de su gato y una operación que la dejó estancada por dentro y sola. Creía que sería capaz de matar el tiempo a base de ver series en Netflix, hasta que no pudo más. Desmoralizada, recurrió a las charlas TED, y allí conoció a Brené Brown.

Se sintió inspirada por el mensaje de Brown sobre la vulnerabilidad y se compró todos sus libros. ¿La vulnerabilidad es buena? ¿El perfeccionismo es malo porque es un reflejo de la vergüenza y nos impide ser vulnerables? Hasta entonces, Bruk no solo había sido perfeccionista, sino que consideraba esta cualidad como una ventaja. Sin embargo, al reflexionar sobre su pasado se dio cuenta de cómo su perfeccionismo estaba alimentado por la vergüenza, como decía Brown, y de que además debilitaba sus amistades. «Se me hacía muy difícil disculparme —cuenta Bruk—. El perfeccionismo me hacía verlo todo blanco o negro. Era como si cometer un error me convirtiera en una mala persona, así que tenía que defenderme. El ser capaz de decir "lo siento" supuso un gran cambio para mí.»

Como estudiante de posgrado en Psicología, decidió estudiar formalmente la vulnerabilidad. Y descubrió que había una larga lista de grandes pensadores que la valoraban. Sigmund Freud dijo: «De tus vulnerabilidades saldrán tus fortalezas», y se mostró cínico con nuestra capacidad de ser invulnerables: «El que tiene ojos para ver y oídos para oír se convence de que ningún mortal puede guardar un secreto. Si sus labios callan, charla con las yemas de los dedos; la traición le rezuma por los poros». Alain de Botton, filósofo británico de origen suizo, afirma que si la sociedad fuera más sabia, no nos esforzaríamos tanto en ocultar las imperfecciones. El poeta británico David Whyte subraya que la vulnerabilidad forma parte de nuestra propia naturaleza: «Es el trasfondo, siempre presente y permanente, de nuestro estado natural».[12]

Bruk se convirtió en discípula de la vulnerabilidad, pero pensó que otros eran más reacios porque temían sus consecuencias, como el juicio y el rechazo. Gracias a sus conocimientos sobre psicología y sobre la forma en que entendemos los efectos de nuestros comportamientos, se preguntó si estas consecuencias eran reales. Así que se propuso estudiar si la vulnerabilidad se juzga tan negativamente como creemos.

La gente valora la vulnerabilidad más de lo que pensamos

En el estudio que Bruk realizó para su tesis les pidió a los participantes que se imaginaran revelando cosas personales, como decirle a un amigo que estaba enamorado de él, admitir que había cometido un error en el trabajo o mostrar sus defectos físicos. La gente se imaginaba que ser tan vulnerable llevaría a los demás a verlos como débiles o hasta repulsivos, pero cuando se imaginaban a otros en estas situaciones, en realidad los veían más positivamente, pues consideraban que su vulnerabilidad era algo bueno y deseable.

En otro estudio dividió a los participantes en cantantes y jueces. A los cantantes se les dijo que improvisarían una canción y que los jueces la evaluarían. Aunque los participantes, gracias a Dios, nunca tuvieron que cantar, las suposiciones que hicieron sobre cómo los verían los demás eran reveladoras. Los cantantes daban por hecho que los juzgarían negativamente, mientras que los jueces veían el canto de forma más positiva, como un signo de fortaleza.[13]

La investigación de Bruk se basa en otros estudios con conclusiones similares: cuando somos vulnerables, la gente no nos juzga tanto como creemos. De hecho, su percepción puede ser positiva, considerándonos auténticos y honestos. En un estudio, los participantes expresaron miedos e inseguridades («A menudo soy demasiado crítico conmigo mismo y me siento inadecuado con los demás»), y luego hablaron de ello con un compañero. Posteriormente, cada participante valoraba qué pensaría de él su compañero como resultado de lo que le había contado, mientras que el compañero evaluaba cómo de bien le había caído esa persona realmente. Igual que cuando comentamos el tema de la brecha de agrado, los participantes subestimaban cómo de bien caían al revelar su inseguridad. Esta discrepancia se produjo porque los compañeros decían que la honestidad y la autenticidad habían influido de forma positiva en su juicio, mientras que los participantes subestimaron el impacto de estos factores.[14]

Según este estudio, aunque muchas veces pensamos que la vulnerabilidad es una carga para nuestros amigos, en realidad puede avivar o hacer más profunda una amistad. Como sugiere la investigación, esto se debe a que la vulnerabilidad suele verse como algo que apreciamos en una persona, y no como algo que haga que se la valore menos. En un conocido metaanálisis que combinó los resultados de noventa y cuatro estudios que relacionaban el sincerarse con el agrado, los resultados indican que cuanto más se sinceraba la gente, mejor caía.[15]

En contra de la creencia popular, a la gente le caen mejor las personas vulnerables, no peor. Una vez, cuando estaba dando una clase de Psicología, uno de mis alumnos me preguntó si me caía mal alguno de mis pacientes de terapia.

«No —contesté, sorprendiéndome a mí misma—, porque cuando llegas a conocer a alguien en profundidad te das cuenta de que lo que no gusta de esa persona es en realidad el resultado de un sufrimiento, y eso atrae el afecto, no la repulsión.»

Arthur Aron (del que hablé en el capítulo 1) realizó un estudio psicológico que nos abrió los ojos sobre las formas en que la vulnerabilidad nutre los vínculos. En el estudio, hizo que unos desconocidos se reunieran y entablaran una pequeña charla o bien respondieran a preguntas cada vez más íntimas, como «¿cuándo fue la última vez que lloraste delante de otra persona?» o «¿cómo te sientes en la relación con tu madre?». Los desconocidos que se mostraron vulnerables entre sí afirmaron sentirse mucho más cercanos que los que se dedicaron a charlar sobre cosas triviales. De hecho, los estudiantes que se mostraron vulnerables afirmaron sentirse más cerca del compañero con el que habían hablado que el 30 por ciento de los estudiantes con cualquier otra persona.[16] En un famoso artículo del *New York Times* titulado «To Fall in Love with Anyone, Do

This» («Para enamorarte de cualquier persona, haz esto»), una mujer repasa las preguntas de Aron con un conocido. Los dos se enamoraron después, y ella atribuye al estudio el haberles dado «un camino hacia una relación que se siente deliberada».

La vulnerabilidad consolida la conexión, no solo porque hace que se nos perciba más honestos y genuinos, sino también porque transmite que nos cae bien y confiamos en la persona con la que estamos interactuando. En un artículo de Julie Beck en *The Atlantic*, cuando Lincoln, un director de proyectos de una organización sin ánimo de lucro dedicada a la salud reproductiva, describió la vulnerabilidad de su amiga Amina, dijo: «No hemos creado nuestros personajes el uno para el otro; hemos sido crudos y honestos. Me lo tomé muy en serio porque Amina no tenía por qué abrirse conmigo. Amina no estaba obligada a compartir sus luchas, su ansiedad ni su depresión. Así que el hecho de que fuera realmente abierta conmigo era una señal de que valoraba nuestra amistad».

La respuesta de Lincoln también pone de manifiesto que nuestra vulnerabilidad puede aportar algo a la vida de nuestros amigos. Según las investigaciones, darles a nuestros amigos la oportunidad de ayudarnos mejora su salud mental y física y da sentido a sus vidas.[17] Un estudio descubrió que el contar nuestros secretos es una carga para los demás porque les hace reflexionar sobre ellos, pero también hace que se sientan más cerca de nosotros.[18] Cuando doy charlas sobre esto, los asistentes suelen comentar: «Tiene sentido, porque, aunque me dé miedo ser vulnerable, me encanta cuando los demás lo son conmigo». Los beneficios que proporcionamos a los demás cuando les hablamos de nuestras penas y agradecemos su apoyo pueden explicar por qué otro estudio descubrió que los estudiantes que en su primer año de universidad estaban más dispuestos a expresar sus emociones negativas hacían más amigos y recibían más apoyo durante el primer semestre.[19] Cuando estamos atravesando una crisis, nuestro mayor temor puede ser cargar a los demás, pero cuando no nos abrimos con ellos, la mayor carga para nuestros amigos suele ser nuestro silencio.

Sé vulnerable, pero evita exponerte en exceso

A pesar de que muchas veces los demás aprecian nuestra vulnerabilidad mucho más de lo que creemos, Bruk se apresura a añadir que no hay garantías, ya que, aunque la gente tiende a juzgar menos de lo que solemos pensar, existe la posibilidad de que lo hagan. Y admite que hubo un momento en el que estaba tan entusiasmada con la vulnerabilidad, y tenía tantas ganas de contrarrestar una cultura que la rechaza, que subestimó el riesgo.

Este riesgo de rechazo se acentúa cuando caemos en la pseudovulnerabilidad de exponernos en exceso (lo que se conoce como «sobreexposición» u *«oversharing»*). Solo es «pseudo» porque la vulnerabilidad es auténtica, mientras que la sobreexposición no lo es. Compartir información personal de un modo excesivo o superficial es un mecanismo de defensa, un concepto que también analizaremos en el capítulo dedicado a la autenticidad. Por ahora podemos decir que es una estrategia para distanciarnos de los sentimientos que consideramos amenazadores, en vez de reconocerlos. Revelar demasiada información personal es una forma de protegernos contra la ansiedad que nos produce el miedo al rechazo. En lugar de reconocer estos temores, nos abrimos descontroladamente con la esperanza de que así la otra persona se sienta más cerca de nosotros y podamos disipar nuestros miedos. Lo hacemos para compensar nuestras inseguridades, y eso no es vulnerabilidad, ya que la vulnerabilidad consiste en expresar directamente nuestras inseguridades. Además, como la mayoría de los mecanismos de defensa, es algo que hacemos de forma compulsiva y automática para reducir la ansiedad, mientras que la verdadera vulnerabilidad se produce deliberadamente y después de discernir que nos sentimos seguros con alguien.

Daphne, una investigadora que estudió la confesión, conoce bien el riesgo de la sobreexposición. Llegaba a las fiestas, se tomaba unas copas y les contaba sus aventuras sexuales a desconocidos. Pensaba que sería catártico, que se desahogaría y se sentiría liberada. Hasta que un día, en una fiesta, hablando con dos desconocidos a los que les estaba confesando sus aventuras, uno le preguntó: «¿Y por qué lo cuentas?».

Rendida, farfulló: «Para restarle importancia».

Pero al oírse a sí misma decir estas palabras se dio cuenta de que contarlo nunca le restaba importancia. Y lo entendió aún mejor cuando leyó al filósofo francés Michel Foucault, que advertía de que, aunque creamos que confesar es catártico, no siempre lo es. «Pensé que hablando de estas cosas me liberaría —explica Daphne—. Sin embargo, lo que hacía era que una parte de mi identidad que no tenía importancia llegara a ser más importante de lo que debía ser. No era un alivio. Pensaba en cómo se lo contaba a la gente y en que así era como los demás me veían. Y me arrepentía.»

La experiencia de Daphne y el pensamiento de Foucault ilustran los riesgos de esta forma de actuar. Cuando compartimos información personal de un modo excesivo o superficial, la gente no tiene un contexto más amplio de quiénes somos, por lo que nuestra identidad, a sus ojos, se ve reducida a lo que contamos. Rachel Bloom, la actriz principal de la serie *Crazy Ex-Girlfriend*, lo sufrió. De pequeña, les contó a sus compañeros de clase que le habían extirpado un lunar porque podía ser canceroso, y la apodaron «Quimio».[20] Ya se sabe, los niños pueden ser crueles.

En vez de transmitir la idea de que nos cae bien y confiamos en la persona con la que estamos hablando, que es lo que ocurre cuando nos abrimos gradualmente, cuando lo hacemos de modo excesivo y superficial, la idea que transmitimos es que necesitamos desahogarnos, y que nos vale con que nos escuche cualquiera. Por eso, suele ser contraproducente. En un estudio se les pidió a las participantes que se imaginaran a otra mujer contándoles algo relacionado con tres niveles de intimidad: baja (cuál era su programa de televisión favorito), media (su mayor preocupación) o alta (el problema más grave que había tenido en el último año). La tercera fue la que peor cayó, pues consideraban que sería una persona más ansiosa y menos equilibrada. La que mejor cayó fue la de intimidad media.[21] Para no caer en este exceso tenemos que entender cuáles son los motivos que nos llevan a compartir información personal, y preguntarnos: «¿Por qué lo cuento?». El hacer confidencias debe reflejar la seguridad que sentimos con una amistad, no la falta de seguridad, que es precisamente lo que tratamos de compensar con este comportamiento.

Con todo, aunque no se produzca este exceso, la vulnerabilidad sigue representando un riesgo. Porque a veces sí habrá personas que nos juzguen por mostrarnos vulnerables; aunque en este caso la crítica dice más de ellas que de nosotros. Las personas con apego evitativo, por ejemplo, no responden bien a la vulnerabilidad. Como se sienten más incómodas con las emociones, cuando los demás son vulnerables, la intimidad, la confianza y el amor inherentes a la interacción pueden verse eclipsados por su incomodidad ante los sentimientos, pues los sentimientos de los demás amenazan lo que ellas mismas reprimen. Un estudio afirma que las personas caían mejor cuando revelaban sus sentimientos, excepto cuando lo hacían con alguien con apego evitativo.[22] En el estudio *36 Questions* de Aron, en el que emparejó a desconocidos para que respondieran a preguntas cada vez más íntimas, las parejas evitativas fueron las que menos cercanía desarrollaron tras contestar a las preguntas. Estos resultados nos recuerdan que si nos abrimos con alguien y esa persona se retrae, no somos necesariamente nosotros los que hemos hecho mal en compartir nuestras confidencias. Puede que la otra persona no sea la adecuada para ello, sin más.

En *Iron Man 3*, Tony Stark ejemplifica esta dinámica. Conoce a un niño, Harley Keener, cuando irrumpe en el garaje de la casa de Harley en busca de comida y refugio. En una escena, Harley le dice a Tony: «Papá se fue al 7 Eleven a por rascas... y ha debido de ganar, porque de eso hace ya seis años». ¿Y qué le contesta Tony? «Los padres se van. No tienes por qué ser un llorica.»

En cualquier caso, pese a los riesgos de la vulnerabilidad, que son reales, Bruk y yo estamos de acuerdo en que la vulnerabilidad merece la pena. Lo que nos aporta es aún más real. Hace que nos sintamos mejor física y mentalmente, que nuestra amistad sea más profunda y que podamos entendernos mejor a nosotros mismos. Sin la vulnerabilidad, «se alcanza un techo en la amistad que no se puede sobrepasar», afirma Jackson. Y aunque la vulnerabilidad puede darles a los demás la oportunidad de herirnos más profundamente, también les da la oportunidad de querernos más. Como dice Jackson: «Si no eres vulnerable, todo el amor, el apoyo y la atención de tus amigos no se dirigen realmente a ti, y lo sabes. Su respuesta positiva no te llega de la misma manera. Cuando eres vulnerable y te conocen de verdad, sientes que puedes confiar en su cariño más plenamente, porque te están demostrando que te quieren por lo que de veras eres».

Ten compasión contigo mismo

Bruk también aprendió a ser vulnerable siendo más amable consigo misma. Antes de leer el libro de Brown, leyó un libro de Kristin Neff titulado *Sé amable contigo mismo (Self-Compassion,* es decir, autocompasión), que consiste en tratarnos a nosotros mismos con la misma amabilidad y cuidado que dedicaríamos a un amigo. Cuando decidió estudiar la vulnerabilidad, le aconsejaron que no lo hiciera, porque no había mucha investigación al respecto (la mayor parte de la investigación se centraba en un concepto relacionado pero distinto: sincerarse). Tendría que idear una forma de definirla y estudiarla, y, como pionera en este campo, podría fracasar. Pero siguió adelante porque la compasión hacia sí misma la había ayudado a darse cuenta de que el fracaso no definía su valor como persona.

«La autocompasión crea un fundamento de autoestima sólido y estable. Y eso nos da un lugar seguro para aterrizar sin importar adónde nos lleve el mostrar vulnerabilidad», me dijo. Uno de los estudios de Bruk prueba que, aunque la gente suele valorar más la vulnerabilidad ajena que la propia, en el caso de las personas con un alto grado de autocompasión no es así. Esto se debe a que tienen una visión mucho más positiva de su vulnerabilidad.[23] Si podemos ser amables con nuestras vulnerabilidades, nos afectará menos cuando los demás no lo sean.

La autocompasión tiene tres componentes:

1. Amabilidad: ser amable y comprensivo con uno mismo («No pasa nada por haber suspendido ese examen, era muy difícil»).
2. Consciencia plena: tener una reacción equilibrada ante los pensamientos y sentimientos dolorosos, sin exagerarlos ni ignorarlos («Me doy cuenta de que estoy triste»).
3. Sentido de humanidad común: ver la propia experiencia como parte de la experiencia humana («Todo el mundo suspende de vez en cuando»).

Para ser compasivo contigo mismo, la próxima vez que te mires al espejo y no estés contento con tu barriga, te puedes decir: «Sé que hoy quiero criticarme. No pasa nada por que hoy no me sienta bien con mi cuerpo. Casi todo el mundo se siente mal con su cuerpo de vez en cuando». O si te sientes mal porque tu hijo no te ha llamado por tu cumpleaños, te puedes decir: «Estoy molesto. Es comprensible que me sienta así. Muchos padres tienen problemas con sus hijos». Si Sam hubiera tenido compasión consigo misma, podría haberse dicho: «Me siento descontrolada. No pasa nada por sentirse así a veces. Pasar por todo esto me hace entender a todas las personas que se sienten como yo».

Acepta la vulnerabilidad como un valor

La autocompasión nos ayuda a aceptarnos, lo que hace que la vulnerabilidad suponga un riesgo menor, porque la aceptación de los demás importa menos. Pero, incluso aunque no podamos dedicarnos todo el amor y la amabilidad en los momentos de vulnerabilidad, eso no significa que no podamos ser vulnerables. La vulnerabilidad no tiene por qué resultar agradable; a veces da miedo, pero ese miedo es el reflejo de autoprotección que entra en acción, y podemos notarlo y respetarlo. Y aunque te aterrorice la vulnerabilidad, no tienes por qué evitarla. Estoy segura de que hay muchas cosas incómodas que haces con un propósito mayor (comes coliflor en vez de chucherías para almorzar, dejas que te pinchen con una aguja, haces sentadillas...), porque, al igual que la vulnerabilidad, esos instantes de incomodidad te protegerán a largo plazo.

Para conseguir ser vulnerable, te ayudará recordar que no lo estás haciendo porque sea cómodo: lo haces porque está en línea con tus valores. Si valoras la conexión con los demás, el bienestar, la intimidad, el que las cosas tengan significado, la honestidad, el autocuidado y el mostrarte al mundo tal y como eres, entonces al ser vulnerable estás expresando tus valores. Tendrás éxito, independientemente de la reacción de los demás, porque al ser vulnerable has abogado por ti mismo y has honrado tus valores. Harriet Lerner lo ilustra muy bien en su libro *The Dance of Connection*: «Deja a un lado las expectativas de obtener la respuesta que deseas. Siempre partiremos de una base más sólida si hablamos para proteger nuestro propio bienestar e integridad y nos negamos a ser silenciados por el miedo». Actuar siguiendo nuestros valores es también un principio de una conocida forma de terapia, la terapia de aceptación y compromiso, popularizada por los psicólogos Steven Hayes, Kirk Strosahl y Kelly Wilson. Uno de los principios de esta terapia es que, independientemente del dolor que sintamos, debemos aceptarlo y comprometernos a actuar en línea con nuestros valores para que nuestra vida tenga sentido.

Sé vulnerable con las personas adecuadas

La parte complicada de la vulnerabilidad es que no solo depende de ti, sino también de la persona con la que te muestras vulnerable. Será agradable y te proporcionará grandes beneficios si la vulnerabilidad llega a un oído empático, pero, si no, producirá un efecto indeseado y te sentirás peor.

Puede parecer evidente que hay que discernir con quién nos mostramos vulnerables, y aun así es algo que solemos olvidar. Una vez me llamó un amigo más o menos en la misma época en la que yo estaba pasando por una ruptura difícil. Y en ese momento terminé hablándole de mi situación y de cómo me sentía. No me paré a pensar si mi amigo sería compasivo, porque si lo hubiera hecho, no le habría dicho nada. Este amigo tiene un razonamiento hiperlógico y no entiende el idioma de las emociones, así que intentó convencerme de que aquel chico me había utilizado solo por el sexo, y, desde luego, me sentí peor.

A raíz de aquella experiencia también me di cuenta de que una parte de la vulnerabilidad sana es sentirse bien con no ser vulnerable. A veces lo he pasado tan mal que me daba la sensación de que si no lo contaba, me convertiría en una impostora: algún amigo se percataría y sabría que no estaba siendo sincera. Pero, por lo visto, a la gente se le da bastante mal notar que estamos mintiendo, según un metaanálisis.[24] Siéntete libre de ocultarles cosas a las personas en las que no confías.

Sin embargo, no es fácil saber en quién confiar, sobre todo después de toda la literatura científica que hemos leído, que afirma que no sabemos juzgar bien la respuesta de los demás a nuestra vulnerabilidad. Puede que la mejor forma de saber si podemos confiar en alguien es que esa persona ya haya respondido bien a nuestra vulnerabilidad en el pasado; por supuesto, el inconveniente es que, una vez que les damos la oportunidad, ya es demasiado tarde para protegernos si nos rechaza. Para disminuir este riesgo, yo preparo un «soporte» para la vulnerabilidad. Si me siento realmente vulnerable, hablo con mi amiga Billy, que sé que es increíble, empática, maravillosa y capaz de ayudar prácticamente siempre. Hablar con ella me hace sentir más segura, así que si luego hablo con otro amigo del que todavía no estoy muy segura de cómo reaccionará, no me dolerá mucho si no responde bien y, además, eso me ayudará a saber si la próxima vez puedo mostrarme vulnerable con esa persona. Si todavía no tienes a nadie con quien puedas crear un soporte para la vulnerabilidad, puedes empezar con un terapeuta o número de atención para la salud mental.

Cuando actuamos o pensamos en términos de todo o nada —como ser siempre vulnerables o no serlo nunca—, nuestra rigidez esconde cicatrices más profundas. Veo estas cicatrices en amigos que dicen: «No se puede confiar en nadie», «Al final todo el mundo te va a dejar tirado» u otras cosas por el estilo. Si damos por hecho que algo siempre va a ser de un cierto modo, no estamos evaluando la situación para determinar si un comportamiento funcionará o no; lo que estamos haciendo es proyectar. Es el discernimiento, la atención al momento presente y la capacidad de escuchar de la otra persona lo que nos permitirá crear espacios adecuados para la vulnerabilidad.

Sin este discernimiento corremos el riesgo de mostrarnos vulnerables ante las personas que más nos hieren. Freud lo llamó «compulsión de repetición». Volvemos al lugar de nuestro dolor para curarnos porque qué hay mejor que la validación de la persona que nos hizo daño: la compulsión de repetición es el motivo por el que la gente vuelve a acercarse a una amistad tóxica, recurre de nuevo a Tinder con la esperanza de que una nueva cita alivie el dolor de la anterior o intenta contarle algo importante a un amigo que solo sabe bromear con lo que uno le dice. Pero este impulso tiende a dejarnos con más dolor, porque si la persona ya nos hizo daño una vez, es muy probable que vuelva a hacérnoslo.

Si alguien no ha respondido bien en tus momentos de necesidad, no pienses que cambiará. No busques agua en un pozo vacío. Tu vulnerabilidad es demasiado valiosa para eso. Busca a personas que realmente te reconforten y apoyen; dirígete a ellas, en lugar de a la persona que esperabas que fuera distinta. ¿Cuántas veces nos exponemos a las personas equivocadas porque deseamos que sean diferentes cuando podríamos simplemente aceptar cómo son y actuar de un modo diferente nosotros?

LOS HOMBRES Y LA VULNERABILIDAD

Las cosas parecían irle bien a Lucas Krump. Había pasado muchos años en el extranjero, en lugares como Egipto, Tailandia, Uganda, Aruba, San Cristóbal y Singapur, para acabar aterrizando en Nueva York. Tenía novia y habían comprado la *startup* para la que trabajaba, dejándole una pequeña fortuna. En apariencia, lo tenía todo.

Pero en las oscuras profundidades de su vida, las cosas no iban bien. Estaba solo y triste, pero no se daba cuenta. Como reprimía sus emociones, su mejor prueba de fuego para saber si estaba viviendo una buena vida era lo buena que les parecía a los demás, así que pensaba que estaba bien. Pero el peso de todos estos sentimientos lo dejaba vacío y ajeno a todo, como si estuviera viendo su existencia en una pantalla de cine.

Una noche, cuando estaba cenando en Shanghái, donde estudiaba en una escuela de negocios, le vibró la BlackBerry. Era su hermana: «Papá ha muerto». Lucas contestó: «Hablamos luego. Estoy terminando de cenar». Su padre siempre había sido frío y distante, y cuando murió, Lucas apenas notó dolor por la pérdida, a base de reprimir las emociones y ahogarlas en alcohol. Mientras estaba en el extranjero, también fallecieron su abuela y su abuelo. A diferencia de su padre, sus abuelos habían sido las personas más importantes de su vida. Pero no fue a sus funerales. Se dijo a sí mismo que sabía que la gente iba a morir mientras él estuviera en el extranjero y que tenía que aceptarlo y seguir adelante.

Con el tiempo, todo el dolor que no había procesado lo alcanzó y Lucas acabó en un hospital psiquiátrico. La emoción era intensa y abrumadora, nunca había sentido nada igual. Era el residuo de sentimientos reprimidos pero no extinguidos. Era la revolución de su cuerpo contra una mente que sin darse cuenta lo utilizaba como depósito para almacenar las cosas que no estaba dispuesta a ver; una revolución que dio algunos frutos. Poco después, Lucas regresó a Estados Unidos, dejó de beber durante un tiempo y vio más a su familia.

Lucas pasó un tiempo en Arizona con su madre, y ella le buscó un terapeuta. Recuerda esa primera sesión de terapia como una intervención divina. Mientras le contaba sus problemas con las drogas, el alcohol, las mujeres y el aislamiento, el terapeuta le dijo: «No hay ninguna cantidad de dinero, drogas o mujeres que llenen el vacío de tu corazón. Vas a tener que crecer. Como en realidad no tuviste un padre, tendrás que crear una comunidad de hombres que te apoyen. Todo eso te va a costar trabajo». Su problema era que se sentía solo no por falta de personas en su vida, sino por falta de personas con las que pudiera ser verdaderamente vulnerable.

Su terapeuta le aconsejó que se uniera a Alcohólicos Anónimos para encontrar su comunidad y cambiar sus hábitos con la bebida. Lucas se quedó asombrado por la vulnerabilidad, la honestidad y el sentido de comunidad que encontró allí. Por primera vez en su vida, se sintió rodeado de hombres buenos que querían ayudarle. Pero se sentía como un impostor. No podía identificarse con las experiencias que los demás contaban porque él era muy funcional incluso cuando bebía: mantenía un trabajo, pagaba sus facturas, llegaba a casa sin problemas por la noche. «Nadie iba a salvarme —dice—, así que me bebía treinta y siete cervezas. Y paraba a la treinta y siete para poder ir a trabajar al día siguiente. No podía convertirme en un adicto, porque si lo hacía, sabía que moriría.» Lucas se dio cuenta de que no solo necesitaba una comunidad, sino también un lugar al que sintiera que podía pertenecer de verdad porque se identificaba con la gente que le rodeaba. Así que dejó Alcohólicos Anónimos, pero la experiencia le hizo buscar espacios en los que la vulnerabilidad y la autenticidad fueran bienvenidas.

Lucas pasó por varias organizaciones masculinas buscando una comunidad auténtica, pero nada encajaba. Eran religiosas o rezumaban palabrería espiritual. ¿Dónde estaban los hombres normales y corrientes, los barbudos, los que dicen palabrotas y tienen las espaldas anchas, en los que Lucas pudiera verse a sí mismo? Hasta que un día, en un momento de serendipia, Lucas conoció a un hombre llamado Dan en una conferencia. Dan le dijo que iba a iniciar un retiro para hombres en un viejo granero en los Berkshires de Massachusetts.

Aquel fin de semana cambió la vida de Lucas para siempre. Al ver cómo los hombres lloraban y hablaban de sus sentimientos, entendió que era normal que los hombres, incluso los más masculinos como él, tuvieran sentimientos. La hombría, tal y como la había conocido, era una gran farsa. El hecho de que los hombres no muestren sus emociones no es porque no las tengan, sino porque aprenden, desde muy pequeños, a temer lo que pasaría si lo hicieran. «Somos seres humanos. Nos pusieron en esta tierra para ser vulnerables. Tenemos esa capacidad dentro de nosotros, y negar nuestra biología evolutiva es el problema al que nos enfrentamos como raza humana. Como hombre, se me dio la capacidad de sentir y ser vulnerable por una razón. No podemos negar nuestra capacidad de ser humanos», afirma Lucas.

Aquel fin de semana se dio cuenta de la carga que suponía para los hombres permanecer en silencio. En lo que llamaban «ceremonia de la rabia», los hombres fueron al bosque y se dispersaron. Gritaban todos a la vez, dejando salir las emociones que se agitaban en su interior desde hacía años o incluso décadas. Lucas oyó primero la rabia de aquellos hombres, y luego su sufrimiento, cuando, en mitad de los gritos, se echaban a llorar a su alrededor. Al final, él también lo hizo.

La sociedad está empezando a prestar atención a la falta de amistades de los hombres occidentales y a los terribles efectos que esta carencia tiene en su salud, tanto mental como física. La crisis de la amistad de los hombres se analizó en un episodio del pódcast *Hidden Brain* de NPR titulado «The Lonely American Man»; en un artículo de *Harper's Bazaar*, «Men Have No Friends and Women Bear the Burden», y en el libro *The Lonely American: Drifting Apart in the Twenty-First Century*, en el que los autores, el matrimonio formado por Jacqueline Olds y Richard S. Schwartz, destacan que los hombres solo tienen intimidad con sus parejas románticas y descuidan a sus amigos.

La historia de Lucas nos enseña que la dificultad que encuentran los hombres en la amistad radica en la dificultad de mostrarse vulnerables. Un antiguo metaanálisis, realizado en 1992, señala que los hombres son menos vulnerables que las mujeres en sus amistades (y en la mayoría de sus otras relaciones).[25] Una encuesta de 2021 reveló que las mujeres tenían aproximadamente el doble de probabilidades de recibir apoyo emocional de un amigo o de compartir algo personal con él en el transcurso de una semana.[26] La reportera Julia Reinstein expresó acertadamente esta dinámica en un tuit: «Siempre dicen que los tíos "son la hostia". Nunca preguntan si te has dado "una hostia"».

La amistad profunda es imposible sin vulnerabilidad. Sin ella, la amistad se desinfla y se convierte en mero compañerismo, lo cual es bonito pero está truncado, ya que la amistad puede ofrecernos mucho más. Los amigos son compañeros de baloncesto, de copas, de golf, pero no alcanzan la profundidad de un *anam cara*, término irlandés que significa «amigo del alma», el tipo de amigo con el que te abres, compartiendo tus pensamientos y sentimientos más íntimos.

Un artículo de *Atlantic*, «Games Boys Play», describe cómo los hombres incluyen un tercer elemento en sus amistades para evitar la vulnerabilidad que de otro modo podría surgir entre amigos ociosos: «Cuando estáis cazando, o arreglando un coche, o lanzando tiros libres, podéis mirar juntos al ciervo, o la transmisión, o la canasta, y hablar. El objetivo común te da algo de lo que hablar. Así, al no tener que mirar a la cara al otro, no le dejas ver todo el peso de tus emociones».

Pero si los hombres no son vulnerables en las relaciones estrechas, ¿adónde va a parar su vulnerabilidad? Un dicho que aprendimos en los estudios de posgrado es que «las mujeres interiorizan; los hombres exteriorizan». A grandes rasgos (con excepciones), esto significa que, cuando están disgustadas, las mujeres se encierran en sí mismas, se culpan y se sienten deprimidas, mientras que los hombres expresan su malestar a través de su interacción con el mundo. Así lo demuestra un estudio en el que se constató que las mujeres son más propensas a reprimir la rabia, mientras que los hombres son más propensos a actuar de forma agresiva.[27] Pueden gritar, intimidar o dar un puñetazo en la pared. Lucas es un ejemplo de ello: «Yo era un gilipollas. Tenía un comportamiento dominante y egoísta con las mujeres».

Muchas veces preferimos comportarnos de un modo que nos haga sentir más aceptados socialmente, y puede que por eso los hombres prefieran la dominación o la rabia a la vulnerabilidad. Según un estudio, cuando los hombres actúan con rabia se les considera de mayor categoría y competencia que a las mujeres que lo hacen.[28] Sin embargo, en la medida en que recompensamos a los hombres por la dominación y la agresividad, también destruimos su vulnerabilidad, porque la dominación es una máscara para evadir la vulnerabilidad, para escapar del reconocimiento del poder de los demás. La vulnerabilidad y la dominación no pueden coexistir. La vulnerabilidad dice explícitamente: «Reconozco que tienes poder sobre mí y espero que lo uses con amabilidad»; mientras que la dominación dice: «No tienes poder sobre mí. Yo tengo poder sobre ti».

Al ser vulnerables, los hombres renuncian a su deseo de dominar, porque la vulnerabilidad libera las emociones amenazadoras que se ocultan tras la dominación. Pensemos en la experiencia del actor y creador de pódcast Dax Shepard. Su mujer iba a trabajar como voluntaria en un país de África. Él protestó, diciéndole que había estudiado Antropología y que las obras de voluntariado en el extranjero crean más problemas de los que resuelven. Ella no cedió. Él volvió a protestar, cuestionando la reputación de la organización benéfica. Tras decenas de discusiones, Dax se dio cuenta de la vulnerabilidad que se escondía tras su lógica.

—Me da miedo de que esto, ayudar a la gente, se convierta en algo más importante que yo —admitió.

—Yo nunca voy a poner nada por encima de ti —contestó ella al ver que por fin se mostraba vulnerable.

—Creo que lo estoy convirtiendo en algo intelectual, y no es así —dijo Dax, y nunca volvió a preocuparse por la reputación de las organizaciones benéficas de su mujer.

Muchas veces, nuestras discusiones más enérgicas no tienen que ver con la lógica, sino con el afán de ser dominantes para evitar las emociones vulnerables que se gestan en el fondo. Tan solo gracias a la vulnerabilidad, Dax pudo satisfacer su necesidad más auténtica y sanar su relación.

Entre la población masculina, el arma de doble filo es que, si bien la dominación puede socavar sus relaciones, también puede hacerlo la vulnerabilidad. Entre ellos, aceptarla es arriesgado. Un estudio de 2013 señala que los hombres ven de modo desfavorable a los hombres que muestran vulnerabilidad, pero no a las mujeres.[29] «Los hombres vigilan a otros hombres, por eso nos guardamos nuestra vulnerabilidad. Una vez que los hombres ven la debilidad en otros hombres, van a por ellos. Se convierten en el blanco de las bromas y son objeto de burlas y acoso», me dijo Christopher St. Vil, un profesor de Trabajo Social de la Universidad Estatal de Búfalo que estudia la masculinidad negra. Cuando le pregunté a Adam, trabajador social y fundador de la cuenta de Instagram @dadswithwisdom, por qué no es más vulnerable con otros hombres, dijo: «Sé que los otros no pueden lidiar con ello. Pero no es solo eso. Me pueden condenar al ostracismo. Alguien te va a llamar capullo, y ya está. A partir de ahí, van mucho más a por ti». Con una respuesta así, no es de extrañar que los hombres le digan a Adam que encerrarse les «ayuda a sobrevivir».

Una noche, cuando Lucas (el que fue al retiro masculino) tenía once años, su padre se marchó en plena noche, y cuando él se despertó, se encontró solo en la casa. Asustado, empezó a sollozar. Su padre volvió y, al ver que estaba llorando, le pegó una bofetada en la cara. Lucas recuerda ese momento como parte de su «preparación»: «En ese momento se rompió la seguridad que yo creía que se suponía que mi padre me iba a dar, y aprendí que las emociones no se aceptan». Para cuando llegó a la edad adulta, ya había completado su preparación: se tragaba las emociones, que lo iban destruyendo sin dejar huella, como el monóxido de carbono.

Por su parte, Stephen, un médico, afirma que muchos hombres han descartado este ideal de dominación en favor de la vulnerabilidad al darse cuenta de que no les ha funcionado: «Sí, es cierto que eso ocurría cuando éramos más jóvenes. Muchos hombres se quedan congelados en el tiempo, pensando que los hombres adultos les darán una paliza como lo harían sus compañeros de equipo de fútbol. Pero como adultos, muchos de mis amigos se dieron cuenta de que intentar fingir que siempre estás bien y no tienes problemas, o emociones, no funciona. Incluso los más masculinos están en terapia y han empezado a abrirse». St. Vil ha visto el mismo progreso. Ha puesto en marcha un programa de mentoría en el que los participantes trabajan formando parejas de hombres negros jóvenes y mayores. Y dice que los mayores, que han entendido cuáles son los riesgos de la invulnerabilidad, le han ayudado a mostrarse más vulnerable. «Me decían: "No eres ningún cobarde si lloras. Lo fuerte que eres no se basa en a cuánta gente le has dado una paliza".»

La suposición de que los amigos varones se reirán de ti por tu sufrimiento es una idea que también ha cuestionado Manny Argueta, del que se habla en el artículo del *Washington Post* «Sin deportes ni bares, la pandemia está obligando a algunos hombres a entender que necesitan amistades más profundas». Manny mantenía una amistad superficial con sus amigos, centrada en salir de copas e ir a ver eventos deportivos. Pero después de pasar por la pandemia, una ruptura y terapia, Manny por fin les habló de sus problemas a sus amigos. Creía que se lo comerían vivo, pero no: en lugar de eso, le preguntaron por la ruptura y quisieron saber cómo le iba. En el estudio de Bruk, los hombres también infravaloraron hasta qué punto los demás valorarían la vulnerabilidad.

La historia de Manny nos enseña que existen espacios donde los hombres pueden ser vulnerables, por más que encontrarlos suponga riesgos. Probablemente, si un hombre quiere aportar vulnerabilidad a sus relaciones de amistad, primero tendrá que mostrarse vulnerable él, pues teniendo en cuenta lo arraigada que está la invulnerabilidad en la noción de masculinidad de la sociedad occidental, el que espere a que sus amigos se muestren vulnerables primero ya puede esperar sentado. Una opción podría ser hablar de algo en lo que te muestres ligeramente más vulnerable de lo que sueles ser, y ver qué pasa.

Muchos hombres están abrazando la vulnerabilidad y se están dando cuenta de que la dominación no les hace felices, como demuestra un estudio en el que se constata que las personas que dominan a otras no son tan felices en sus relaciones estrechas como las personas que establecen relaciones de igualdad.[30] Cuando los hombres no ocultan su vulnerabilidad tras la dominación, ganan un poder más sutil: el de amar y conectar. Lori Gottlieb, terapeuta y autora de *Deberías hablar con alguien*, dice: «Sé, por ejemplo, que las personas exigentes, críticas e irritables tienden a sufrir una intensa soledad. Sé que una persona que actúa así quiere y a la vez le aterra que la vean». No podemos conocernos plenamente si velamos nuestra vulnerabilidad para parecer imponentes. No podemos conocer plenamente a otra persona si nos empeñamos en asfixiarla para potenciarnos a nosotros mismos o, como dice el actor Terry Crews, «es imposible amar y controlar a alguien al mismo tiempo».

LA SUPERVIVENCIA DE LOS MÁS VULNERABLES

El retiro masculino al que asistió Lucas Krump ha crecido y se ha convertido en una marca comercial de EVRYMAN, una empresa que Lucas cofundó y que se comercializa como «CrossFit para tus emociones». En los grupos EVRYMAN, los hombres pueden procesar sus emociones entre hombres. Algunos de sus objetivos son desestigmatizar la vulnerabilidad de los hombres y ayudarlos a entablar amistades profundas. En el grupo EVRYMAN de Brooklyn, los participantes se sentaron en círculo y hablaron de sus experiencias «indecibles». «Empecé a darme cuenta de que mi mundo no se derrumba si otra persona me ve tener una emoción. Ahora suena sencillo, pero fue una revelación», dijo Daniel, uno de los participantes del grupo. «Por fin siento que estoy vivo», afirmó John, un hombre de sesenta y siete años, después de asistir durante solo dos meses.[31]

Desde que aprendió a ser vulnerable, Lucas está mucho mejor. Ahora que tiene una forma de expresar sus sentimientos, los ha liberado y se siente mentalmente más fuerte y seguro; saber lo que siente en realidad le ha permitido elegir espacios y trabajos que le hacen revivir, y, tal vez lo más importante, al poder revelar quién es de verdad, ha podido construir una comunidad de amistades estrechas con otros hombres y sentirse apoyado por ellos. La comunidad y su apoyo es lo que hace que todo sea mejor: «Te hablan del suicidio, de la ansiedad, de la depresión, de la adicción y de toda esa mierda que les pasa a los hombres. Y todos quieren encuadrarlo como un problema de salud mental. Pero todas estas cosas provienen de una falta de conexión íntima y de comunidad».

Pero ¿por qué ser vulnerable con la propia comunidad cambia tanto la vida? Michael Slepian, un profesor de la Universidad de Columbia que estudia los secretos, nos ayuda a entenderlo. En uno de sus estudios examinó qué hacía que a las personas se les diera bien afrontar el peso de sus secretos. Los participantes contestaron varios cuestionarios, y uno de ellos evaluaba su «eficacia de afrontamiento» en relación con sus secretos. Las personas con una alta eficacia de afrontamiento respondían afirmativamente a preguntas como «¿En qué medida te sientes capaz de afrontar el secreto?» y «¿En qué medida sientes que controlas la situación?». La eficacia de afrontamiento tuvo una influencia fuerte y positiva en el bienestar general.

Pero la pregunta más importante es cómo llegaron a ser así estos «guardianes de secretos» tan bien adaptados. ¿Eran simplemente fuertes de forma innata, tipo Chuck Norris, aplicando su disciplina superior o su fuerza de voluntad para superar las cargas de sus secretos o había una magia adicional que les hacía ser así? El estudio reveló que la magia adicional era el apoyo. Los que tenían una mayor eficacia de afrontamiento eran los que habían recibido más apoyo de los demás cuando revelaron su secreto. Tenían más probabilidades de afirmar que los demás los consolaban, estaban ahí para ellos y les daban una nueva visión cuando compartían su secreto, como le ocurre a Lucas cuando se sienta en un círculo de EVRYMAN. En cambio, los que tenían menos capacidad de afrontamiento fueron los que menos apoyo habían recibido de los demás.[32] «Si hay algo que les aconsejaría a las personas que tienen secretos es que los cuenten», dice Slepian.

El estudio de Slepian no es el primero que afirma que el apoyo de los demás nos hace más fuertes. Un estudio sobre hombres que han sufrido ataques al corazón descubrió que se sentían más seguros de su capacidad para adaptarse a los cambios provocados por el infarto cuando dependían más de sus esposas, y se sentían menos capaces de afrontarlo cuando intentaban ocultar sus sentimientos para protegerlas.[33] El núcleo de la teoría del apego, respaldada por miles de estudios, es que solo nos sentimos seguros si nos apoyamos en nuestras relaciones más importantes. Como comentamos en la primera parte del libro, el apego seguro es una «característica fundamental de la resiliencia»,[34] en parte porque, según las investigaciones, a las personas seguras se les da mejor buscar apoyo.[35] «En casi todos los aspectos del bienestar, el apoyo social es una parte fundamental de lo que nos hace soportar y sobrevivir a las dificultades», añade Skyler Jackson. La única forma de hacernos realmente fuertes es recibir un profundo apoyo de los demás.

Esta información sobre el poder de la vulnerabilidad desafía nuestras ideas erróneas sobre la fortaleza mental; unas ideas erróneas a las que Lucas se aferró hasta que no pudo más. Pensamos que las personas mentalmente fuertes son independientes y autosuficientes. Creemos que la fuerza consiste en lo que decía la famosa frase de los anuncios de desodorante Gillette de los años ochenta: «Nunca dejes que te vean sudar». Pero este consejo se aplica mejor a las axilas que a la vulnerabilidad. No dejar que nos vean sudar no nos hace fuertes. Nos hace reprimir nuestra debilidad, que de esta forma queda atrapada en nuestro interior. El novio de una amiga me lo describió una vez: se siente como un gofre que se va impregnando de sirope, haciéndose cada vez más pesado pero conservando su forma para quienes lo vean desde fuera.

A primera vista, la idea de la fuerza derivada de la vulnerabilidad —en lugar de una fuerza que surge únicamente del interior— es contraria a la cultura estadounidense del individualismo puro y duro. Nos encantan las historias que hablan de un hombre hecho a sí mismo (rara vez no es un hombre o no es blanco), que nunca ha dependido de nadie, que nos enseña que podemos salir adelante por nosotros mismos, sin importar lo imponente o peligroso que sea nuestro entorno.

Pero los pensadores han criticado estas ideas durante siglos, y con razón. En su conferencia de 1872 sobre el hombre hecho a sí mismo, Frederick Douglass afirmó: «En verdad hay que decir, aunque no concuerde bien con la individualidad consciente y la arrogancia, que ninguna fuerza que nazca del carácter ni ninguna cantidad de riqueza y originalidad pueden elevar a un hombre a la independencia absoluta de sus semejantes». El diplomático francés Alexis de Tocqueville temía que el individualismo norteamericano condujera a una situación en la que «cada hombre se repliegue sobre sí mismo para siempre, y se corre el riesgo de que cada uno se encierre en la soledad de su propio corazón».

Para algunos es difícil renegar del individualismo, porque en Estados Unidos parece ser el orden natural, pero los antropólogos Nick P. Winder e Isabelle C. Winder sostienen que también lo es la vulnerabilidad. Consideran que la vulnerabilidad es una herencia transmitida por nuestros ancestros primates. Según su «hipótesis del simio vulnerable», cuando nuestros ancestros formaban pequeños grupos para viajar a zonas aisladas con menos competencia y más recursos, su población era demasiado pequeña para que solo sobrevivieran los más aptos físicamente. No tenían suficiente diversidad genética como para que fueran los más fuertes los que sobrevivieran, porque entonces la población desaparecería. En consecuencia, los que sobrevivían no eran los más fuertes.

Sobrevivían los más capaces de expresar vulnerabilidad.

Sobrevivían los que sabían forjar relaciones y recurrir a ellas en momentos de necesidad, los que sabían dar a entender que estaban hambrientos y necesitaban comida o conseguían que los demás los ayudaran a construir un refugio, los que no negaban sus necesidades, los que las comunicaban. Los supervivientes aprovechaban los recursos de un colectivo, por lo que ningún individuo tenía que ser especialmente apto o fuerte.[36] Al hacerlo, cada individuo era más fuerte que cualquiera de los «más aptos». Si queremos tener tanto éxito como nuestros ancestros, los simios vulnerables, debemos hacer lo que me dijo Kathleen Dwyer, una analista de investigación en ciencias sociales que estudió las relaciones: «El objetivo de la independencia no es ser completamente autónomo, sino reconocer cuándo necesitas a alguien y saber cómo recurrir a esa persona para conseguir lo que necesitas».

ENCONTRAR FORTALEZA EN LA VULNERABILIDAD

A mí la vulnerabilidad no me ha resultado siempre fácil. Antes creía que la gente me querría más si me mostraba invulnerable, porque así impresionaba y parecía determinada, y que si dejaba ver mis vulnerabilidades, parecería débil. Pero esas ideas me hacían ser peor amiga y peor persona. En el instituto tenía una amiga que quería que fuera al parque de atracciones con ella y con su padre todos los fines de semana. Mis padres no querían darme el dinero para ir, pero mi amiga pensaba que éramos ricos, así que yo me inventaba todo tipo de mentiras para que creyera que tenía que hacer otras cosas. La invulnerabilidad también me hizo perder muy buenos amigos cuando surgían conflictos, porque para pedir perdón es necesaria la vulnerabilidad. En el instituto además salía con un grupo de chicos. Tuvimos una buena pelea por cosas insignificantes que apenas recuerdo, pero sé que fueron culpa mía, y en vez de admitirlo, porque me haría parecer demasiado vulnerable, me busqué otro grupo de amigos.

En cuanto a la vulnerabilidad, he mejorado con el tiempo. Cuando estudiaba Psicología, el mostrarse vulnerable se presentaba como algo deseable y sano, y no como una debilidad. Eso me ayudó. Sin embargo, por más que lo entendiera, no dejaba de sentirme asustada, tensa y muy poca cosa con solo pensar en serlo. ¿Y qué hacemos si a un nivel mental comprendemos la importancia de ser vulnerables pero el cuerpo se niega a ver más allá de los peligros que comporta?

Me enfrenté a esta discrepancia en una de las asignaturas. Como dije antes, cuando estaba estudiando Psicología, los alumnos solían revelar muchas cosas en clase, y a veces se derrumbaban y lloraban. Habíamos llegado al tercer año del doctorado, y yo no había llorado nunca. Pero aquel fue mi gran día. No me acuerdo de lo que estaba contando, puede que fuera algo relacionado con mi infancia, pero recuerdo claramente que las lágrimas me asomaban a los ojos y yo intentaba contenerlas. Hasta entonces me había sentido orgullosa por ser una de las pocas personas que todavía no había llorado, y temía enfrentarme a mis acciones y al grupo a la semana siguiente.

Cuando llegó la siguiente clase, el profesor me preguntó cómo me sentía por haber compartido mi experiencia el día anterior. Le dije que me sentía débil y que me preocupaba que todos pensaran que había sido patética. Mis compañeros dijeron todo lo contrario, que me percibían como una persona valiente y fuerte por asimilar y compartir experiencias difíciles. Para ser sincera, en aquel momento no les creí. Pensé que me lo decían para que me sintiera mejor. Pero ahora sí les creo.

Muchos de nuestros miedos a la vulnerabilidad se fundan en suposiciones erróneas sobre cómo nos ven los demás si somos vulnerables, unas suposiciones a las que me aferré aun cuando me dijeron explícitamente lo contrario. La invulnerabilidad es difícil de superar. Ahora intento recordarme a mí misma que si soy vulnerable, los demás apreciarán mi autenticidad y mi honestidad y se sentirán más cerca de mí; que no me juzgarán tanto como temo. Como me dedico a la investigación, el saber que todos los estudios apoyan estas ideas me ayuda, porque tengo claro que no me estoy contando ningún rollo para sentirme mejor. Si quieres mostrarte más vulnerable, necesitarás ideas más frescas y amables sobre cómo te responderán los demás (como aprendimos en el capítulo de la iniciativa). «Los demás van a valorar mi vulnerabilidad y eso hará que nos sintamos más cercanos. No les voy a parecer patética, sino valiente y auténtica.» Es cuestión de práctica. No vale con decírtelo solo una vez, tendrás que repetírtelo continuamente.

A raíz de aquella experiencia también pude comprobar de primera mano que gran parte de lo que creemos que los demás piensan de nosotros no es más que una proyección de lo que pensamos de nosotros mismos. Creía que la gente me vería débil y patética porque así es como yo me sentía al mostrarme vulnerable. Tenemos que ser sinceros en nuestras ideas sobre la vulnerabilidad. Si consigo darme cuenta de que el abrirse es una señal de valentía e intimidad, pensaré que los demás también lo ven así.

¿Y qué fue de Sam? ¿Llegó a buscar el apoyo que necesitaba? Sí, de hecho acabó creando un grupo de bienestar con sus amigas, donde cada semana se reunían y se centraban en un aspecto del bienestar para practicarlo juntas. Ella dirigió la semana sobre la vulnerabilidad, durante la cual habló de lo que había vivido. Luego escribió un libro sobre la amistad, con el que difundió los beneficios de la vulnerabilidad a los demás. Sam es una invulnerable en recuperación. Sam soy yo.

Cuando recuerdo la experiencia, mi antiguo yo, mi yo invulnerable, parece haber quedado muy lejos y con mucho dolor. No estoy segura de haber visto, o más bien, admitido, esa parte de mí misma. Quiero ayudarla, pero no sé si sería capaz. Ella rechazaría mi ayuda porque supondría admitir que necesita ayuda, y por tanto sería un signo de debilidad, y al hacerlo solo conseguiría atrincherarse en más sufrimiento. Ojalá hubiera sido más amable conmigo misma, más compasiva y honesta con mi debilidad, y ojalá hubiera estado más dispuesta a cuidarme pidiendo apoyo.

Atribuyo mi invulnerabilidad a un algoritmo interno defectuoso. «Si comparto mi dolor, me humillarán», pensaba. Aposté tanto por ese algoritmo que me impidió vivir de acuerdo con las que serían las verdaderas respuestas de los demás, con cómo me recibirían realmente. No estaba llevando una vida auténtica porque vivía basándome en mis miedos, y no en la realidad. Pero esto solo lo descubrí cuando aprendí a expresar vulnerabilidad. A veces hay que lanzarse. Y cada vez que soy vulnerable con quienes me quieren y aceptan, mi algoritmo se depura un poco más. Este es el poder de la vulnerabilidad: permite la «corrección sagrada» de nuestro algoritmo interno. Abrirse no solo nos cura en el momento, sino que nos lleva a un camino más curativo para el futuro. Ahora siento un poco menos de vergüenza y temor ante los demás. Soy un poco más abierta y más honesta y me siento más liberada. Como dije antes, la vulnerabilidad puede devolverte la vida, y yo soy la primera muestra.

Ahora sé que las épocas de gran sufrimiento, de gran dolor, de grandes crisis, son un portal que lleva a la conexión profunda, si se lo permitimos, si somos vulnerables. Pero si somos invulnerables, podemos terminar estancados, consumidos y solos, o, en palabras de la poeta Mary Oliver, «respirar solo un poco y llamarlo vida». Nada me habría motivado tanto (con el tiempo) a apoyarme en mis amigos como mi vulnerabilidad. Nos acercó mucho más. Como dijo Morgan Jerkins, ensayista y editor, «a veces es bueno dejar que los demás te den su amor en los momentos en los que no eres fuerte para poder ver su capacidad de amar». Pero para eso tuve que aceptar que hay una paz que no puedo darme sola, una paz para la que necesito a los demás. Todavía estoy aprendiendo y ha sido una píldora difícil de tragar, pero cuanto más baja la píldora, más paz encuentro.

CONCLUSIONES

- Al mostrar tu vulnerabilidad, no lo hagas solo con el contenido de tus palabras, sino también con tu comportamiento. Si te tiembla la voz, deja que tiemble. Si te da miedo contar algo, dilo. Si te entran ganas de llorar, llora. Al hacerlo transmites la magnitud de lo que estás compartiendo y los demás saben que deben ser compasivos.
- Acude a tus amigos de confianza para que te apoyen cuando lo necesites. Te hará sentir más fuerte y hará que tu amistad con ellos sea más profunda.
- Para practicar la vulnerabilidad:
  - Evita exponerte en exceso. Revelar demasiada información personal de un modo superficial o excesivo puede alejar a la gente y hacerte daño. Tu vulnerabilidad debe ser un símbolo de la confianza y el afecto que compartes con alguien. Siéntete libre de ocultar cosas a las personas en las que no confías.
  - Sé el primero en mostrarte vulnerable. No esperes a que tus amigos lo hagan primero.
  - Recuerda:
    - Los demás no te van a juzgar por tu vulnerabilidad tanto como crees, y de hecho podrían percibirte de un modo positivo, como una persona auténtica y honesta.
    - Ser invulnerable no erradica tus debilidades; solo consigue que no muestres tu fortaleza con ellas.

- Si piensas: «Si hablo de mi sufrimiento, me van a humillar», puede que tu algoritmo interno no funcione bien. La mejor forma de corregirlo es mostrar tu vulnerabilidad con un amigo de confianza.

– Practica la autocompasión, que incluye lo siguiente:
  - Amabilidad: ser amable y comprensivo con uno mismo («No pasa nada por haber suspendido ese examen, era muy difícil»).
  - Consciencia plena: tener una reacción equilibrada ante los pensamientos y sentimientos dolorosos, sin exagerarlos ni ignorarlos («Me doy cuenta de que estoy triste»).
  - Sentido de humanidad común: ver la propia experiencia como parte de la experiencia humana («Todo el mundo suspende de vez en cuando»).

– Crea un soporte para la vulnerabilidad abriéndote a una persona en la que confíes, y luego muéstrate vulnerable con una persona de la que estés menos seguro.

– Sé vulnerable aunque te asuste. Recuerda que no lo estás haciendo porque sea cómodo: lo haces porque está en línea con tus valores y tu yo más profundo.

– No sigas mostrando tu vulnerabilidad con personas que te han hecho daño cuando te has mostrado vulnerable con ellas.

CAPÍTULO 5

BUSCA LA AUTENTICIDAD

Cómo crear amistades más profundas mostrando tu verdadero yo

Un día de primavera de 2014, Hannah y Sarah decidieron cruzar el país por carretera. Se habían conocido en el trabajo, en una pequeña oficina de una empresa de diseño gráfico de Canarsie (Brooklyn). Hannah había emigrado desde Hungría para conseguir el trabajo y Sarah ya estaba en la empresa cuando ella llegó. El primer día, Hannah llevaba un vestido holgado, blanco y vaporoso que se balanceaba cuando se acercó a Sarah para presentarse. En contraste con el estilo bohemio de Hannah, la ropa de Sarah parecía copiado de un maniquí de tienda de ropa. Su falda beis, recién planchada, se ceñía a su cintura por encima del jersey negro azabache que llevaba. Un colgante con joyas y el pelo recogido en un moño apretado remataban el conjunto. Sarah, muy profesional, no solo por su ropa, sino también por su comportamiento, saludó con un gesto apresurado y volvió al trabajo. Sin embargo, Hannah no se dejó disuadir tan fácilmente. Invitó a Sarah a comer. Para su sorpresa, Sarah aceptó. Tras varios almuerzos, se hicieron muy amigas. Sarah, que estaba acostumbrada a mantener la distancia con la gente, disfrutó de la estrecha amistad que trabó con Hannah. Su aspecto cuidado ocultaba el nerviosismo que sentía ante los demás. Con Hannah, Sarah podía llevar ropa cómoda y soltarse el pelo. El viaje por carretera que habían planeado profundizaría aún más su vínculo, o al menos eso esperaba ella.

Cuando emprendieron el viaje, Hannah no estaba en su mejor momento. Su reciente ruptura la deprimía; se sentía cansada y desesperanzada en cuanto al amor. Pensaba que el viaje por carretera con Sarah sería una buena distracción, una oportunidad para sentirse menos sola. Mientras conducían por la I-95 hacia el sur de Virginia, Hannah confesó que quería enviarle un mensaje a su ex.

—Encontrarás a otro mejor que él —dijo Sarah.

—Puede ser, pero sigue siendo difícil sacármelo de la cabeza —insistió Hannah.

Y así siguieron, Sarah animando a Hannah a mirar hacia delante, y Hannah rebatiendo su optimismo. Hasta que, al final, Sarah le dijo:

—Tienes que afrontar la verdad: no quiere hablar contigo, no quiere tener nada que ver contigo, y a ti no te queda otra que superarlo.

A Hannah, aquello le dolió. Se creó un silencio incómodo. Por los altavoces resonaba *I'll Be There for You* de los Rembrandts. Sarah miró la lista de reproducción que habían preparado para el viaje y cambió la canción.

El resto del día siguieron hablando de cosas sin importancia, pero lo que había pasado se cernía sobre ellas y amenazaba con malograr las vacaciones. Cuando llegaron a un motel de Chattanooga, Hannah pidió habitaciones separadas. Al llegar a la suya, Hannah se sentó en la cama y el somier crujió. Las lágrimas le rodaron por las mejillas y mancharon la florida funda de la almohada. Cuando estaba encendiendo el televisor, oyó que llamaban a la puerta. Era Sarah. Antes de abrir la puerta, Hannah se apresuró a limpiarse la cara con la colcha.

—Creo que deberíamos hablar de lo que ha pasado entre nosotras —dijo Sarah al entrar—. Recuerdo que cuando hablaste con Tamara [otra compañera de trabajo] sobre tu ruptura dijiste que te sentías mejor después, pero nunca dices eso después de hablar conmigo. Yo intento ayudarte, pero lo que digo no va a ninguna parte, y me hace sentir que no soy una buena amiga.

—No espero que soluciones nada cuando te cuento las cosas —repuso Hannah—. Yo solo quiero que me escuches.

Entre las dos llegaron a una especie de acuerdo, pero la herida no se había curado del todo.

Al cabo de una semana llegaron a Chicago. Visitaron la ciudad, contemplaron sus reflejos en la famosa escultura de espejo arqueado de Chicago, *The Bean*; se subieron a la noria del Muelle de la Armada; masticaron ruidosamente las palomitas de Garrett Popcorn, y luego se fueron a comer las famosas *pizzas* estilo Chicago. Fue un día estupendo, y Hannah se sintió más cerca de Sarah de lo que se había sentido en todo el viaje.

Cuando el día tocaba a su fin, las dos caminaban por un parque, de vuelta al apartamento que habían alquilado con Airbnb. Por alguna razón, tal vez por una nueva sensación de seguridad, porque estaba cansada de censurar su dolor o como una forma de suturar la herida, Hannah sacó a relucir su reciente ruptura.

Sarah se quedó paralizada unos segundos y luego respiró profundamente antes de decir lo que pensaba.

—Cuando me hablas, es como si yo no contara para nada —se desahogó.

Hannah no sabía qué pensar e inmediatamente se arrepintió de haber sacado el tema. Miró el nombre de la calle y calculó a qué distancia estaban del piso. No quería tener aquella conversación en público.

—Solo piensas en ti y en lo que quieres decir, y te da igual que a mí me agobie —continuó Sarah.

En ese momento dejaron de caminar y se miraron. Estaban en una de las calles que bordeaban el parque.

—Duele que digas eso —contestó Hannah.

—No sé por qué no lo entiendes —replicó Sarah.

Hannah se dio cuenta de que un chico con una gorra celeste estaba rodeando el parque mientras ponía la oreja y le preocupó que pudiera aparecer más gente, porque Sarah estaba levantando la voz.

—¡Estoy siendo sincera contigo, te estoy diciendo lo que pienso y lo que siento! —gritó Sarah—. ¿Qué quieres, que finja? Si de verdad fueras amiga mía, te sentirías orgullosa de mí por ser sincera y poner un límite. Pero no. No haces más que hablar de tu ex una y otra vez. ¡Eres una egoísta!

En terapia, Sarah estaba tratando su tendencia a achantarse, a ser demasiado pasiva y poner las necesidades de los demás por delante de las suyas. Y no quería seguir haciéndolo. El chico de la gorra aminoró el paso y las observó, pero cuando Hannah lo miró, él apartó la vista.

Hannah pensó que lo único que podía hacer era marcharse. Mientras se alejaba, oía los insultos que su amiga le lanzaba. La herida, que no habían llegado a cerrar, se abrió por completo. Y su amistad ya nunca se recuperaría del todo.

Sarah aprendió una lección aquel día. Si quieres mantener a la gente cerca, tienes que fingir. Achantarse es mejor que ser sincero. Decir lo que realmente piensas y desatar la rabia alejará a los demás. La autenticidad está sobrevalorada. ¿O no?

¿QUÉ ES LA AUTENTICIDAD?

Los antiguos griegos y los investigadores en ciencias sociales de hoy concuerdan en la forma de definir la autenticidad. Los antiguos griegos se referían a la autenticidad con la famosa frase: «Sé fiel a ti mismo». Posteriormente, la psicóloga Susan Harter ofreció una definición más detallada: «Apropiarse de las experiencias personales, ya sean pensamientos, emociones, necesidades, deseos, preferencias o creencias» y «actuar de acuerdo con el verdadero yo, expresándose de forma coherente con los pensamientos y sentimientos interiores».[1]

Pero ¿qué es el «verdadero yo»? Existe el peligro de centrar la autenticidad en torno al «verdadero yo» sin definir con claridad lo que es. Después de todo, la gente puede justificar fácilmente los comportamientos destructivos como reflejo de un «verdadero yo»: es el amigo que te dice que tu corte de pelo te queda fatal y que «solo está siendo sincero»; es el amigo que, después de una presentación, te aconseja, sin que tú le hayas pedido consejo alguno, que «tienes que aprender a hablar mejor en público»; es la amiga que te grita en el parque mientras un peatón os escucha, y se pregunta por qué no estás abierta a su sinceridad. La gente utiliza la autenticidad como excusa para ser mezquina.

Entonces, ¿cómo deberíamos definir la autenticidad? Cuando comencé esta investigación me di cuenta de que había un patrón. Los resultados de los estudios revelan que las personas se sienten más auténticas cuando están rodeadas de personas abiertas y comprensivas,[2] y se sienten inauténticas cuando los demás las juzgan.[3] Se sienten auténticas cuando se sienten bien (alegres, tranquilas o afectuosas), mientras que se sienten inauténticas cuando se sienten mal (angustiadas, estresadas o deprimidas).[4] Se sienten más auténticas cuando todas sus necesidades psicológicas están satisfechas, cuando tienen un mayor sentido de competencia, pertenencia y autoestima.[5]

La investigación revela lo que es y lo que no es la autenticidad. No es una reacción instintiva que tenemos cuando nos sentimos heridos. No es expresar de forma desenfrenada nuestros pensamientos y sentimientos sin tener en cuenta a los demás. Culpar, menospreciar o atacar son comportamientos más crudos que auténticos.

Por el contrario, la autenticidad florece en la seguridad. Es un estado de presencia al que accedemos cuando no toman el mando los mecanismos de defensa. No somos auténticos cuando nos distraemos, hacemos varias cosas a la vez o decimos cosas con el piloto automático puesto, como responder compulsivamente «Bien» a un «¿Cómo estás?». La autenticidad se produce cuando percibimos sentimientos de seguridad (cuando no sentimos la necesidad de activar nuestras defensas), incluso ante la amenaza, el juicio, el rechazo o el abandono, entre otras cosas. Es lo que somos cuando no actuamos como reacción, cuando podemos tomar decisiones intencionadas sobre cómo queremos mostrarnos al mundo.

Me gustaría profundizar en esta definición. A menudo nos distanciamos de nuestros verdaderos sentimientos por lo que parece ser el bien de nuestras relaciones o de nuestra autoestima, o, como dijo el padre de la teoría del apego, John Bowlby: «Lo que no se puede comunicar al otro, o a la madre, no se puede comunicar al yo». En vez de admitir que añoramos a un amigo que nos abandonó, decimos que no nos importa que se haya ido. En vez de expresar que nos sentimos heridos por las burlas de un amigo, nos decimos que somos demasiado sensibles. En vez de admitir que ya no estamos en sintonía con un amigo, nos decimos que no pasa nada. Desvirtuamos nuestros sentimientos naturales y, en su lugar, justificamos, racionalizamos o ignoramos. En cambio, la autenticidad implica que nos permitamos a nosotros mismos sentirnos rechazados por el amigo que nos abandonó, heridos por las burlas de nuestro amigo o incompatibles con nuestro amigo de la infancia. Es un estado de honestidad interna. Es lo que somos más allá de esos mecanismos de defensa que hemos construido para nuestra autoprotección.* Y, cuando nos desprendemos de estas defensas, descubrimos que somos criaturas amorosas que valoran la conexión.

El auténtico yo, o «verdadero yo», al que se hace referencia en estas definiciones no es nuestro yo cotidiano. Al dejar a un lado nuestras defensas primarias, cuando somos auténticos accedemos a nuestro yo más elevado, en lugar de a un yo que actúa como reacción. En un estudio titulado «The True Self: A Psychological Concept Distinct from the Self», Nina Strohminger, Joshua Knobe y George Newman analizaron la investigación a fin de estudiar cómo ve la gente en general el verdadero yo. Descubrieron que las personas ven el verdadero yo, tanto el propio como el de los demás, como algo moral y bueno. Cuando alguien desarrolla rasgos positivos, por ejemplo, lo vive como un descubrimiento de su verdadera naturaleza.[6] Según los autores, «aunque estamos perfectamente dispuestos a considerar malas a otras personas, no estamos dispues-

* Algunos psicólogos no están de acuerdo con mi definición de autenticidad y proponen que, en realidad, la autenticidad no existe. Para más información, véase el artículo de Roy F. Baumeister «Stalking the True Self Through the Jungles of Authenticity: Problems, Contradictions, Inconsistencies, Disturbing Findings–and a Possible Way Forward».

tos a verlas como malas en esencia». Este sentido entusiasta del verdadero yo está presente en muchas culturas: en Estados Unidos, Rusia, Japón, Singapur y Colombia, entre otras.

En nuestras películas favoritas vemos cómo se funden el yo verdadero y el superior. Al final de *Cuento de Navidad*, cuando el avaro Ebenezer Scrooge se despoja de su tacañería y acepta pagarle al padre de Tim para que este pueda recibir un tratamiento, lo vemos con un calorcito en el corazón, sintiendo que este hombre benévolo era el verdadero Scrooge desde el principio. El Grinch roba los regalos de Navidad del pueblo. Sin embargo, cuando ve que la gente del pueblo sigue celebrando las fiestas porque la Navidad no consiste en los regalos, su corazón se ensancha. Arriesga su vida para que un trineo que va repleto de regalos que él había robado no se despeñe por una montaña y les devuelve los regalos a los desconsolados habitantes del pueblo. Mientras comparten una cena de Navidad, revela que en realidad no odiaba la Navidad. Solo odiaba estar solo y abandonado. Nos quedamos con la sensación de que estos villanos solo necesitan enfrentarse a sus cicatrices para que se desate su verdadera bondad.

Puede que los villanos se parezcan más a nosotros de lo que creemos. Puede que, si nos sintiéramos queridos y aceptados, todos, como el Grinch, seríamos nuestro «verdadero yo», y nuestras máscaras caerían al suelo como las hojas de un árbol en otoño. ¿Y si las inseguridades, las experiencias y los traumas no solo inhibieran la mejor naturaleza de los villanos, sino también la del resto de la gente normal? ¿Nuestras inseguridades impiden que aflore nuestro yo más auténtico y elevado?

CÓMO SER AUTÉNTICO

Estás en una habitación y acabas de terminar una tarea rápida con el ordenador. Los investigadores te piden que mires a una mujer, Liat, en la pantalla. Liat está realizando un estudio en la habitación de al lado. Debe completar una serie de tareas horripilantes, al estilo de

Fear Factor. La ves retroceder al ver imágenes de personas gravemente mutiladas, sumergir la mano en agua helada y mantenerla ahí mientras tiembla, y acariciar a una rata viva. Ahora el investigador le pide que toque una tarántula viva. Saca a la criatura de ocho ojos de la jaula, con las patas desgreñadas. El investigador la azuza y el animal mueve las patas. No hay duda de que está viva. Liat le acerca la mano y luego la retira. «No puedo seguir. Tal vez la otra persona pueda hacerlo», dice. Con «la otra persona» se refiere a ti.

El investigador sale de la habitación de Liat y vuelve a la tuya. Te da unas encuestas que evalúan el grado de compasión y empatía que sientes por Liat y donde se te pregunta si estarías dispuesto a ocupar su lugar. Después te pregunta directamente: «¿Estás dispuesto a ocupar el lugar de Liat?». No solo tendrías que sustituir a Liat para acariciar a la tarántula, sino para todas las demás tareas que tiene pendientes, una de las cuales consiste en meter la mano en una bolsa negra llena de cucarachas. ¿Qué haces?

Si te pareces a los participantes de ese estudio, tu respuesta dependerá de la tarea informática que hayas realizado al principio del experimento.[7] Mientras realizabas la tarea, se te preparaba inconscientemente con palabras que aparecían en la pantalla durante veinte milisegundos. Las palabras eran los nombres de una persona, que podía ser alguien con quien te sientes más seguro, a quien acudes en momentos de necesidad, alguien que te es cercano o un conocido. El objetivo de la prueba era inducir sentimientos de seguridad (con el nombre de la persona a la que se recurre en momentos de necesidad) y examinar los efectos de la inducción de seguridad en la empatía, la compasión y la disposición al sacrificio.

El investigador Omri Gillath de la Universidad de Kansas y sus colegas utilizaron una preparación de seguridad similar para determinar si la seguridad está vinculada a la autenticidad. En lugar de preparar inconscientemente a las personas que participaban con una tarea informática no relacionada con las pruebas en la que aparecía el nombre de alguien con quien se sentían seguros, les enseñaron la palabra *amor* durante veintidós milisegundos (o la palabra *silla* en una condición neutral). Después de la preparación con la palabra *amor*, los participantes mostraron mayores índices de autenticidad. Los investigadores también les pidieron a los participantes que recordaran un momento en el que alguien cercano a ellos se mostrara disponible, solidario y afectuoso; o en la condición neutra, cuando salen a hacer la compra. Incluso el recordar conscientemente una experiencia segura los llevó a mostrar mayores índices de autenticidad.

Antes argumenté que la autenticidad hace surgir nuestro yo más amable y elevado, lo que la convierte en un objetivo digno para cuando buscamos hacer amigos y conservar esa amistad; y según el estudio de Gillath, la seguridad activa a este yo auténtico. Entonces, si la seguridad activa la autenticidad y la autenticidad hace surgir la amabilidad, ¿es la seguridad el secreto para ser amable?

Sí.

En cuanto a Liat, los que estaban preparados mediante la seguridad tuvieron más compasión y empatía por ella e incluso estaban más dispuestos a ocupar su lugar. Resulta que no somos tan diferentes de Scrooge y el Grinch. La inseguridad también nos impide ser amables. En el libro *Transcend* de Scott Barry Kaufman se profundiza en el concepto de «autorrealización» de Abraham Maslow, que se asemeja a mi definición de autenticidad. «Maslow sostenía que el Reino del Ser de la existencia es como sustituir una lente sucia por una limpia. En lugar de dejarse llevar por los miedos, las ansiedades, las sospechas y la necesidad constante de exigirle a la realidad, uno acepta y ama más tanto a sí mismo como al resto», escribió Kaufman. El secreto de la autenticidad es, pues, la seguridad.

Cuando nos sentimos inseguros, solemos estar tan consumidos por nuestro propio dolor que nos faltan recursos para preocuparnos por los demás y ser amables. Sarah estaba tan abrumada que le costaba reconocer el dolor de Hannah. Si me cortara el dedo índice mientras estoy cortando perejil y mi vecina viniera a quejarse de su dolor de cabeza, le diría que estoy demasiado ocupada sangrando como para escucharla.

Nuestros comportamientos relacionales suelen situarse en un continuo, desde los que nos protegen a nosotros, por un lado, hasta los que protegen la relación, por el otro. Para protegernos del rechazo o el daño, nos retiramos, restamos valor a la relación («Tampoco estaba tan bien») o actuamos de forma competitiva o dominante, pero al hacerlo la que sufre es la relación. Para proteger la relación, nos acomodamos a las necesidades de la otra persona, hacemos cosas por ella o la animamos, pero al hacerlo quedamos más vulnerables a que se aprovechen de nosotros o nos rechacen. Cuando estamos en «modo de autoprotección», estamos en «modo antirrelación». Cuando estamos en «modo relación», estamos indefensos. Las personas inseguras suelen encontrarse en modo autoprotección, por lo que tienen dificultades para relacionarse. Cuando ocurre algo, piensan en sí mismas y no en la otra persona.

Mario Mikulincer, que realizó el estudio con Liat, dijo: «Solo cuando se consigue el alivio y se recupera la sensación de seguridad [cuando el dedo ensangrentado está vendado], muchas personas pueden dirigir sin problemas su atención y energía al cuidado de los demás. Solo una persona relativamente segura puede percibir con facilidad a los demás no solo como fuentes de seguridad y apoyo, sino también como seres humanos que sufren, que tienen necesidades importantes y, por tanto, merecen apoyo». En otras palabras, a las personas seguras, menos consumidas por su dolor, se les da mejor tener en cuenta a los demás.

Para liberar la autenticidad es necesario sentirse más seguro. Y las personas auténticas, al sentir esta base de seguridad, son capaces de sacar a la luz la empatía y la consideración que todos llevamos dentro. Las investigaciones, por ejemplo, relacionan la autenticidad con una menor desvinculación moral,[8] es decir, la capacidad de actuar mal sin sentirse mal (no es nuestro verdadero yo, así que no importa). En consecuencia, la autenticidad fomenta la amistad, porque cuando no estamos tan agobiados por el miedo a ser juzgados, cuando nos sentimos seguros, nuestro yo verdadero y bueno emerge de forma natural. En un estudio se les pidió a los participantes con ansiedad social que no adoptaran sus comportamientos habituales de seguridad, es decir, los comportamientos que realizaban para evitar el rechazo, como quedarse callados para no decir algo incómodo o, todo lo contrario, hablar sin parar para que no se dé un silencio incómodo. Cuando abandonaron estos comportamientos, las personas con las que se relacionaban dijeron estar más interesadas en interactuar con ellos y hacerse amigos suyos. El motivo es que, al no tratar de evitar el rechazo, los participantes estaban más presentes, hablaban más abiertamente, mostraban más interés y participaban más.[9]

Con tantos beneficios, no es de extrañar que las investigaciones relacionen la autenticidad con una mayor satisfacción en la amistad y menor soledad.[10] Aun así, muchos seguimos teniendo la idea errónea de que necesitamos ser otra persona para caer bien. Este es el mensaje implícito del superéxito de ventas *Cómo ganar amigos e influir sobre las personas*. El autor, Dale Carnegie, nos anima a congraciarnos: sonríe a la gente, utiliza su nombre, haz que la gente hable de sí misma, que se sienta importante; no es un mal consejo en sí mismo, pero es manipulador. En lugar de congraciarnos, debemos trabajar en nosotros mismos a fin de alcanzar la seguridad para que los comportamientos afectuosos fluyan de forma natural.

Lo que Carnegie pasó por alto cuando propuso el congraciarse como medio para entablar relaciones no es solo que la falta de autenticidad sabotea nuestras amistades al eclipsar nuestro brillo natural, sino también que fingir tiene un coste psicológico. Como dice el autor James Baldwin, las máscaras son algo «con lo que tememos no poder vivir y sabemos que no podemos vivir». La falta de autenticidad está relacionada con la depresión y la baja autoestima.[11] Otros estudios constatan que los efectos de la inautenticidad son más graves y nos llevan a sentirnos inmorales e impuros.[12] Después de que los participantes en ese estudio escribieran sobre un momento en el que actuaron de manera inauténtica, mostraron un mayor deseo de productos de limpieza, como pasta de dientes, limpiacristales y desinfectantes, como forma de purificar. Reprimir lo que somos supone esfuerzo (como vimos en el capítulo de la vulnerabilidad). Como dijo uno de mis clientes, es como «intentar mantener un globo bajo el agua». Al final, nuestro verdadero yo se filtra y confunde a nuestros amigos, que creían conocernos.

«Pero ¿no hay que ser inauténticos a veces?», os podríais preguntar. ¿No consiste en eso «llevarse bien»? ¿No se necesita una cierta falta de autenticidad para el éxito de nuestras relaciones? Si estamos deprimidos y conocemos a alguien, tenemos que animarnos; si no nos cae bien un amigo de un amigo nuestro, tenemos que ser civilizados, y si nos vamos a esquiar con unos amigos pero después nos da miedo la pendiente, tendremos que hacerlo por ellos.

Yo diría que acomodarse a los demás no es sinónimo de falta de autenticidad. La autenticidad no significa hacer siempre lo que queramos o expresar lo que pensamos o sentimos (eso es crudeza). La autenticidad significa ser receptivo, no reactivo; actuar de forma deliberada, no primaria. Es elegir libremente un comportamiento que exprese quiénes somos, y no como respuesta a un estímulo que nos haga actuar de un modo en que no somos. Y hacerlo requiere que nos demos el espacio necesario para decidir si queremos acomodarnos a los demás o a nosotros mismos, en función de las circunstancias.

Pongamos, por ejemplo, que el hijo de nuestro amigo ha entrado en una universidad de la Ivy League y al nuestro no lo han aceptado. Sentimos envidia. Actuar de forma inauténtica significa adoptar un mecanismo de defensa para protegernos de nuestra envidia, como decirle a nuestro amigo que Brown es la universidad que tiene el nivel más bajo de la Ivy League. La autenticidad puede consistir en expresar nuestra envidia («De veras quiero alegrarme por él, pero me cuesta porque todavía estoy sufriendo el rechazo de mi propio hijo») o reconocer que la necesidad de alegrarnos por nuestro amigo es una prioridad mayor que nuestra envidia, de modo que, aun así, lo felicitamos y celebramos. La autenticidad es actuar deliberadamente de manera que se equilibren las necesidades de los demás y las nuestras (más adelante hablaremos de esto).

Cuando no estamos controlados por nuestras defensas, cuando somos receptivos en lugar de reactivos, desarrollamos más flexibilidad para adaptarnos a los demás, por lo que la autenticidad nos ayuda a cuidar de nosotros mismos y de los demás. Acomodarse no se vive como algo inauténtico cuando estamos en contacto con nosotros mismos, con nuestros sentimientos y necesidades, y con la razón por la que nos acomodamos. Nos acomodamos menos cuando somos inauténticos, ya que un estudio sostiene que la falta de autenticidad hace que sea más difícil regular las emociones y, en consecuencia, acomodarse a los demás.[13] Cuando nos acomodamos a los demás por miedo o inconsciencia es cuando aparecen los sentimientos de inautenticidad.

En lo más profundo y auténtico de nosotros mismos somos amables, cariñosos, encantadores y considerados. No necesitamos ser otra persona para hacer amigos. Pero sé que no es fácil. Cuando me dan el rancio consejo de «sé tú misma», no tengo ni idea de lo que debo hacer. ¿Yo cruzo los brazos o los dejo colgando? Menos mal que existen los bolsillos. Para que descubras cómo ser auténtico, en lugar de limitarme a decirte que seas tú mismo, vamos a ver lo que implica. Y para hacerlo vamos a conocer a Adamma Johnson, una mujer que sufrió toda una serie de tragedias que la ayudaron a descubrir quién era realmente.

Busca la mutualidad

La mejor amiga de Adamma Johnson quiso alejarse de ella. Era Victoria, la amiga de la que nunca se cansaba, la que viajó con ella a Disney World por carretera y a Las Vegas en avión. Victoria, con la que compartía el gusto por la ropa *vintage* y, de niña, su obsesión con *La peor bruja*. Estaban tan unidas que Adamma decía que «quería meterse en su piel». Pero ahí estaba el problema. Los amigos de Victoria se convirtieron en los amigos de Adamma, la iglesia de Victoria se convirtió en la iglesia de Adamma, y hasta los padres para los que Victoria trabajaba como niñera contrataron a Adamma. Victoria necesitaba espacio.

Victoria, a raíz de sus vivencias personales, se sentía fácilmente abrumada por los demás. Adamma y Victoria no habían sido siempre buenas amigas; de hecho, hubo un tiempo en el que se odiaron. Las dos salían con el mismo imbécil, Dennis, que les decía a ambas que la otra no era más que una amiga cargante. Las invitaba a las dos a ver *Buffy, Cazavampiros*, mientras ambas hacían como si la otra no existiera. A las dos les prometía que algún día serían su única pareja. Eran jóvenes y vulnerables, y las dos buscaban el amor, así que daban y daban y daban: su tiempo, su amor y su autoestima.

Al final, Adamma empezó a sospechar. ¿De verdad Victoria era solo una amiga de Dennis? Entonces, ¿por qué estaba siempre con él? Adamma le escribió un mensaje a Victoria, y hablando se dieron cuenta de que las había engañado a las dos. Dennis siguió manteniendo todas sus mentiras, diciéndoles a cada una de ellas dónde estaba, hablándoles de su futuro en común y su relación platónica con la otra.

Aquel trauma compartido fue el inicio de un intenso vínculo. En palabras de Adamma: «Ella era la única persona que sabía lo que era estar en esa relación tóxica, porque ella la vivía también. No lo llamo "vínculo traumático" a la ligera. Las dos nos dábamos cuenta de lo importante que era lo que nos había pasado y lo que habíamos aprendido, en esa época tan delicada de la vida, entre los dieciocho y los veintidós años, cuando estás intentando descubrir quién eres y cómo se supone que debes ser. Las dos sabíamos lo que habíamos vivido y cómo te sientes al dejar una relación tóxica, insana, y al mismo tiempo echarla de menos, desearla y sentirte devastada por que no te haya elegido a ti».

Tuvieron que pasar años antes de que la amistad, con su frágil intensidad, cediera. A Adamma no le resultó fácil que Victoria le dijera que necesitaba espacio, pero se lo tomó sorprendentemente bien. «Fue en plan te escucho, sé de dónde viene esa necesidad y quiero darte lo que me pides. Te voy a dar tu espacio», explica. Hubo momentos en los que Adamma sentía la necesidad de llamar a Victoria, incluso llegando a coger el teléfono, hasta que se acordaba.

Muchos no seríamos capaces de tomárnoslo tan bien como Adamma. Su capacidad de ver las cosas con perspectiva, de valorar las necesidades de Victoria aun cuando se reflejaban negativamente en ella, es admirable. Este estilo de relación, que se caracteriza por adoptar una perspectiva más amplia para considerar las necesidades de los demás junto con las nuestras se denomina «mutualidad» y es un signo revelador de fortaleza, apego seguro y autenticidad. Un estudio revela, por ejemplo, que cuando se lidia con un conflicto, la autenticidad está relacionada con una mayor mutualidad.[14] Otro estudio descubrió que cuando las personas hablaban sobre sus momentos más auténticos, se trataba de momentos con un alto nivel tanto de independencia como de conexión con los demás,[15] lo que coincide con la forma en que M. Scott Peck, autor de *The Different Drum: Community Making and Peace*, define la «comunidad»: un grupo de personas «que han aprendido a comunicarse honestamente entre sí, cuyas relaciones son más profundas que sus máscaras de compostura y que han desarrollado un compromiso significativo para "alegrarse juntos y llorar juntos", y para "deleitarse en los demás y hacer que las condiciones de los demás sean las suyas"».

Para las personas seguras, la mutualidad es algo natural. Pero para las personas inseguras y reactivas, mi consejo para acceder a esta forma auténtica de relacionarse es (giro inesperado) no dejarse llevar por lo que les resulta más natural, porque probablemente sea un mecanismo de defensa, y la autenticidad es lo que somos sin mecanismos de defensa. Los mecanismos de defensa son estrategias que utilizamos para reducir la consciencia de algo que consideramos una amenaza y distanciarnos de ello.

Por ejemplo, lo más probable es que Adamma se sintiera rechazada por Victoria. Si el apego que tenía con ella hubiera sido de tipo ansioso, en lugar de reconocer este sentimiento, seguramente habría utilizado los mecanismos de defensa de la culpa («Tú eres la que me invitó a entrar en tu vida») o se habría hecho la víctima («¿Cómo has podido hacerme esto?»). Si hubiera tenido un apego evitativo, habría fingido que no le importaba («Pues que te den»). Estos mecanismos de defensa la habrían protegido de los incómodos sentimientos de rechazo. Vemos mecanismos de defensa en la persona que le resta importancia al éxito de un amigo para no sentirse insegura, en la que siempre tiene que elegir dónde come su grupo de amigos para no sentirse invisible o en la que se desentiende de un amigo de toda la vida en vez de abordar un problema para evitar la ansiedad. Cuando no somos justos con los amigos, es probable que estén actuando nuestros mecanismos de defensa. Herimos a los demás para escapar de nuestros sentimientos. La autenticidad implica reconocer la realidad, percibir el sentimiento que se oculta tras el mecanismo de defensa para que esa defensa no sea necesaria. Es reconocer la realidad de la emoción amenazadora, en lugar de actuar sin autenticidad para protegernos de ella.

Los mecanismos de defensa pueden parecer auténticos porque se producen instintivamente, pero, como sugiere la definición, son una forma de empañar la realidad para escapar de un sentimiento amenazador. Tenemos un dolor que necesita atención, pero si en vez de reconocerlo dejamos que actúen los mecanismos de defensa, lo que hacemos es comportarnos de una manera en que lo negamos, lo minimizamos o lo proyectamos. Estos impulsos defensivos son destructivos para nuestras relaciones porque no solo nos hacen pensar exclusivamente en nosotros mismos, sino que además nos llevan a controlar a los demás para que se olviden de sus necesidades y atiendan las nuestras. Nos dicen que nos protejamos a nosotros mismos, lo que a menudo es lo opuesto a proteger la relación. Es lo que hizo Sarah con Hannah. Si nos sangra el dedo, nos faltan recursos para tener en cuenta a los demás. Así que, si tenemos que ir a codazos hasta la ambulancia, lo haremos.

Practica mindfulness

Durante un ejercicio de formación me hicieron una de las preguntas más reveladoras de mi vida: «¿Cuál es la emoción más incómoda para ti?». Respondí que la impotencia, y enseguida empecé a pensar en las defensas que utilizaba para evitarla. Trabajaba en exceso y apenas descansaba para sentirme productiva. Me estresaba más de lo debido por una factura inesperada porque me abrumaba haber podido evitarla. Este miedo también corroía mis amistades. Cuando una amiga me dijo que estaba deprimida, en vez de dejar que se sintiera triste, directamente le pregunté si podía encontrarle un terapeuta. Juzgué a una amiga que odiaba su trabajo pero no intentaba cambiarlo porque me provocaba una sensación de impotencia.

Las cosas que hacía para evitar la impotencia me agotaban. Pero tenía otras opciones. Todos las tenemos. Podemos permitirnos sentir la temida emoción, tolerarla... y la emoción pasará, lo prometo. Mediante el mindfulness, o la consciencia plena, podemos despojarnos de los mecanismos de defensa, de modo que podamos sentir lo que estos intentan evitar y ser más auténticos. En un estudio, los investigadores evaluaron la autenticidad y la consciencia plena de los participantes, a los que se entrevistó al cabo de unas semanas acerca de situaciones amenazadoras que hubieran vivido, como haber actuado de forma poco ética o no haberse sentido sexualmente deseables; mientras tanto, unos evaluadores externos valoraron sus respuestas de defensa, buscando comportamientos que ayudaran a evitar los sentimientos incómodos, como echar la culpa de la situación a otra persona, ser evasivos o minimizar, y resultó que cuanto más auténticos eran, menos defensas ponían. ¿La razón? Las personas auténticas eran más conscientes.[16]

Así pues, el siguiente paso para lograr la autenticidad es ser más conscientes de las emociones que nos impulsan a protegernos. Igual que cuando sentimos un antojo, ante una emoción no tenemos por qué responder. Deberíamos detenernos un momento, respirar y concentrarnos en nuestro cuerpo para descubrir dónde actúa el estímulo. Prestar atención a cómo se perciben estas sensaciones en el cuerpo nos hará ser más autoconscientes y aprender a calmarnos. Las mías son como un sofoco. Cuando son fuertes, es como si se me abriera un agujero en el corazón; y cuando continúan, es como si mi corazón fuera un cortocircuito y alguien arrancara todos los cables. Al respirar profundamente y localizar el lugar del cuerpo en el que actúa el estímulo, conseguimos calmarnos para dar una respuesta, en vez de actuar como reacción.

Si no prestamos atención, actuamos con el piloto automático y nos rendimos al sentimiento incómodo, dejando que este provoque en nosotros la reacción que nos llevará a atacar, culpar, criticar o desafiar de cualquier otro modo la mutualidad. Pero si somos conscientes, podemos observar nuestras emociones y sentirlas, sin expresar los sentimientos reprimidos a través del comportamiento.

Como hemos visto, cuando actuamos como reacción a nuestras emociones incómodas tendemos a actuar de forma egoísta, en lugar de abrazar la mutualidad, porque el dolor hace que nos protejamos a nosotros mismos en vez de proteger la relación. Por ejemplo, cuando Sarah se peleó con Hannah, el desencadenante de Sarah fue el dolor de Hannah: su incapacidad de hacer sentir mejor a Hannah hizo que Sarah se sintiera como una mala amiga; y al no ser consciente de qué la hacía sentir así, dejó que esa sensación tomara el control y terminó gritando e insultando a Hannah.

Si nos sentimos inseguros, la atención plena nos hace tomar conciencia de ello, lo que a su vez nos permite descartar los mecanismos de defensa, en vez de rendirnos a ellos, y de esta manera podemos pasar de una actitud defensiva a una actitud de apertura. Como explica la psicoterapeuta Marenka Cerny, el objetivo es llevarnos a un estado en el que «en lugar de intentar cambiar o controlar la experiencia de alguien de algún modo, nos preguntamos cuánto puedo llegar a conocer y apreciar esta experiencia de estar contigo en este momento».

Aquí tenemos una lista de sentimientos incómodos comunes y los mecanismos de defensa que se suelen utilizar para protegerse de ellos:

- Si no toleramos la sensación de inadecuación, puede que nos pongamos a la defensiva en los conflictos.
- Si no toleramos la rabia, puede que actuemos de modo agresivo o pasivo-agresivo.
- Si no toleramos el rechazo, puede que traspasemos los límites de nuestros amigos.
- Si no toleramos la ansiedad, puede que intentemos controlar a nuestros amigos.
- Si no toleramos la culpa, puede que nos excedamos con los amigos.
- Si no toleramos nuestras imperfecciones, puede que no pidamos perdón cuando podríamos hacerlo, que le echemos la

culpa a los demás o que les digamos que son sensibles o dramáticos cuando tienen un problema con nosotros.

- Si no toleramos sentirnos insignificantes, puede que intentemos dominar a los demás.
- Si no toleramos la tristeza, puede que evitemos a los amigos que necesitan apoyo.
- Si no toleramos la tensión, puede que nos alejemos de los amigos en lugar de abordar los problemas.
- Si no toleramos sentirnos inseguros, puede que presumamos de nosotros mismos mientras menospreciamos a nuestros amigos.
- Si no toleramos la sensación de no caer bien, puede que nos comportemos como alguien que no somos.

Evita la proyección

Los mecanismos de defensa también actúan a través de la proyección. La proyección se produce cuando creemos que nuestros sentimientos apuntan a algo de la persona que los ha provocado, en lugar de reflejar nuestra propia psique. Veamos varios ejemplos: si estoy de vacaciones con una amiga cercana y yo me paso una hora deshaciendo la maleta mientras ella está contemplando el océano en el balcón, me siento agobiada, así que mi amiga debe de ser una perezosa; si un compañero de piso me pide que lave los platos y siento que está siendo condescendiente conmigo, entonces debe de ser una persona condescendiente; si he organizado una fiesta y un amigo se marcha muy pronto porque tiene que terminar una cosa de trabajo, me siento ignorada, así que mi amigo debe de ser un poco cuidadoso. La proyección confunde nuestros sentimientos con nuestra percepción de la otra persona. Para evitarlo, tenemos que hacernos cargo de nuestros sentimientos en lugar de juzgar a los demás.

Entonces, ¿qué hacemos cuando nos damos cuenta de que estamos proyectando? ¡Mindfulness! Nuestra valiosa práctica de detenernos un momento, respirar y concentrarnos para detectar dónde se desencadena la reacción en nuestro cuerpo. Tras una pausa, podemos ver que la otra persona no está haciendo nada malo por relajarse en el balcón; que es justo que nuestro compañero de piso nos pida que lavemos los platos, ya que él los lavó la última vez, o que cuando nuestro amigo se fue pronto, no fue para hacernos un feo. Tras pararnos un momento, podemos ver cuáles son nuestras necesidades y las de los demás, lo que nos ayudará a ver el panorama general. Como dice Cerny, nuestro objetivo final es que podamos «tolerar el percibir los efectos que producimos en los demás [y los que ellos producen en nosotros] porque, a un nivel fundamental, nos interesa más la relación que controlar la experiencia del otro o la forma en que se nos ve».

A algunas personas puede que no les guste la idea de abandonar los mecanismos de defensa, porque si no se defienden, bueno, estarían indefensas. Y entonces podrían aprovecharse de ellas. Pero abandonar la actitud defensiva no significa ceder ante la persona que tenemos delante; de hecho, ese comportamiento también puede ser un mecanismo de defensa, una forma de compensar el temor a que el defendernos nos lleve a la alienación. Cuando somos auténticos, podemos seguir poniendo sobre la mesa problemas, pero lo hacemos de forma intencional, porque nos valoramos, en lugar de gruñir como un perro acorralado.

La consciencia plena nos lleva a la autenticidad siempre, no solo cuando hay un estímulo que nos pueda hacer estallar. Uno de los consejos que la psicóloga Ellen Hendriksen, autora de *How to Be Yourself: Quiet Your Inner Critic and Rise Above Social Anxiety*, les da a sus clientes para evitar la fobia social es que se centren en la persona que tienen delante. Cuando nos sentimos cohibidos nos centramos en nosotros mismos: «¿He dicho lo correcto?»; «¿Se han fijado en el pelito rizado que tengo en la barbilla?»; «¿Me huele el aliento a las salchichas bajas en carbohidratos y la crema de queso que me he tomado como parte de mi dieta keto a media tarde?». Todo este parloteo interior nos atosiga y nos hace parecer torpes. En cambio, si centramos la atención en la otra persona, emerge nuestro yo natural.

Adamma nos ayuda a dar los primeros pasos para ser auténticos. La autoconsciencia, el estar presente, pararte, respirar, percibir la sensación que se activa en tu cuerpo y centrar la atención en el momento presente son ejemplos de cómo utilizar el mindfulness para ser tu yo auténtico y no tu yo reactivo. Sin embargo, aun cuando descubrimos quiénes somos, más allá de los mecanismos de defensa sigue existiendo la posibilidad de que los demás nos rechacen por ello. Para saber qué hacer cuando esto ocurre, volvamos a la historia de Adamma.

No te tomes el rechazo como algo personal

En unos pocos meses, Adamma se enfrentó a una serie de fallecimientos. Su abuelo falleció a principios de año. Su novio del instituto también murió. Su otro abuelo tuvo un infarto y se recuperó, pero su padre, que tenía cáncer de colon, no tuvo esa suerte; había ido a Palo Alto para ver la graduación del hermano de Adamma, Timothy, pero se sintió mal antes de la ceremonia y regresó rápidamente a St. Louis para ver a su médico. No llegó a salir del hospital.

Cuando murió su padre, los amigos de Adamma fueron a verla para estar con ella y apoyarla, pero Adamma prefería estar sola. Rezaba, meditaba y llevaba un diario. Reflexionó seriamente sobre lo que quería en la vida, que ahora parecía mucho más frágil y efímera que nunca. Pensó en Victoria y Dennis, y en lo mucho que se había aferrado a aquella relación, aunque al final se derrumbara. Pensó en su padre y en cómo había dado por sentado que él estaría para siempre en este planeta.

Y, a partir de ahí, se dio cuenta de que tenía que haber una forma de sobrevivir, ya que sus relaciones iban y venían como la luna: «Tomé conscientemente la decisión de que no voy a dejar que mi relación con los demás me impida vivir por mí misma. Las relaciones se rompen y hay que aceptarlo. Si puedo superar esta muerte y ser plena y capaz, no hay ninguna pérdida a la que no pueda sobrevivir». Con tantas relaciones que se terminaban sin que ella tuviera nada que ver, llegó a ver la pérdida no como una condena, sino como una parte inevitable de la vida.

Esta resiliencia, esta capacidad de mirar la pérdida a la cara y seguir siendo ella, alimenta la autenticidad de Adamma. Sus experiencias con Victoria, Dennis y su padre le enseñaron que podía equilibrar la cercanía de los demás y mantener una distancia sana para que su identidad no dependiera de cómo los demás se relacionaban con ella. Este es el paradigma de la seguridad. Las personas con apego ansioso se acercan demasiado y su sentido de identidad queda destrozado cuando los demás no las aceptan. Las personas con apego evitativo se alejan demasiado, por lo que no les afectan los juicios de los demás, pero tampoco su amor. Pero acceder a la seguridad y a la autenticidad no quiere decir que nunca se nos vaya a rechazar, solo significa que hay la suficiente distancia entre nuestra autoestima y los juicios de los demás como para que estos no duelan tanto. Por consiguiente, la autenticidad no evita ser rechazado. De lo que se trata es de que el rechazo no suponga tanto.

La experiencia de Adamma nos muestra otra razón por la que la autenticidad alimenta la amistad: nos ayuda a soportar los roces que inevitablemente se producen cuando intimamos con otras personas. Los problemas no llevan a la destrucción de la amistad, como les ocurrió a Sarah y Hannah. Cuando no sentimos las acciones de los demás como nuestra perdición, podemos entenderlas, como hace Adamma. Conforme se ha ido haciendo mayor y la gente se ha ido distanciando para casarse y tener hijos, sus amigos no la buscan con tanta frecuencia como antes: «Definitivamente, no considero la ausencia como un rechazo. Creo que es algo natural. Muchos de los amigos que tengo ahora mismo han ido avanzando con el tiempo, y yo solo quiero darles el espacio suficiente para que puedan hacerlo y no permitir que eso estropee la amistad en su conjunto».

Adamma es un ejemplo de cómo la autenticidad nos hace resilientes, con lo que podemos poner suficiente espacio entre nuestra autoestima y los juicios de los demás como para no sucumbir ante ellos. En una serie de estudios, las investigadoras Francesca Gino, de la Universidad de Harvard, y Maryam Kouchaki, de la Universidad Northwestern, confirmaron el vínculo entre autenticidad y resiliencia. En un estudio, a un grupo de participantes se les pidió que recordaran un momento en el que fueron auténticos, mientras que otro recordó un acontecimiento neutro. A continuación, se les pidió a todos que empatizaran con alguien que estuviera pasando por una ruptura. Los que habían recordado una experiencia auténtica dijeron que se sentían menos rechazados después. En otro estudio, a algunos participantes se les pidió que se pusieran una muñequera de un equipo deportivo que les gustara, y a otros, la de un equipo que no les gustara, para hacerles sentir auténticos o inauténticos respectivamente. A continuación se les propuso una tarea que se conoce como *cyberball*, un juego virtual en el que se lanza una pelota, pero que está diseñado para provocar una sensación de exclusión cuando ves que no te la lanzan a ti. Según los resultados del estudio, cuando las personas eran más auténticas (cuando la muñequera representaba un equipo que les gustaba) se sentían menos excluidas. La autenticidad incluso alteraba su percepción: cuando eran auténticas, les parecía que les habían lanzado más la pelota. En un último estudio, cuando se les pidió a unos empleados que pensaran en un momento en el que se sentían auténticos en el trabajo (en oposición a pensar en algo neutro), decían que se sentían menos excluidos y rechazados en el trabajo.

Esta investigación demuestra que cuando somos auténticos, el rechazo no es tan punzante. Según Adamma, esta resiliencia se puede lograr desvinculando el rechazo de su peso de autocondena. No hay que tomárselo como algo personal. Cuando un amigo saca a relucir un problema, cuando intentamos quedar con un amigo nuevo y nos dice que no o cuando hace mucho tiempo que no sabemos nada de algún amigo, no significa que no merezcamos la pena, que hagamos algo mal ni que no nos quieran. «Hay muchas cosas que no me las tomo como algo personal. Pienso que las opiniones, las críticas y los comentarios de los demás son válidos, y así puedo hacer algo al respecto, pero me esfuerzo mucho para que eso no me haga sentir mal conmigo misma», dice Adamma.

Otra forma de conseguir ser resilientes es conservar el optimismo de la seguridad, aceptando que un momento de rechazo no presagia una vida entera. Los estudios demuestran que la autenticidad, al igual que la seguridad, está relacionada con el optimismo.[17] El optimismo nos hace resilientes porque, como dijo la autora Rebecca Solnit, «tener esperanza es entregarse al futuro, y ese compromiso con el futuro es lo que hace que el presente sea habitable». Debemos ver el rechazo como algo de lo que podemos recuperarnos: un instante, en lugar de una eternidad. En palabras de Adamma: «Es solo que creo que mis relaciones sobrevivirán y podrán soportar un poco de turbulencia. Creo que al final todo saldrá bien. Soy una persona trágicamente optimista».

La gente nos va a rechazar. Podemos retorcernos todo lo que queramos para evitarlo, pero ocurrirá de todos modos. Podemos usar una máscara, pero ocurrirá de todos modos. Y nos habremos esforzado en ser inauténticos para nada. Si enfocamos nuestra energía en suavizar la amargura del rechazo, en vez de empeñarnos en algo imposible (evitar el rechazo a través de la inautenticidad), podemos acceder a la autenticidad además de a la conexión. Hasta podemos replantear el rechazo como un símbolo de orgullo, una garantía de que estamos haciendo todo lo posible por elegir la vida y las relaciones que realmente queremos. Es un billete para una vida sin remordimientos.

Hemos aprendido las claves para liberar la autenticidad y hemos explorado cómo la autoconsciencia puede ayudarnos a analizar si estamos reactivos o receptivos, así como a aceptar el rechazo con aplomo, considerándolo impersonal y temporal. Pero esto es solo una parte del rompecabezas. Lograr la autenticidad no solo está relacionado con lo que somos, sino también con la forma en que el mundo nos responde.

SER «AUTÉNTICO» EN UN MUNDO DESIGUAL

En un mundo perfecto, a todos se nos querría en nuestra forma más auténtica, pero en el mundo real, el privilegio desempeña un papel importante respecto a qué tipo de «auténtico yo» se acepta y cuál se rechaza. Cuando las personas de grupos desfavorecidos actúan como su verdadero yo, sus comportamientos suelen ser malinterpretados a través del filtro de los estereotipos que los desvalorizan. La investigación demuestra, por ejemplo, que los estudiantes que se preparan para ser profesores (que en su mayoría son blancos) suelen interpretar correctamente las expresiones de los estudiantes blancos, mientras que, en comparación con el rostro de una persona blanca, son más propensos a malinterpretar el enfado en el rostro neutro de un estudiante negro; de hecho, la probabilidad es cuatro veces mayor. El estudio también descubrió que a los niños negros se les consideraba más hostiles cuando tenían los mismos comportamientos que los blancos.[18] En otro estudio, los participantes calificaron a los árabes como menos humanos, o más simiescos, que el estadounidense medio.[19] Y según los resultados de un metaanálisis, las mujeres que reivindican sus ideas, hacen peticiones directas y abogan por sí mismas caen peor.[20] El privilegio es la libertad de ser tu auténtico yo y que la gente te reciba así, en lugar de a través de la caricatura de los estereotipos. El privilegio da acceso a la autenticidad.

Puesto que se las ve como una amenaza cuando son auténticas, las personas de grupos desfavorecidos suelen sentirse presionadas a actuar de forma inauténtica para limar estas percepciones erróneas. A un colega mío, Aubrey, un hombre negro, le tiembla la boca de tanto sonreír. «Sonrío todo el tiempo para intentar aplacar a la gente», explica. Un estudio sobre estudiantes universitarios negros descubrió que utilizaban el cambio de código (alteraban su forma de hablar para escapar de los estereotipos) para no parecer un «estúpido chico negro». Una de las participantes dijo: «No quiero que me vean como la mujer negra enfadada. Así que si me enfado con un estudiante durante un proyecto de grupo, no me pongo en plan: "Venga, hombre, ponte las pilas", como haría con la gente de color. Sería más bien como: "Vale, a ver, Sam o Emma, ¿creéis que esta es la mejor manera de hacerlo?", dirigiéndome a ellos de un modo más suave para no encajar en los estereotipos».[21]

«Virtudes cargadas» es un término que la socióloga Lisa Tessman desarrolló para los rasgos que permiten resistir la opresión pero con un coste personal. El cambio de código es un ejemplo, y sus costes son similares a los de la falta de autenticidad. Los participantes del estudio lo describieron como «activo» y «agotador», y como «ponerse una máscara». Los investigadores calificaron el cambio de código como «esfuerzo sociolingüístico», es decir, «el esfuerzo físico, emocional y psicológico que se realiza para desplegar los recursos sociolingüísticos de una manera que pretende satisfacer a los demás». Chandra Arthur, fundadora de la aplicación Friendish, habló de los efectos del cambio de código en su charla TEDx: «El coste del cambio de código es inmenso, ya que hace que las minorías se pasen el tiempo preocupándose por la compatibilidad cultural, en lugar de ocuparse de las cosas que sí importan».

Por muy laboriosa que sea la asimilación, funciona, y a menudo hace que las personas de grupos privilegiados sean menos críticas con las personas de grupos desfavorecidos. En un estudio, por ejemplo, los participantes blancos evaluaron de manera más favorable a una persona negra que se asemejaba a las normas de los blancos (por ejemplo, alisándose el pelo o modificando su nombre). Un participante blanco dijo: «Su nombre, La'Keisha, suena claramente "negro" y algunos pueden pensar incluso en "gueto", pero Renee es más conservador».[22] Las mujeres que se vestían de forma provocadora tenían menos probabilidades de ser cosificadas cuando se las representaba ganando una competición de natación o resolviendo un problema de matemáticas.[23] Otro estudio descubrió que cuando se representaba a los hombres negros con ropa formal, en lugar de llevar ropa holgada (como pantalones de chándal y sudaderas), se les consideraba más inteligentes, dignos de confianza y agradables.[24] En cambio, los asiáticos que no se integran y conservan el acento se perciben como de menor categoría, menos atractivos e inteligentes y más inseguros.[25]

A la hora de entablar amistades trascendiendo los privilegios, las personas de grupos desfavorecidos suelen enfrentarse a un dilema: ser ellas mismas y que se las juzgue mal o censurarse y que se las acepte mejor. Hay quienes resuelven este dilema buscando espacios en los que puedan mostrarse tal y como son entre otras personas de su grupo. Cuando le pregunté a Adamma si tenía amigos blancos, tras un largo silencio nombró a una mujer blanca que se había criado entre personas negras y tenía un marido negro.

«No tengo que rendir cuentas por que alguien perciba mi tono natural como una amenaza», sostiene Adamma. Para ella, tener que actuar de manera inauténtica para caer bien supone un precio demasiado alto. «Por el solo hecho de aparecer ya surge toda una serie de suposiciones que van a teñir la amistad y que tú no aportas de forma consciente. Simplemente, se proyectan en tu cuerpo, y no hay nada que tú puedas hacer al respecto.»

Todos nos merecemos amistades en las que podamos mostrar nuestro verdadero yo, con toda su riqueza y sus matices. Pero, con demasiada frecuencia, el privilegio de la autenticidad se concede a los grupos que tienen más poder. Esta es la razón por la que nuestro jefe nos envía correos electrónicos en blanco a las tres de la mañana con todo el mensaje escrito en el asunto, y, sin embargo, cuando nosotros contestamos, releemos nuestros correos siete veces, comenzando con un «Estimado» y terminando con «Atentamente» o «Saludos cordiales». En su libro *Dar y recibir*, Adam Grant escribe: «A medida que las personas adquieren poder, se sienten grandes y al mando: menos limitadas y más libres para expresar sus tendencias naturales».

Como revela la historia de Adamma, las personas pueden quedar fuera de una amistad a través de líneas de privilegio porque son rechazadas, o incluso castigadas, cuando muestran su verdadero yo. En palabras de Adamma: «Busco lo sencillo. Yo quiero estar en sitios en los que solo tenga que estar, sin necesidad de actuar ni practicar ni pensar en cómo voy a ser cuando llegue allí. No tengo por qué acomodarme a las ideas erróneas de la gente».

Entablar amistad más allá de las diferencias

Tengo una amiga que conocí mientras estudiaba en Haití a la que llamaré Paula. Paula es una mujer blanca que estudia la raza. Muchas veces, cuando me he hecho amiga de personas blancas le he restado importancia a mis experiencias como persona de color porque me preocupaba que no me entendieran. Pero, como Paula estudiaba la raza, fui sincera con ella. Cuando me parecía que mis compañeros estaban empleando clichés raciales al evaluar a los estudiantes, se lo decía. Le conté lo que me pasó una vez, cuando un hombre me gritó desde una camioneta porque llevaba mi bandera de Haití como capa. Y supo escucharme cuando me quejaba de que una señora blanca nos había acusado a un amigo negro y a mí de haber allanado el piso de un amigo blanco cuando fuimos a visitarlo.

En otras palabras, practiqué alguna de las tres uves (3V) con Paula. Las 3V son los componentes de las relaciones sanas e íntimas que logran superar los niveles de privilegio: valor, vulnerabilidad y voz. El valor se refiere a que los amigos que eliges deben creer en el valor y la dignidad del grupo desfavorecido con el que te identificas; la vulnerabilidad implica aportar todo tu ser a la amistad, lo que incluye expresar libremente tus experiencias relacionadas con el hecho de ser miembro de un grupo desfavorecido, y la voz consiste en expresar las preocupaciones relacionadas con tu grupo cuando surgen en la amistad.

Practiqué la primera uve (valor) con Paula, así como la vulnerabilidad. Hablé con ella sobre experiencias que me sentía tentada de censurar delante de otras personas blancas. Ella expresaba su rabia por lo que le contaba y me hacía sentir que era realmente capaz de entender la sensación tan horrible que producen estas cosas. Pero en otros momentos me daba cuenta de que, como cuentan las amigas interraciales Aminatou Sow y Ann Friedman en sus memorias, *Big Friendship*, hay «brechas insalvables incluso en las amistades interraciales más estrechas».

Un día de verano, en un bonito apartamento de Harlem, me reuní con Paula y su pintoresco grupo de amigos intelectuales. Era su fiesta de graduación. Estos amigos, al igual que Paula, hablaban todo tipo de idiomas y hacían referencia al marxismo en la conversación con tanta frecuencia como otros *millennials* podrían hablar de Beyoncé. Como la mayoría de los presentes tenían un doctorado o lo estaban cursando, empezamos a hablar de las tribulaciones del mundo académico. Fue entonces cuando Paula reveló que en realidad yo era una «profesora contratada por la diversidad» que estaba a punto de dejar la institución.

Me molestó que insinuara que me habían contratado únicamente por no ser blanca. Pero no fue solo eso. Sus palabras desencadenaron los recuerdos de muchas otras experiencias que viví cuando la gente daba por hecho que era poco inteligente e indigna y que mis logros se atribuían a limosnas en lugar de a méritos. Me recordó el momento en que, en el instituto, le conté a mi amigo blanco que había entrado en Cornell y él respondió: «¿Tú has entrado? Entonces, ¿dónde está mi carta de aceptación? ¿Dónde?». Me recordó el momento en que mi profesor de Inglés me dijo que no debía ilusionarme con la posibilidad de entrar en el instituto tan selectivo al que había mandado la solicitud, y en el que finalmente me matriculé, porque «solo entraba gente muy inteligente». Me recordó el momento en que, en una fiesta de la facultad que se celebraba en el patio trasero de otro profesor, alguien sacó a relucir que nuestro departamento carecía de diversidad y el anfitrión dijo: «Tenemos que centrarnos en los solicitantes que están cualificados».

Lo que tal vez las personas con privilegios no lleguen a entender —cuando les sorprende que a un amigo de un grupo desfavorecido le afecte un comentario pasajero— es el tremendo efecto acumulativo de los prejuicios. Cada vez que ocurre vuelve a sentirse el peso de todas las experiencias pasadas. Cuando expresan sus preocupaciones, las personas de grupos desfavorecidos no solo se enfrentan a un caso de prejuicio, sino a lo que este representa sobre cómo se las ha tratado toda la vida, a lo que nos dice sobre el valor más general que tienen en el mundo en el que vivimos.

Hablé sobre ese comentario con Paula. Temía que reaccionara mal, que me dijera que el hecho de que yo pensara que ella había hecho algo racista era peor que sufrir el racismo. Me preguntaba si valdría la pena sacar el tema. Se lo comenté a mi pareja y me dijo que lo hablara con ella, porque estaba claro que no podía dejarlo pasar. Yo quería tragármelo, para no herir sus sentimientos ni los míos, porque seguramente me sentiría aún peor si la conversación no iba bien. Pero también me daba cuenta de que hablarlo sería bueno para nuestra amistad, una forma de limpiar lo que la había empantanado. Como dicen Sow y Friedman: «La intimidad interracial es el único contexto en el que la teoría de las "ventanas rotas" es realmente relevante: ¡cualquier signo visible de delincuencia fomenta más delincuencia! Hay que hablarlo o la relación sufrirá».

Entonces, con toda la amabilidad de la que fui capaz, le dije: «Oye, Paula. Sé que no era tu intención, pero cuando me presentaste a tus amigos, les dijiste que era una "profesora contratada por la diversidad". Eso me dolió, porque no es la primera vez que lo oigo, pero yo he trabajado mucho para llegar hasta aquí». Al parecer, Paula no era consciente de haber dicho esto, pero pidió perdón, admitió que se había equivocado y agradeció que se lo dijera.

Mi experiencia demuestra que hablar del dolor relativo a la identidad en una relación de amistad no implica atacar ni mermar esa relación. Es una forma de salvarla. Crea un espacio para que el problema se pueda superar y, con un poco de suerte, no se vuelva a dar. Estos problemas, cuando no se plantean, se enquistan y empiezan a minar la amistad. Por eso la voz es importante. La voz nos ayudó a Paula y a mí a mantenernos unidas.

Seguir las 3V no es fácil, pero es necesario para que las personas de grupos desfavorecidos puedan ser realmente auténticas en sus amistades con personas más privilegiadas; y hay que seguirlas en todo momento, porque los prejuicios volverán a surgir inevitablemente con el tiempo.

Las experiencias como esta ponen de manifiesto las ideas erróneas que en general se suelen tener sobre la autenticidad. «Deja de preocuparte por lo que piense la gente», nos podrían decir con buena voluntad, como un consejo para poder liberar nuestro verdadero yo. Pero es un consejo que niega nuestra humanidad más profunda, una humanidad que se preocupa por los juicios y las críticas de los demás. No podemos alcanzar la autenticidad simplemente siendo insensibles a los demás. Eso es evitativo. La autenticidad implica tanto al actor como a su entorno. Cuando nos hacemos más seguros, construimos una armadura contra las críticas, pero a veces las balas penetran la armadura. Otra opción es quedarnos fuera del alcance de las armas. Por eso la autenticidad no consiste solo en hacerse seguro, sino en situarse en espacios que alimenten nuestra seguridad, en los que encontramos valor, en los que seamos capaces de expresar nuestras preocupaciones y practicar la vulnerabilidad. Esto es más fácil para unos que para otros.

Ajustar la mutualidad

Las personas con privilegios también pueden poner de su parte para acoger la autenticidad de amigos de grupos desfavorecidos. Hasta ahora hemos hablado de la importancia de la mutualidad en la amistad teniendo en cuenta no solo las necesidades de los amigos o las nuestras, sino las de ambos. Pero en la amistad que va más allá de las diferencias de privilegio encontramos un obstáculo. Nuestra amistad no es una página en blanco; el *Zeitgeist* determina las dinámicas de poder entre amigos. Si uno de los amigos es más privilegiado, la dinámica de poder de la amistad está intrínsecamente inclinada sin que haya esfuerzo alguno por ninguna de las dos partes. Una de las personas se siente intrínsecamente más libre a la hora de expresar su punto de vista; una de ellas ha dedicado mucho más tiempo a comprender la experiencia vital de la otra; una de ellas se siente intrínsecamente más afectada cuando surgen comentarios prejuiciosos, y también se preocupa más por ellos después. Dado que los grupos subyugados tienen que adoptar sistemáticamente la perspectiva del grupo privilegiado para que funcione, pero no a la inversa, la mutualidad que no corrige las dinámicas de poder es intrínsecamente no mutua. Por lo tanto, tenemos que ajustar la mutualidad.

¿Y cómo se consigue? Emile Bruneau, un profesor de la Universidad de Pensilvania que estudió la paz y el conflicto entre grupos, decía: «Si un grupo es silenciado el resto del tiempo, tal vez se le debería dar un mayor estatus cuando los grupos se reúnen, una oportunidad de que lo escuche el lado más poderoso.

En lugar de tomar la palabra, podría ser beneficioso darla». En su estudio, los participantes mexicoamericanos y los blancos escribieron una breve redacción sobre las dificultades a las que se enfrentan sus grupos. Después de leer y resumir las dificultades de cada uno, los participantes blancos se sintieron mejor con los mexicoamericanos, mientras que los mexicoamericanos se sintieron peor con los blancos. Los mexicoamericanos solo se sintieron mejor con los blancos cuando una persona blanca los escuchó y resumió sus dificultades. Un patrón similar se obtuvo entre palestinos e israelíes.[26] Jamil Zaki, profesor de Stanford e investigador de la empatía, afirmó que «el contacto funcionaba mejor cuando se invertía la estructura de poder existente en lugar de ignorarla». La investigación de Bruneau sugiere que el mero hecho de hacer que los amigos que pertenecen a grupos desfavorecidos se sientan escuchados cuando expresan sus problemas es vital. En vez de discrepar, contraatacar, hacer de abogado del diablo o justificar nuestras acciones, podemos escuchar y repetir lo que nos dicen.

¿Cómo es, en la práctica, la mutualidad ajustada? Catarina Rivera, conferenciante en materia de discapacidad y asesora en temas de diversidad, equidad e inclusión, que sufre una pérdida de visión progresiva y tiene problemas de audición, discutió con su amiga Rita. Rita la acusaba de ignorarla a ella y al resto de sus amigos y de desaparecer cada vez que salían a bailar, pero lo que realmente ocurría era que, debido a su discapacidad, Catarina se perdía. La pista de baile era oscura y ruidosa, y por eso Catarina no veía a sus amigos: «Así que cuando alguien deja de bailar conmigo, yo me quedo ahí, mirando a mi alrededor, porque he estado dando vueltas y estoy desorientada. Intento encontrar al grupo, pero entonces empieza la siguiente canción. Es más fácil seguir bailando».

Los juicios de Rita sobre Catarina se basaban en suposiciones capacitistas. Debía ampliar la perspectiva, hacer preguntas, en lugar de suponer lo peor. En vez de basarse en su versión de la realidad, que era limitada porque ella no tenía ninguna discapacidad, podría haber hecho preguntas para que Catarina pudiera explicarle lo que pasaba: «Oye, Catarina, me he dado cuenta de que a veces te perdemos en la pista de baile y quería saber por qué».

Para lograr una mutualidad ajustada, tenemos que compensar un *statu quo* desigual. Cuando surgen desacuerdos relacionados con la raza, la capacidad, la identidad de género, la orientación sexual o cualquier grupo identitario dividido en ejes de privilegio, el amigo más privilegiado debe escuchar y empatizar más para lograr una verdadera mutualidad, porque en palabras de la académica feminista negra Kimberlé Crenshaw, «tratar las cosas diferentes de la misma manera puede generar tanta desigualdad como tratar las mismas cosas de manera diferente».

¿Cuándo es más auténtico decir adiós?

Muchas veces me preguntan en qué momento es más auténtico dejar a nuestros amigos privilegiados si nos parecen opresivos. Sobre esto suele haber dos líneas de pensamiento. Hay quienes opinan que las personas de grupos desfavorecidos deben mantener la amistad con sus amigos más privilegiados. «No vale la pena poner fin a la amistad. Si pudieras ser más maduro y superarlo...», argumentan, como si exponerse al dolor fuera una señal de madurez. Quienes dicen esto no se dan cuenta de lo terrible que puede ser seguir vinculado a una persona cuyas palabras, a veces bienintencionadas, te transmiten la idea de que te ven como alguien inferior.

Otros no aceptan nada que no sea excomulgar a los amigos que dicen algo problemático. Han sufrido tanto cuando han intentado entablar relaciones con personas más privilegiadas que proponerles que hagan amigos más allá de las diferencias parece el equivalente emocional de decirles que se lancen delante de un Ferrari a toda velocidad.

La conclusión a la que he llegado cuando la gente me pregunta si deberíamos hacer o mantener amigos más privilegiados que de algún modo nos hacen daño es que deberíamos dar un paso atrás y sopesar desde un punto de vista más amplio los pros y los contras de la amistad para decidir si mantenerla o no. En vez de aceptar o evitar «siempre» a estos amigos, deberíamos pararnos a reflexionar: sopesar lo que ganamos y perdemos personalmente con la amistad y determinar si la amistad nos está haciendo en general más mal que bien (porque todas las amistades deberían hacer más bien que mal). Y tampoco será igual a la hora de decidir si poner fin a la amistad con un amigo que dice algo problemático cuando lo conocemos y queremos desde la infancia que cuando se trata de alguien a quien acabamos de conocer.

Se trata de un proceso de ponderación subjetivo, por lo que requiere que nos conozcamos a nosotros mismos y tengamos claro cuáles son nuestros valores, nuestras necesidades y qué tipo de cosas nos afectan más. Para algunas personas, hasta un solo caso de prejuicio eclipsará cualquier beneficio de la amistad. Para Adamma, por ejemplo, el hecho de tener que ser inauténtica para ser amiga de personas blancas es un precio demasiado alto. Para otros, tener que adaptarse puede merecer la pena si sus amigos privilegiados saben realmente escuchar o si comparten con ellos una afición única, como pintar figuritas o buscar setas. Por eso, para tomar la decisión correcta respecto a si mantener este tipo de amistad por encima de las diferencias, tenemos que conocernos a nosotros mismos y saber cuáles son nuestros deseos, capacidades y valores.

Yo tuve que afrontar este proceso de discernimiento cuando empecé a trabajar como profesora y experimenté una avalancha de racismo. Un amigo del instituto, al que llamaré Rob, también consiguió ser profesor de una prestigiosa universidad y pasó por lo mismo. Cuando hablamos, le dije que estaba pensando en dejar mi trabajo. En cambio, él me dijo que había pensado en quedarse. «Tú te has criado en Nueva York, rodeada de personas de diferentes razas y de gente blanca que no actuaba de forma descaradamente racista. Yo crecí siendo negro en Alemania, donde la gente me dirigía todo tipo de insultos. Esto es algo que ya he visto antes», me dijo. Él sigue en su universidad y yo me fui de la mía. Para mí, quedarme no merecía la pena; para él, sí.

La decisión de mantener amistades más allá de las diferencias implicará una ponderación distinta en los momentos en los que nos sintamos especialmente afectados por el racismo, el sexismo, la homofobia, el capacitismo u otros «ismos». Después del movimiento #MeToo, el ataque al club Pulse en Orlando, los asesinatos cada vez más publicitados de personas negras a manos de la policía y los ataques a personas asiáticas durante la pandemia de COVID-19, las personas de grupos desfavorecidos pueden sentirse particularmente recelosas a la hora de ser amigas de personas de grupos privilegiados. Esto es normal. En las teorías del desarrollo de la identidad, las personas de grupos estigmatizados que experimentan un episodio de opresión permanecen durante un tiempo entre personas de su grupo para sentirse seguras, porque necesitan espacio para recuperarse antes de exponerse a más daños cuando se sienten más vulnerables. Esto no significa que no vuelvan a ser amigos de personas de grupos privilegiados, sino que pueden necesitar tiempo para satisfacer esta urgencia de autoprotección, al igual que cuando hacemos una pausa para recuperarnos después de una lesión.

En el capítulo 1 vimos que la investigación sobre cómo hacer amigos más allá de la raza sostiene que este es el método que actualmente cuenta con más respaldo científico para desmontar los prejuicios. Leyendo la investigación me dan ganas de gritar: «¡A por ello! ¡Hazte amigo de todo el mundo! ¡Sé el cambio!». Pero no puedo hacerlo cuando me doy cuenta de las implicaciones: los más vulnerables deben exponerse constantemente a un dolor potencial. En cambio, yo creo que hay algunas personas que, debido a su experiencias, debilidades y fortalezas, se encontrarán en primera línea, haciéndose amigos de personas que solo han visto a alguien como ellos en televisión, y hay otros que, por sus experiencias, se desmoronarían si lo hicieran. No todos tenemos que estar en primera línea. Una decisión auténtica significa honrar nuestra capacidad de hacer amigos por encima de las diferencias de privilegio y la forma en que esta capacidad evoluciona.

A continuación propongo unas preguntas de reflexión para las personas de grupos desfavorecidos que hacen amigos más allá de las diferencias:

- ¿De qué forma me beneficia esta amistad?
- ¿De qué forma me perjudica esta amistad?
- ¿Hay algo que pueda hacer para que esta amistad me haga menos daño (como afrontar una conversación difícil o ver a este amigo con menos frecuencia)? ¿Quiero hacerlo?
- ¿Me parece que los beneficios de esta amistad son mayores que los perjuicios?

ENCONTRAR LA VERDADERA AUTENTICIDAD

Unos meses después de su viaje disfuncional, Sarah se acercó a Hannah mientras esta limpiaba su táper en el fregadero de la oficina. Hannah la vio entrar en la cocina y se dio la vuelta, repentinamente atraída por la distracción de la espuma.

—¿Hannah? —dijo Sarah.

Hannah sintió un escalofrío.

—¿Sí? —contestó ella, que era la que ahora se mostraba cortante en la amistad.

—He estado pensando y ahora sé que hay una manera de compartir mis necesidades sin atacar. Lo siento y espero que podamos seguir siendo amigas.

Hannah continuó fregando, sin saber qué decir.

—Vale, gracias —murmuró, y salió de la cocina.

Las interacciones de Sarah y Hannah se limitan ahora a un comentario de pasada en las redes sociales. Mirando atrás, Sarah se da cuenta de que el problema fue su erróneo intento de intimidad, un deseo de construir una relación basada en la honestidad cruda.

Al igual que Sarah, yo solía pensar que la autenticidad consistía en la crudeza, en decir con valentía lo que se piensa. Pero ahora me doy cuenta de que en realidad se trata de escuchar, de escucharnos a nosotros mismos, de no tener miedo de experimentar lo que nos pasa por dentro, de reconocer lo que realmente pensamos, sentimos, tememos y amamos sin esconderlo detrás de las defensas. No se trata solo de tener la valentía de admitir nuestras opiniones ante los demás, sino de tener la valentía de admitirlas en nuestro interior. Tan solo así podemos saber qué amigos son seguros para nuestra autenticidad y podremos compartir nuestro mundo interior más verdadero. Porque cuando hacemos este trabajo interno, no les pedimos a los demás que lo hagan por nosotros. No dominamos, controlamos, criticamos, evitamos, ignoramos, discriminamos ni maltratamos de ninguna otra manera porque necesitemos que nos alivien de cualquier malestar que esté resonando en nuestro interior. Y con lo que queda, podemos amar a los demás más profundamente, apreciarlos en su forma más auténtica y encontrar la amistad.

CONCLUSIONES

- La autenticidad es un estado de presencia al que accedemos cuando no toman el mando los mecanismos de defensa. Es lo que somos sin nuestros mecanismos de defensa.
- La autenticidad alimenta la amistad porque los humanos somos seres sociales, lo cual significa que cuando somos auténticos damos rienda suelta a nuestra naturaleza empática y compasiva.
- Para ser más auténtico en situaciones de amenaza, no cedas a lo que surge de forma refleja, porque es probable que sea un mecanismo de defensa. Sé consciente de los factores que te impulsan a autoprotegerte y no los consientas. Haz una pausa y respira. Pasa de la actitud defensiva a la de apertura. Accede a tu yo más elevado.
- Para mantener a raya la ansiedad social que impide la autenticidad, céntrate en la persona que tienes delante en lugar de en ti mismo.
- No te tomes los acontecimientos negativos de la amistad como si significaran algo malo de ti mismo. Desvincula el rechazo de la autocondena. Para conseguirlo, mantén una distancia sana con los demás para que tu identidad no dependa de cómo te vean.

- Considera el rechazo como algo de lo que puedes recuperarte; es un instante, no una eternidad.
- Para que las personas de grupos desfavorecidos logren auténticas amistades más allá de los niveles de privilegio, aconsejo que se practiquen las 3V:
  - Valor: hazte amigo solo de las personas que creen en el valor y la dignidad de tu grupo de identidad.
  - Vulnerabilidad: sé vulnerable aportando todo tu ser a la amistad, lo cual incluye expresar libremente tus experiencias relacionadas con tu grupo de identidad.
  - Voz: manifiesta cualquier preocupación relacionada con tu grupo de identidad.
- Las personas privilegiadas pueden acoger la autenticidad de sus amigos de grupos desfavorecidos practicando una mutualidad ajustada, es decir, reconociendo que necesitan compensar la dinámica de poder inherente a su amistad adoptando activamente la perspectiva de su amigo. En lugar de discrepar, contraatacar, hacer de abogado del diablo o justificar nuestras acciones, podemos escuchar y repetir lo que nos dicen, y hacer preguntas en vez de dar cosas por supuesto.
- Las personas de grupos desfavorecidos que deciden mantener una amistad con una persona más privilegiada que actúa de manera problemática deberían preguntarse:
  - ¿De qué forma me beneficia esta amistad?
  - ¿De qué forma me perjudica esta amistad?
  - ¿Hay algo que pueda hacer para que esta amistad me haga menos daño (como afrontar una conversación difícil o ver a este amigo con menos frecuencia)? ¿Quiero hacerlo?
  - ¿Me parece que los beneficios de esta amistad son mayores que los perjuicios?

CAPÍTULO 6

ARMONIZA CON LA RABIA

Cómo eliminar el caos del conflicto

En un curso de la escuela de posgrado, mis compañeros y yo nos sometimos a un cuestionario llamado Inventario Multifásico de Personalidad de Minnesota. Como más adelante lo utilizaríamos con nuestros pacientes, primero lo hicimos nosotros para entenderlo mejor. Es bastante extenso, 567 preguntas, y se tarda más de una hora en hacerlo. Tus respuestas dejan ver si tienes algún tipo de trastorno mental: hipocondría, depresión, psicopatía, etc. Es sofisticado, con preguntas destinadas a detectar si finges, así que no fingí.

Cuando vi los resultados, me alivió comprobar que no padecía ninguno de los problemas que evaluaba el cuestionario, excepto uno. Los resultados indicaban que reprimía la rabia. Me sorprendió que se evaluara esto, pues yo creía que reprimir la rabia era una fortaleza, no un problema. ¿Qué sentido tiene la rabia? La gente que se deja llevar por la rabia grita, suelta palabrotas, tira cosas y les hace daño a los demás. Reprimir la rabia protegía mis relaciones, pensaba.

Y no era la única. Según el ensayista estadounidense Ralph Waldo Emerson, «por cada minuto que pasas enfadado, renuncias a sesenta segundos de serenidad mental». Y en palabras del emperador romano Marco Aurelio: «Mucho más graves son las consecuencias de la rabia que su causa». De forma más gráfica, el autor estadounidense Mark Twain dijo una vez: «La rabia es un ácido que puede hacer más daño al recipiente que lo contiene que a cualquier cosa sobre la que se vierta». El mensaje es claro: la rabia es mala. Evítala a toda costa.

Cuando conocí a Alejandro, él reforzó mi concepción del asunto. A primera vista no parecía una persona irritable. Era encantador. Me contó cómo deslumbraba a todos en las entrevistas, se había ido de todos los trabajos que había tenido con amigos para toda la vida y le enseñaba a su hija a tener carisma como otros padres les enseñaban a sus hijos a compartir. Es el tipo de persona que bromea contigo como si te conociera, hasta que al final te conoce. Sonríe mucho, sabe escuchar y, cuando le caigas bien, te invitará a tomar algo y a cenar, todo el mismo día. Y tú irás.

Como inmigrante peruano en Estados Unidos, Alejandro tenía una habilidad para conectar con los demás que era en parte talento y en parte estrategia de supervivencia. Desde Perú, su familia se mudó primero a un pueblo agrícola de Texas y luego a un barrio de Houston con una alta tasa de criminalidad. Allí, cuando tenía siete años, cada vez que iba al colegio se ponía a berrear, y su hermana mayor se quedaba con él hasta que se calmaba. Más tarde, la familia se trasladó al norte, a Manassas (Virginia), donde vio como sus hermanos mayores empezaban a destacar, su hermana por su inteligencia y su hermano por su capacidad atlética; y poco a poco, Alejandro fue descubriendo su gran capacidad para socializar. A la hora de comer, cada día se sentaba con un grupo distinto, trascendiendo la raza al pasar de la mesa de los niños negros a la de los niños blancos y revoloteando entre los más deportistas y los empollones.

En cuanto a la amistad, el único escollo de Alejandro era la rabia. Pero era un asunto serio. «La siento llegar y se apodera de mí. Es casi como si no tuviera el control», dice. Alejandro podía ser muy despiadado cuando se enfadaba, apuntando a las mayores inseguridades de sus amigos. Una vez se enfrentó a un amigo porque creyó que lo había «menospreciado» cuando Alejandro anunció que le habían ascendido en el trabajo. El amigo dijo que eso no era cierto y la conversación fue subiendo de tono hasta que Alejandro estaba a punto de decir algo cruel sobre el hijo de su amigo. Por suerte, el amigo detuvo la conversación al darse cuenta de que iba por mal camino. En otra ocasión, un amigo de la infancia iba a acompañarlo a ver a su *DJ* favorito. Cuando el amigo se echó atrás en el último momento sin otra excusa que un «no me apetece», Alejandro le mandó este mensaje: «Eres un gilipollas y para mí estás muerto». No volvieron a hablarse en tres años.

En el mundo de la investigación, para descargar la rabia decimos que la «exteriorizamos», y cuando se reprime, se «interioriza». Alejandro y yo parecíamos estar en los extremos opuestos de este rango, pero las dos estrategias tienen más en común de lo que se podría pensar. Las dos pueden evolucionar fácilmente en la otra. La rabia contenida demasiado tiempo puede salir a borbotones. Según los investigadores, ambas estrategias pueden aumentar el resentimiento, lo que a su vez nos hace acumular más rabia. Esto explica por qué las dos se relacionan con la hostilidad, la depresión y la ansiedad.[1] Además, ambas son perjudiciales para las relaciones, puesto que nos impiden abordar de forma productiva los problemas subyacentes que impulsan la rabia e impiden la intimidad.[2]

Al interiorizar la rabia, puede parecer que yo la controlaba más que Alejandro. Pero, como la reprimía, en realidad la rabia me controlaba. Cuando algo me enfadaba, mi reflejo era esconderlo, animar a la otra persona a seguir hablando con gestos de aprobación, asentir y ceder ante algo con lo que no estaba de acuerdo. Unos pésimos mecanismos de defensa. Cuando estaba molesta, en vez de comunicarlo, ofrecía una sonrisa forzada por temor a que se molestaran conmigo. Eran comportamientos que se apoderaban de mí, como le sucedía a Alejandro con los insultos y los gritos. Lo que me controlaba no era la expresión de la rabia, sino su negación.

Este es nuestro dilema. La historia de Alejandro (como la de Sarah y Hannah en el capítulo de la autenticidad) revela que la agresión no funciona, y mi experiencia revela que reprimirla tampoco funciona. Si la rabia nos hace daño tanto si explota como si se acalla, ¿qué podemos hacer con ella? ¿Cuál es la mejor manera de satisfacer la necesidad que anida en nuestra rabia? ¿Y hay alguna forma de expresar la rabia que no perjudique a nuestras amistades ni nos perjudique a nosotros mismos?

LA RABIA PUEDE FORTALECER LAS AMISTADES

En *Attachment and Loss*, el padre de la teoría del apego, John Bowlby, habla de dos niños pequeños, Laura y Reggie. Los dos pasaron por una experiencia de abandono, pero reaccionaron de manera totalmente distinta. Cuando tenía dos años, Laura fue al hospital para hacerse una cirugía menor. Toda su estancia se grabó en vídeo, incluido un momento en el que llamó a su madre, que no estaba allí. Al regresar a casa, Laura vio el vídeo con su madre. Mientras lo veía, se volvió hacia ella y le dijo: «¿Dónde estabas, mamá? ¿Dónde estabas?». Reggie también tenía dos años y era huérfano. Lo habían criado toda una serie de enfermeras. La última, Mary-Ann, se ausentó dos semanas para casarse. Cuando volvió, Reggie dijo: «¡Es mi Mary-Ann! Pero no me cae bien».

Bowlby utiliza a Laura y Reggie para ilustrar dos tipos de rabia: la rabia de esperanza y la rabia de desesperación, respectivamente. La rabia de esperanza nos da energía, indicando que hay algo que debemos reparar para recuperar la cercanía. No es una emoción tan fuerte, sino más bien una señal de que algo tiene que cambiar. Nos impulsa a reflexionar sobre cuáles son nuestras necesidades insatisfechas y cómo actuar para satisfacerlas. Con ella se reconoce que nos preocupamos por la otra persona, aunque estemos disgustados, y así se protege el valor inherente del otro. En lugar de castigar o culpar, manifestamos una necesidad insatisfecha y pedimos un cambio, como hizo Laura cuando dijo: «¿Dónde estabas, mamá? ¿Dónde estabas?».

La rabia de desesperación, en cambio, aparece cuando perdemos la esperanza de poder sanar una relación. Confunde la discusión o el conflicto con el combate y predispone para defender, ofender, castigar, destruir o vengarse. Mientras que la rabia de esperanza conlleva una pausa para reflexionar sobre las necesidades y los valores más profundos, la rabia de desesperación arremete sin pensar. Es impulsiva y, según los investigadores, manifiesta «emociones insuficientemente procesadas».[3] La rabia de desesperación se disfraza de una protección del yo, pero también condena al otro, como hizo Reggie cuando dijo: «No me cae bien».

La rabia de desesperación es la fuerza destructiva que solemos asociar con la rabia, mientras que la rabia de esperanza es una fuerza curativa que puede fortalecer una amistad, y que deberíamos abrazar. La psicoanalista Virginia Goldner distingue entre dos tipos de seguridad en las relaciones: «la seguridad flácida de la comodidad permanente», que se mantiene ignorando la rabia y el conflicto y fingiendo que los problemas no existen, y la «seguridad dinámica, cuya solidez se establece a través de [...] la asunción de riesgos y su resolución: el ciclo interminable de ruptura y reparación, separación y reencuentro».[4] La seguridad dinámica, sugiere Goldner, invita a la confianza y fomenta la verdadera intimidad. La rabia de esperanza puede aportar seguridad dinámica a nuestras amistades.

La investigación también nos enseña los beneficios de expresar la rabia de esperanza. Un estudio descubrió que, cuando se producía una traición, avenirse a dialogar con el responsable de forma abierta y sin culparlo fortalecía la relación.[5] Según otro estudio, los que saben abordar los conflictos (por ejemplo, escuchando, admitiendo la culpa, reduciendo la tensión y adoptando la perspectiva de la otra persona) son más populares y están menos deprimidos y solos. Sus compañeros de piso los consideraban más competentes socialmente y sus amigos estaban más satisfechos con su amistad.[6] Un estudio con parejas románticas descubrió que abordar un problema, en lugar de perdonar y olvidar, beneficiaba a la relación y hacía más probable su resolución,[7] mientras que minimizar el problema, aunque fuera cómodo en el momento, no incitaba al cambio.[8] James Averill, un profesor emérito de Psicología de la Universidad de Massachusetts Amherst que estudia la rabia, dijo: «Cuando se observan los episodios cotidianos de rabia en comparación con los más dramáticos, los resultados suelen ser positivos».[9] Tanto él como otros estudiosos han descubierto que al expresar la rabia se tienen más probabilidades de beneficiar una relación que de destruirla.[10]

En un estudio llevado a cabo en 2005 por Catherine A. Sanderson y sus colegas del Amherst College, las investigadoras trataron de examinar cómo resuelven los conflictos las personas que valoran las amistades íntimas. ¿Hablan de sus problemas o prefieren el silencio? Sanderson realizó una encuesta a estudiantes universitarios en la que se evaluaba en qué medida valoraban la intimidad en la amistad, cómo resolvían los conflictos y hasta qué punto estaban contentos con sus amistades. Los resultados indicaron que este tipo de amigos expresan sus preocupaciones de forma constructiva, en lugar de evitar los problemas o simplemente poner fin a la relación, lo que hace que sus amistades sean más satisfactorias.[11]

Estos estudios sugieren que deberíamos abrazar la rabia de esperanza, ya que así podremos iluminarnos mutuamente sobre cómo ser mejores el uno para el otro, lo cual fortalece para siempre la amistad. Hablar sobre el enfado transmite que somos lo suficientemente dignos de confianza como para ser sinceros y que estamos lo suficientemente implicados como para abordar el problema. El conflicto con los amigos puede restaurar e incluso hacer más profunda una amistad. Entonces, ¿por qué lo evitamos?

¿ABRIRSE O PONER FIN A UNA AMISTAD?

Cuando se trata de la amistad, muchos tendemos a reprimir la rabia y otros sentimientos afines, como el enfado, el fastidio, la frustración o la ira. Según los estudios, somos más propensos a evitar los problemas con los amigos que con las parejas románticas.[12] Vemos la amistad como una relación más desenfadada que la romántica, de ahí que cuando surge algún problema pensemos que no tenemos derecho al enfado, el dolor o las expectativas. En estos casos, la idea que subyace es que la amistad es algo trivial. Como dice Skyler Jackson, a la que conocimos en el capítulo dedicado a la vulnerabilidad: «Mucha gente piensa: "Bueno, es un amigo, qué más da". ¿Quién se enfada con sus amigos? Sin embargo, a mí me parece que mis amigos pueden hacer o decir algo que me duela, y no porque sean cosas muy graves, sino porque la amistad es otra forma de relación».

En la amistad también podemos abordar los problemas en lugar de dejar que se agraven hasta que ya no se puedan arreglar. Pero la cuestión es que muchas veces también evitamos las quejas, pensando que lo olvidaremos sin más, que somos demasiado sensibles o que montaríamos un escándalo por nada. La única prueba de fuego para saber si debemos tratar un asunto es que sigamos dándole vueltas. En realidad, puedes decirle a un amigo que te molesta cualquier cosa, como el que siempre llegue tarde, que pronuncie mal tu nombre o que haga un comentario fuera de lugar. No hay criterios objetivos para saber si merece la pena hablar de algo, aparte de que te moleste.

Puede que tus amigos se alegren por tu comentario más de lo que crees. Un día, mientras nos tomábamos unos *noodles* en el porche, mi amiga Gennie se quejaba de que las amistades se deterioren sin que haya habido ninguna conversación. En su matrimonio, ella estaba acostumbrada a que surgieran problemas y a atajarlos de raíz con su marido. Hasta estaban suscritos al boletín semanal de los famosos terapeutas de parejas John y Julie Gottman y utilizaban frases como «no estás en sintonía conmigo» o «estaba apostando por la conexión y no te has dado cuenta». Como dijo Ginnie: «En nuestra sociedad se nos cuentan muchas historias sobre lo difícil que es el matrimonio, con todos sus conflictos. Pero ¿hay alguna que hable de las dificultades y los conflictos de la amistad? No. Se supone que los amigos te animan y te hacen sentir bien. Y luego, cuando nos cabreamos, no sabemos qué hacer».

Si un amigo se enfada con nosotros, muchas veces lo expresa de forma indirecta, distanciándose. Una amiga de Lydia Denworth intentó romper su amistad con ella dándose de baja de su boletín de noticias, ¡y eso que Lydia es una experta en amistad! Una amiga mía no supo que otra amiga suya estaba poniendo fin a su amistad con ella hasta que su amiga creó una segunda cuenta de Instagram y la bloqueó. Otras veces, en lugar de romper por completo una amistad, la rabia nos lleva a bajarla de nivel. Puede que en su día hubiera una persona que fuera la primera a la que le escribíamos para contarle una buena noticia, pero después de algún problema que no se ha esclarecido nos limitamos a un «Hola, ¿cómo estás?» forzado en el Friendsgiving mientras nos comemos con los ojos el pan de maíz y nos servimos salsa de arándanos. En la amistad, según Jackson, con demasiada frecuencia preferimos «soportar un dolor de por vida a someternos a cirugía, afrontar cuatro semanas de recuperación y seguir adelante siendo más felices y recuperando nuestras vidas». Para ser claros, ignorar nuestro malestar no siempre es malo. Si es un asunto pasajero, podemos dejarlo pasar. Pero, cuando es crónico, no podemos superarlo o la amistad empieza a decaer, debemos hacerle frente al problema.

Aun así, a veces poner fin a una amistad tiene más sentido que abrirse. El conflicto es una forma de abordar los problemas para mantener las amistades, pero no todas las amistades deberían mantenerse. Con las personas que te quieren es bueno esforzarse, perdonar y conceder el beneficio de la duda; con las que no te quieren, no. Ningún comportamiento es universalmente bueno. Tenemos que entender bien cómo es la relación para saber cómo actuar.

Antes de decidir cómo abordar una discusión o conflicto, debemos evaluar si una amistad es sana. No hay razón para aferrarse a los amigos malintencionados. Deborah, a la que entrevisté, es una mujer divorciada que se quedaba a dormir con frecuencia en casa de su nuevo novio. Su amiga Mel, que era muy devota, reunió a sus amigos comunes con el objeto de convencerlos para que se distanciaran de Deborah por mancillar la moral de la comunidad al quedarse a dormir en la casa de su novio. Teniendo en cuenta el desprecio de Mel hacia ella, a Deborah le convenía abandonar la amistad. Hay otras señales de alarma. Por ejemplo, que un amigo no apoye nuestro éxito; como cuando un amigo consigue un nuevo trabajo y, en lugar de celebrarlo, el otro dice: «¡Vaya! Espero que te vaya mejor que en el anterior». Los amigos también pueden ser egocéntricos; como cuando pretenden que conduzcamos dos horas para ir a verlos pero ellos no vienen a vernos en nuestro cumpleaños. A veces también podemos sentirnos agotados después de hablar con ellos, quizá porque nunca muestran interés en nosotros o porque tememos que nos juzguen. En general, los amigos deberían hacernos sentir más bien que mal. En cualquier amistad hay problemas, pero si damos un paso atrás para hacer un balance de la dinámica general y nos damos cuenta de que es más perjudicial que beneficiosa, entonces puede que tengamos que poner fin a esa amistad en vez de repararla.

Sin embargo, cuando surgen problemas en una amistad que por lo demás es estupenda —una amistad en la que la otra persona quiere lo mejor para nosotros, tiene en cuenta nuestras necesidades y, por lo general, nos trata bien—, entonces, como dice Priya Parker, autora de *The Art of Gathering*, «la conexión se ve amenazada tanto por la paz insana como por el conflicto insano». Necesitamos expresar la rabia, porque si la contenemos demasiado tiempo puede llegar un momento en el que sintamos el poderoso impulso de abandonar hasta la mejor de las amistades. Si hubiéramos expresado la rabia antes, habríamos reconocido el punto crítico en el que podríamos haber actuado para no haber llegado a esta situación; habríamos experimentado una apertura que nos habría permitido reparar y recalibrar la amistad, y esta habría podido alcanzar nuevas profundidades de seguridad dinámica. En cambio, cuando contenemos la rabia, no atendemos el problema hasta que está condenado, dejando que las células cancerosas se conviertan en metástasis y se extiendan por el todo el cuerpo de la amistad.

Puedo hablar de este proceso de primera mano. Mi mejor amiga, Billy, había tenido una serie de pequeños detalles que me habían molestado: yo creía que se le había olvidado contestarme cuando le pedí su opinión sobre un documento importante; había aceptado por mí la invitación de un amigo para una cena a la que yo no podía ir, y me había levantado la voz diciéndome que la estaba presionando mucho cuando estábamos jugando al Jenga. Ahora parece una tontería, pero en aquel momento me sentó mal. Me di cuenta de que ya no la estaba buscando tanto, y cuando me buscaba ella, yo estaba menos receptiva. Pensé que intentar resolver estos problemas por mí misma beneficiaría la amistad, pero al notar que me retraía me di cuenta de que abordar mi enfado con pasividad estaba resultando destructivo para las dos.

Jeff Simpson, un profesor de la Universidad de Minnesota que ha estudiado el apego y los conflictos, recomienda que, cuando surjan problemas con los amigos, pensemos «en lo que un amigo aporta a nuestra vida que nadie más hace». Esta reflexión se opone a nuestra tendencia a trivializar la amistad. Nos hace ver lo que podemos perder, lo cual nos ayudará a abordar los problemas con los amigos en lugar de desistir. Lo que yo podía perder con Billy era insuperable. Billy es tan vital para mí como mis riñones. Es una de las personas con la que me siento más comprendida. Es a ella a quien llamo cuando quiero hablar de lo que realmente me pasa. Gracias a su silenciosa empatía y sabiduría he llegado a ser yo misma. Era una verdadera locura sacrificar esta relación por acumular rencor.

Pero como yo tendía a interiorizar la rabia, no tenía ni idea de qué hacer. Por una parte, sabía que al ignorar el conflicto estaba perjudicando la amistad; pero, por otra, tampoco estaba segura de que abordarlo fuera a ayudar. Si en ese momento me hubiera sentado en el diván de Freud y él me hubiese preguntado por mis asociaciones inconscientes con el conflicto, habría dicho que lo asociaba a ataques, acusaciones, gritos, puños cerrados, venas salidas y tableros de Monopoly tirados por el suelo. Por lo que sabía en aquel momento, la ira y el conflicto destruían más que curaban.

Pensaba continuamente en si debía hablar con Billy, se lo comenté a Ginnie y representé la discusión en una sesión de desarrollo profesional en el trabajo. Luego, por fin le envié un mensaje a Billy para decirle que teníamos que hablar. Me dijo que estaba nerviosa. Le dije que yo también lo estaba. Me tranquilizó que dijera eso, ya que el nerviosismo no es agresivo; es vulnerable, y que la vulnerabilidad triunfara sobre la agresividad era lo que yo deseaba para aquella conversación. Le dije lo que me había molestado. Ella se disculpó. Se puso a llorar. No estaba enfadada. Estaba conmovida. Nunca había vivido el conflicto con tanto amor. Yo tampoco. Las dos dijimos que nos sentíamos más unidas que nunca.

Mi experiencia con Billy me enseñó que hay cosas que no superamos a menos que hablemos de ellas y que reconocer el enfado puede llevar a una conversación que nos permita sanar viejas heridas del pasado que influyen en la salud de una amistad por lo demás muy valiosa. La rabia puede impulsar un cambio positivo en nuestras amistades, pero solo si sabemos utilizarla.

CÓMO EXPRESAR LA RABIA CON NUESTROS AMIGOS

Nuestra capacidad de mostrar rabia de esperanza depende de nuestro tipo de apego. Las personas inseguras luchan con la rabia de desesperación. Ha habido personas que les han fallado en el pasado, por lo que abordan los conflictos en modo de supervivencia. Según los estudios, las tácticas que emplean —agresión o retirada— dañan las relaciones.[13] No logran ver el punto de vista de sus amigos, pues se centran en lo que han hecho mal los demás y no en lo que ellos han hecho mal. En *Why Won't You Apologize?*, Harriet Lerner habla de su viaje para asistir a la presentación del libro de su amiga Sheila. Harriet se pasó la presentación sentada en un rincón con una antigua colega. Más tarde, Sheila se enfadó con Harriet por no unirse a los demás porque, aunque Harriet no lo supiera, muchos asistentes querían conocerla a ella, una autora de renombre. Sheila exigió una disculpa, negándose a reconocer que nunca le había dicho lo que esperaba de ella ni que Harriet había cogido un avión para cruzar el país solo para asistir a su presentación. Sheila la llamó «egocéntrica» y «reprobable», lo que indica que la prioridad de Sheila era culpar y castigar a Harriet, en vez de reparar la relación. Sus palabras también sugieren que daba por hecho que Harriet no lo había hecho sin darse cuenta, sino que había actuado con mala intención, una suposición típica de las personas inseguras.

Las personas inseguras se ven desbordadas por las emociones durante el conflicto porque, lejos de buscar una reconciliación, lo confunden con una pelea. Abordan la conversación de forma reactiva, dejándose llevar por sus vapuleadas emociones (aunque las personas evitativas son menos conscientes de ello). Si están enfadadas, gritan. Si se sienten amenazadas, se cierran. E intentan ganar la discusión para satisfacer sus necesidades a costa de la otra persona. Paula Pietromonaco, una profesora emérita de Psicología de la Universidad de Massachusetts Amherst que estudia la dinámica de las relaciones, me dijo: «Vivimos en una sociedad muy individualista y competitiva. Y esto lo llevamos a nuestras relaciones, así que las discusiones se centran en ganar, pero eso no es bueno a largo plazo para una amistad. Centrarse en ganar es una señal de alarma».

Las personas seguras son colaboradoras y abordan el conflicto como una forma de satisfacer las necesidades de ambas partes. No gritan ni echan culpas; en lugar de eso, reconocen que su enfado indica una necesidad y expresan la necesidad que transmite la emoción. Simpson me dijo que las personas seguras «dejan a un lado sus sentimientos negativos y piensan en lo que tienen que hacer para resolver el problema y hacer avanzar la relación. Piensan más a largo plazo, en qué quieren lograr y en cómo quieren que mejore la relación después de discutirlo».

Si Sheila hubiera abordado la discusión con seguridad, podría haberse dado cuenta de que su objetivo era expresar su dolor para reparar su amistad con Harriet y que atacar no era la mejor estrategia. Como dice Harriet Lerner, cuando acusamos en exceso, dificultamos que la parte ofendida ofrezca la disculpa que buscamos. Harriet habría recurrido a las tácticas beneficiosas de resolución de conflictos de las personas seguras, como exponer los sentimientos y las necesidades sin culpar, dar por hecho que el otro tiene buena intención, adoptar su perspectiva y admitir el papel propio en el problema. Así, Sheila podría haber dicho: «Mira, ya sé que en parte es culpa mía porque no te lo comuniqué [admitir la culpa], pero me dolió que no interactuaras más con los demás en la presentación del libro [expresión de sentimientos sin culpar]. Seguramente no te diste cuenta de que me habría gustado [presuponer buena intención], y aprecio que cruzaras todo el país para asistir [toma de perspectiva], pero me habría encantado que conocieras a algunas personas que estaban allí [expresar la necesidad sin culpar]».

«Las personas seguras hacen que las inseguras queden bien durante la discusión», me comentó Simpson. Mediante la corregulación, no solo calman sus sentimientos, sino también los de la otra persona. En el capítulo dedicado a la autenticidad ya aprendimos a gestionar las cosas que nos afectan, pero el conflicto requiere que demos un paso más y sepamos gestionar también las que afectan a nuestros amigos. Cuando perciben que la otra persona intensifica la discusión, las personas seguras tratan de calmar la situación. Para algunas personas, sobre todo si tienen una historia de traumas, esto puede parecer imposible. El trauma hace que sea exponencialmente más difícil lidiar con las cosas que nos afectan, por lo que resulta casi imposible lidiar con las que afectan a otra persona. En este caso, la corregulación podría ser un objetivo a largo plazo, y no algo inmediato. Y está bien que sea así.

Pese a la corregulación, las personas seguras no ignoran sus necesidades. No se disculpan por algo que no deberían, como podrían hacer las personas ansiosas. Si un amigo les dice que están siendo demasiado sensibles, ellas podrían replicar: «No. Esto es importante para mí». Abogan por ellas mismas, al tiempo que tienen en cuenta la perspectiva del otro. Adoptan la mutualidad y se preguntan: «Si somos un equipo y las necesidades de ambos son igual de importantes, ¿cómo podemos resolver este problema de una manera que satisfaga las necesidades de los dos?».

Suaviza tus sentimientos

Para que la discusión vaya a buen puerto, tendrás que expresar tu perspectiva y al mismo tiempo entender la de la otra persona. Si estás demasiado enfadado, no lo conseguirás. Tómate un tiempo para calmar tus emociones. La autocompasión ayuda. Identifica tus sentimientos, acéptalos («No pasa nada por que me sienta así») y reconoce que todo el mundo se siente así a veces. Habla con una tercera persona de confianza con la que puedas desahogarte. Reflexiona. No pienses que eres demasiado sensible ni que lo que sientes está mal. Tu enfado es importante porque te está diciendo que necesitas un cambio, así que respétalo y déjate sentirlo.

Una vez que tus emociones se hayan calmado y estés preparado para abordar el tema, recuerda que debes tener una actitud colaboradora, no conflictiva. No estás creando problemas en la amistad al hablar de ello, porque lo que te duele a ti perjudica a vuestra amistad, puesto que eres una parte ella. Por lo tanto, estás abriendo el diálogo para plantear tu dolor, pero también para mejorar la amistad.

Antes de hablar con tu amigo, deberías hacerte estas preguntas:

1. ¿Qué espero conseguir con esta discusión?
2. ¿Cuál es mi papel en este problema y cuál es el de mi amigo?
3. ¿Veo el conflicto como una oportunidad para mejorar la amistad?
4. ¿Puedo dirigirme a mi amigo con tranquilidad?
5. ¿Estoy preparado para encontrar un equilibrio entre mi punto de vista y el de mi amigo?

Prepara a tu amigo para una discusión constructiva

Mándale un mensaje a tu amigo para quedar en persona, así estará emocionalmente preparado. Establece un tono adecuado y deja claro que sacas el tema porque te importa su amistad. Aquí tienes algunas frases útiles con las que puedes comenzar:

- «Nuestra amistad significa mucho para mí, y por eso quiero hablar contigo de una cosa para poder resolverla. Y también me gustaría saber lo que piensas tú».
- «Me encanta ser tu amigo, y por eso quiero hablarte de una cosa que me gustaría aclarar para que no afecte a nuestra amistad.»

Haz a tu amigo partícipe de tu mundo

Cuando estés con tu amigo, expresa tus sentimientos, pero sin criticarlo ni culparlo. Cuando le hables de tus preocupaciones, sustituye «eres...» por «me he sentido...». Céntrate en cómo te ha afectado el comportamiento de tu amigo en lugar de echarle la culpa por ello. Al hablar de la culpa en su pódcast *Unlocking Us*, Brené Brown dijo que culpar a los demás era como transferir nuestro malestar a la otra persona. El deseo de causar dolor es proporcional al dolor que sientes. Deja que tu sed de venganza te dé una pista sobre de qué te tienes que ocupar en tu propia vida, y una vez que descubras lo que te molesta, dilo. Cuando hagas a tu amigo partícipe de tu mundo es más probable que lo incites al cambio. Como nos recuerda Brown, cuando etiquetamos a alguien como «mal amigo» o «amigo tóxico», también le estamos diciendo que queremos que cambie, pero no puede hacerlo porque su transgresión lo está definiendo.

- En lugar de decir: «Eres un desagradecido. Todos los viernes recojo a tu hija del entrenamiento de fútbol y ni una sola vez me das las gracias», puedes decir: «Me siento mal cuando recojo a tu hija del fútbol y no me das las gracias. Significaría mucho para mí que lo hicieras».
- En lugar de decir: «Es horrible que no vinieras al *bar mitzvá* de mi hijo. Creía que eras un amigo mejor», puedes decir: «Me dio mucha pena que no vinieras al *bar mitzvá* de Archie. Habría significado mucho para mí tenerte allí».

Interésate por lo que tu amigo te pueda decir

Después de decir lo que piensas, pregunta: «¿Qué te pasó?». Entender a tu amigo no debilita tu postura ni le resta responsabilidad a él. Entender qué factores han intervenido permiten una comprensión mutua y hace que nos podamos tomar las cosas como algo menos personal. Podrías descubrir, por ejemplo, que tu amigo se perdió el *bar mitzvá* de Archie porque se había roto la pierna.

También podría pasar que por lo que te diga tu amigo te des cuenta de que tu comportamiento ha contribuido al problema. Ábrete a esta posibilidad. Asumir tu parte no minimiza tus preocupaciones, como tampoco hace que tú tengas la culpa de todo. Lo que presenta son múltiples verdades: que puedes estar molesto por un problema y que al mismo tiempo hayas contribuido a él sin darte cuenta. Las relaciones (salvo las abusivas) suelen ser un baile: ninguno de los dos tiene la culpa, pero el comportamiento de uno repercute en el otro hasta que se presenta un problema mayor. Si crees que su réplica es justa, asume la responsabilidad y pide perdón. Si crees que es injusta, no.

Por ejemplo, cuando estaba en un aprieto y una amiga se negó a ayudarme, le dije que sentía que no me apoyaba. Le dije algo así como: «Sé que se te da muy bien dar apoyo emocional, pero puede que el apoyo tangible no sea lo tuyo». Después de esto, la discusión se intensificó. Más tarde volví a hablar con ella y me dijo que le molestaba que cogiera un solo ejemplo para hacer una suposición más general acerca de cómo era como amiga. Pensé que tenía razón, así que le pedí disculpas.

Sé consciente de qué cosas te afectan en especial

Es normal que ciertas cosas te afecten especialmente durante una discusión. Como dije en el capítulo de la autenticidad, si ignoras las cosas que te afectan, acabarán controlándote y haciendo que arremetas o te pongas a la defensiva. Por eso, durante la conversación tienes que estar atento para que esto no ocurra y tratar de mantener la calma. Puedes usar las mismas estrategias que aprendimos en el capítulo de la autenticidad: detenerte un momento, respirar, sentir la sensación incómoda que se ha activado y localizarla en tu cuerpo.

Otra forma de calmarse consiste en imaginarte a ti mismo dividido en dos durante la discusión: un yo para experimentarte a ti mismo y el otro yo para observarte. Así puedes notar el ansia de pelear, observarlo y preguntarte si tus guantes de boxeo son útiles. Puede que sientas el impulso de ponerte a la defensiva o atacar, pero al darte cuenta de que esto no va a resolver el problema, decides adoptar otro enfoque que sí lo hará. Pero tampoco puedes ignorar el impulso, porque contiene un mensaje: que hay algo dentro de ti que necesitas proteger. Percibes la rabia en la cabina de mando y le respondes por el interfono mientras tu yo más elevado pilota el avión.

A medida que te calmes, serás más capaz de reducir la intensidad de la discusión.

Reduce la intensidad

Resolver los conflictos no es fácil, y especialmente en la amistad, donde no estamos acostumbrados a abordarlos. Puedes hacerlo todo bien pero que tu amigo siga con la energía de la rabia de desesperación. Su experiencia lo lleva a pensar que lo estás atacando, por más que tú le hayas dicho que no. Su actitud defensiva no está ayudando, pero tu objetivo es reparar la amistad. Y sois un equipo, así que donde uno falla, el otro da un paso adelante. Tienes que ser estratégico y reducir la intensidad, porque tu objetivo no es ganar, es resolver. Aquí tienes algunas opciones:

- Coloca el problema frente a los dos no entre vosotros. Si tu amigo se está poniendo a la defensiva, te ve como un adversario: gana él o ganas tú. Recuérdale que estáis en esto juntos expresando tanto tu punto de vista como el suyo y preguntándole qué podéis hacer para satisfacer las necesidades de los dos. Usa el «nosotros»: «Me sentó mal cuando, después de perder aquel trabajo en el que me pagaban bien, me dijiste que me tragara el orgullo y me buscara un trabajo con salario mínimo. Pero dices que estabas intentando ayudarme. ¿Cómo podríamos comunicarnos mejor para que los dos estemos de acuerdo en qué cosas sirven de ayuda?».
- Cuando tu amigo tenga razón, admítelo. El conflicto se agrava cuando pasamos por alto todas las cosas en las que estamos de acuerdo y nos centramos en lo que no lo estamos. No pidas

perdón por algo de lo que no te arrepientas, pero busca la pizca de verdad que puedas reconocer en la actitud defensiva de tu amigo. ¿Cuál es ese pequeño detalle que puedes usar? «Te he dicho que me sienta mal cuando te hablo de mi divorcio y tú me dices que es hora de que lo supere. Tú me has dicho que hablo demasiado de eso y que te agota. Así que me he dado cuenta de que podría hablar de esto con otros amigos en vez de cargarte con todo el peso a ti.»

- Haz preguntas. Cuando tu amigo se ponga a la defensiva, en vez de insistir con lo que quieres decirle hasta que te escuche, párate y pídele que se explique. Por ejemplo, si acabas de decirle que te sienta mal que siempre llegue tarde y él te contesta: «Yo estoy aquí intentando cuidar de tres niños y además sacar tiempo para verte y tú no agradeces nada de todo eso», le podemos decir: «Vale, ya veo que estás agobiado. Si quieres cuéntame qué pasa para que te cueste tanto llegar a la hora».
- Tomaos un tiempo. Si tu amigo o tú estáis tensos, ninguno de los dos podréis poneros en el lugar del otro, así que podrías proponerle daros un tiempo: «Mira, sé que es difícil arreglar las cosas. ¿Por qué no nos tomamos un tiempo y hablamos de esto más adelante, cuando nos hayamos calmado?».

Dile cómo te gustaría que se comportara en el futuro

A veces, para resolver el conflicto, solo hace falta que expreses tus preocupaciones y recibas una disculpa. Pero otras veces el conflicto viene de un problema crónico que necesitas abordar. Si es así, dile a tu amigo cómo te gustaría que se comportara de ahora en adelante.

- «Me gustaría que a partir de ahora, en vez de distanciarte, plantearas los problemas que encuentras en nuestra amistad.»
- «La próxima vez, cuando algo sea importante para ti, dímelo y me aseguraré de poder ir.»

CÓMO RECIBIR LA RABIA DE TU AMIGO

Hemos aprendido a expresar la rabia, pero ¿qué pasa cuando recibimos la de un amigo? ¿Cómo respondemos de forma que la amistad mejore en lugar de empeorar? La historia de Njambi es aleccionadora.

Habían pasado cinco años desde que la amistad de Njambi y Makenna terminó, pero Njambi seguía derrumbándose cada vez que veía fotos de Makenna en Instagram. Makenna subía fotos de cuando estaba de viaje con sus amigas, comiendo fuera con ellas o yendo a conocer a sus bebés: todas las cosas que Njambi y Makenna habían planeado hacer juntas. La ruptura de una amistad puede ser especialmente desoladora porque no hay espacio para el duelo. Al restarle importancia a las relaciones de amistad, también minimizamos el dolor que supone perderlas. Pero para Njambi, la pérdida fue devastadora: «Me di cuenta de que las almas gemelas no siempre son románticas. Makenna era mi alma gemela».

Njambi y Makenna se conocieron en Kenia a través de una amistad que tenían en común y las dos se fueron a Estados Unidos para ir a la universidad, Njambi a Arkansas y Makenna a Texas. Cuando Njambi llegó, Makenna la llamó para darle la bienvenida. Cada una se convirtió en el salvavidas de la otra mientras trataban de adaptarse a las frustraciones de vivir en Estados Unidos, como el cambio de hora en verano y el temido sistema imperial de unidades. Para cuando Njambi llevaba un mes en el país, hablaban todos los días.

El verano anterior al último año de Makenna en la universidad, Njambi se fue a vivir con ella a Texas. Se hicieron inseparables, y solían irrumpir la una en la habitación de la otra para contarse los últimos chismes y noticias. Cada día era como una fiesta de pijamas. Esta facilidad en la relación era especialmente importante para Njambi, que se describe a sí misma como una persona que piensa las cosas demasiado, por lo que a menudo se siente torturada por la interacción social, ya que es capaz de pasarse días o meses enteros dando vueltas en la cabeza a sus pasos en falso. Pero con Makenna,

Njambi sentía que había una persona que la quería incondicionalmente, y gracias a esto su timidez se evaporaba. «Sabía que cuando decía algo fuera de lugar, ella se lo achacaba a mi boca, no a mi corazón», me dijo.

Hablaban mucho de sus males de amores. Makenna llevaba varios años saliendo con su novio y estaba deseando que le propusiera matrimonio. Al año siguiente, en primavera, él le preguntó a Njambi qué talla de anillo tenía Makenna. Njambi estaba emocionada por ella, y como Makenna era su mejor amiga, esperaba enterarse de la fecha exacta de la pedida.

Un fin de semana, Makenna se fue de viaje a Washington D. C. con su novio y al volver ya estaba comprometida. A Njambi le sentó mal que no se lo hubiera dicho antes (puede que el enfado de Njambi estuviera mal enfocado, pues se podría argumentar que debería haberse enfadado con el novio de Makenna, no con ella; pero la rabia, como el amor, no siempre es racional). Cuando Makenna volvió de su viaje de compromiso, Njambi expresó su rabia encerrándose en su cuarto sin siquiera felicitarla. Y a Makenna, el que Njambi pusiera su enfado por encima de su alegría le resultó imperdonable.

Makenna podría haberle dicho a Njambi lo dolida que estaba, lo mucho que necesitaba que se sintiera feliz por ella. Pero no lo hizo. En lugar de hablar con ella, la apartó, encerrándose en su habitación y yéndose del piso antes de que Njambi volviera del trabajo. Y así vivieron juntas ocho meses más, evitándose la una a la otra continuamente.

Puede parecer que la reacción tan torpe de Njambi ante el compromiso de Makenna destruyó su amistad. Pero, antes de ese momento, su amistad ya se encontraba amenazada. Njambi era una persona muy sincera y directa, y a veces no tenía ningún tacto. Una vez, cuando Makenna le preguntó cómo le quedaba la ropa, Njambi contestó: «¿Te has vestido a oscuras?»; y cuando se depiló las cejas, Njambi comentó: «Parece que te las has dibujado con un lápiz». Cada vez que Njambi le contestaba así, Makenna decía que le había dolido y luego se quedaba callada y con los hombros caídos.

Njambi se justificaba diciendo: «Es que yo soy así. Soy una persona sincera».

A Makenna le molestaba lo que le decía Njambi, pero le dolía aún más su forma de reaccionar cuando ella expresaba su malestar. Por eso, Makenna se convenció de que no serviría de nada hablar con ella. Sin embargo, esta suposición era un veneno lento para la amistad, ya que significaba que nunca podrían llegar a resolver sus diferencias, con lo que los problemas seguirían creciendo cada vez más. Cuando Makenna recordaba aquella respuesta, pensaba que solo le quedaban dos opciones: aguantar o marcharse. Y decidió aguantar hasta que tuvo que marcharse. Al finalizar el contrato de alquiler, terminó también su amistad.

En las relaciones sanas deseamos satisfacer las necesidades de la otra persona. Cuando un amigo tiene un problema, el otro intenta adaptarse para aliviarlo (en el capítulo de la generosidad veremos cómo hacerlo sin descuidarnos a nosotros mismos). Una respuesta como «es que yo soy así» no solo desestima las necesidades de los amigos, sino que también anuncia que sus necesidades nunca serán satisfechas, al menos mientras seamos quienes somos.

Aun así, es normal tener el reflejo de reaccionar como Njambi: negar que hayamos hecho algo malo o incluso decirle a nuestro amigo que el que hace algo mal es él por estar molesto: «Pides demasiado»; «Te crees perfecto»; «¡Tú haces lo mismo!». Pero, como aprendimos en el capítulo de la autenticidad, tenemos que ser conscientes, no primarios, para evitar estas respuestas, porque, además de dañar la amistad, nos dañan a nosotros mismos.

Si nos ponemos a la defensiva durante la discusión, también perdemos la oportunidad de conocernos mejor. La discusión es uno de los pocos momentos en los que recibimos información sincera sobre nosotros. Sin esta información, podemos hacer daño sin darnos cuenta. Cuando lo hacemos, la mayoría de la gente se aleja sin decir nada, dejándonos repetir nuestro comportamiento ofensivo en un carrusel de autosabotaje. Nos quedamos atrapados en un *déjà-vu*, con la sensación de que los amigos se marchan de nuestro lado sin que lleguemos a entender el motivo. Cuando alguien nos dice lo que le ha molestado, nos ayuda a escapar del carrusel. Con el tiempo, Njambi se hizo amiga de otra mujer que había pasado por una horrible ruptura de amistad. Cuando las dos diseccionaron lo que había ido mal en sus amistades, su amiga le dijo que podía ser sincera con Makenna sin hacer daño. Njambi ya no es una persona directa y sin tacto.

Si vemos los comentarios de un amigo como una oportunidad de conocernos a nosotros mismos, y no como un desprecio, podemos responder a su preocupación apreciando sus comentarios, asumiendo la responsabilidad y madurando. En la práctica, esto se traduce en ser receptivos cuando nuestro amigo está molesto. Muchos estudios demuestran que la receptividad mejora las relaciones.[14] Esta consta de tres partes: comprensión (reformular lo que nuestro amigo ha dicho), validación (decirle que su preocupación es válida y comprensible) y cuidados (explicar lo que haremos para mejorar). Aquí tenemos algunos ejemplos:

- «Sé que te puso muy triste que llegara tan tarde a tu cumpleaños porque soy una amiga importante para ti [comprensión]. Entiendo que te sientas así, y hasta es agradable saber lo importante que soy para ti [validación]. La próxima vez haré todo lo posible por llegar a tiempo, sobre todo cuando sea importante [cuidados]».
- «Te sentiste abandonado cuando me pediste que te llevara las medicinas y no saqué tiempo para hacerlo [comprensión]. Entiendo que te sintieras así [validación]. Ahora me doy cuenta de que es importante y la próxima vez me esforzaré más para ayudarte [cuidados].»
- «Así que te sentiste incómodo cuando pasé tanto tiempo hablando con tu mujer en la fiesta [comprensión]. Lo entiendo, probablemente yo también me habría sentido así [validación]. A lo mejor la próxima vez podríamos hablar todos en grupo [cuidados].»

No tienes por qué estar de acuerdo con los sentimientos de tu amigo para ser receptivo. Podrías pensar que tu amigo se equivoca por completo en su forma de interpretar tu conversación con su mujer en la fiesta. Pero tú no le has dicho que estés de acuerdo, le has dicho que lo entendías. Le has dicho que sus sentimientos son legítimos, no que tú pienses lo mismo. Estar de acuerdo no es un requisito para la receptividad. Las opiniones y los sentimientos de tu amigo son importantes, estés o no de acuerdo. Njambi acabó aprendiendo esta lección. Al principio pensó que Makenna estaba siendo demasiado sensible a su franqueza, ya que a Njambi no le habría importado que Makenna le hablara como ella, pero luego se dio cuenta: «Tengo que tratar a los demás como ellos quieren que los traten, no como yo quiero que me traten a mí, porque no somos iguales. Así que, si soy amiga de alguien que quiere esto de mí y no es algo exagerado, ¿por qué no hacerlo?».

Para ser receptivo, no ofrezcas una atención que no puedes dar. Puede que sientas el impulso de asumir el papel del amigo estrella y ceder a todo lo que tu amigo te pida: «Sí, volaré a Marrakech para visitarte cuando empieces en tu nuevo trabajo mientras mi mujer da a luz a nuestro tercer hijo». Jeff Simpson recomienda que «averigüemos qué es lo que provoca su necesidad y propongamos un plan concreto que satisfaga su necesidad de una manera que sea razonable para nosotros». Así que si tu amigo quiere llamarte todos los días a la hora de la comida, la parte de los cuidados se podría traducir en: «Entiendo que te sientas solo en el trabajo durante la comida. ¿Qué tal si te llamo los miércoles?».

Para ser receptivos tenemos que asumir que podemos meter la pata. El haber hecho algo mal no significa que seas una mala persona. Si mezclas tus errores con tu valía como persona, nunca admitirás la culpa, porque hacerlo sería como tirarte a la basura. Errar es humano. Cuando una de mis colegas se equivocó varias veces en un día, faltando a reuniones e incumpliendo fechas de entrega, dijo que estaba teniendo un «día humano». Todos tenemos días humanos.

«Parece mucho esfuerzo —me dijo un amigo cuando le propuse estos consejos para abordar un conflicto de modo sano—, como si ahora tuviera que ser un mediador de conflictos incluso cuando estoy molesto.» Cuando estamos acostumbrados a ser brutalmente honestos, actuar de una manera más consciente suena agotador. Y lo es. Tenemos que abandonar la idea de que aclarar un conflicto debería ser fácil. Nuestras relaciones son las partes más importantes de nuestra vida. Merecen todo nuestro esfuerzo y que dediquemos a ellas nuestro yo más elevado.

Aun así, seguiremos metiendo la pata. A mí me pasa a menudo, por más que conozca los pasos que debo dar para hacerlo bien. Una cosa es entender cómo debemos hacerlo y otra es decir lo correcto cuando sentimos los sofocos durante la discusión. En cualquier caso, todos podemos hacerlo mejor si lo intentamos. Cuanto más lo hagamos, más fácil nos resultará. Y a la larga, supone mucho menos esfuerzo que encontrar amigos nuevos. Cuando Alejandro reflexionó sobre el desencuentro con su amigo por el problema del *DJ*, dijo: «Fue un paréntesis de tres años con ese amigo. A saber cuántas cosas divertidas podríamos haber hecho, los recuerdos que podríamos tener de ese periodo y nunca tendremos».

RESCATAR LA AMISTAD

Quiero ser sincera y reconocer que la discusión con la que abordamos el conflicto puede acabar siendo un desastre, aunque lo hagamos bien. He oído muchos casos de discusiones destructivas entre amigos. Una persona le pidió a su amigo que dejara de cotillear sobre un amigo común, a lo que el amigo respondió: «Tú tampoco eres un santo». Otra persona le dijo a un amigo suyo que no le apetecía hablar con él de una cita que había tenido porque sabía que se iba a poner celoso, y el amigo contestó: «Siempre le decía a mi terapeuta lo genial y comprensivo que eres, y ahora sé que no es verdad». Otra persona trató de hablar con un amigo que había divulgado algo que él le había contado en confidencia. ¿Qué le respondió? «Me importa una mierda.» Aunque las investigaciones que hemos visto señalan que la discusión puede salvar y estrechar la amistad, no siempre lo hará. Es un riesgo.

Entonces, ¿qué pasa cuando la discusión fracasa? ¿La amistad debe tocar a su fin? No necesariamente. A veces, si la discusión no ha ido bien, lo que hay que hacer es volver a hablar de ello con esa persona. Eso es lo que me dijo Ginnie cuando le conté que había discutido con una amiga, pero no había ido bien y desde entonces me sentía incómoda con ella. Me dijo que entonces la discusión no había terminado y me animó a volver a hablar con ella. Tenía razón. La señal de que una discusión ha terminado no es que hayamos hablado sobre el conflicto una vez, sino que hayamos llegado a algún tipo de entendimiento y resolución entre las dos partes y que ninguna de ellas guarde resentimiento, para lo cual pueden hacer falta varias conversaciones.

Aunque en mi cabeza lo entiendo, cuando Ginnie me dijo que debería volver a hablar con mi amiga sobre el tema, me dio un escalofrío. «¿De verdad me está diciendo que me abalance otra vez al fuego cuando todavía estoy quemada?» Parecía absurdo, pero tuve que admitir que tenía sentido. Si todavía me sentía incómoda es que la conversación no había terminado. De modo que fui a hablar con ella y le dije: «Mira, creo que estamos un poco apagadas desde que hablamos. Valoro tu amistad y me encantaría que las cosas volvieran a ser como antes. Me gustaría retomar la conversación para ver si podemos aclarar algo más». Esta vez fue mejor, en parte porque yo también lo abordé mejor: estaba más dispuesta a escuchar, a disculparme y a mostrar gratitud por lo que mi amiga hacía bien.

Supongamos que después de retomar la discusión se sigue generando hostilidad. ¿Qué hacemos entonces? Antes de «divorciarte» de tu amigo, quiero que consideres una cosa. Tenemos la sensación de que el verdadero yo de las personas sale a la luz durante la discusión. Y cuando los finales son explosivos, reescribimos la amistad: la vemos perpetuamente defectuosa, vemos a nuestro amigo como alguien que siempre nos ha engañado y nos vemos a nosotros como unos ingenuos. Pero tendemos a hacerlo por un sesgo de negatividad, la tendencia a dar más peso a la información negativa que a la positiva. Quiero hacer esta advertencia porque, basándome en lo que vimos en el capítulo de la autenticidad, no es nuestro verdadero yo lo que sale a la luz durante la discusión. Lo que suele salir a la luz es nuestro yo herido.

Para contrarrestar el sesgo de negatividad, necesitamos rehumanizar a nuestro amigo después de una discusión que no ha ido bien, verlo desde un punto de vista más amplio, en lugar de reducirlo a alguna parte de él que se haya manifestado durante la discusión. Podemos pensar en lo que Oprah Winfrey y Bruce Perry nos recuerdan en su libro *¿Qué te pasó?*: que la regulación es un privilegio, ya que la desregulación suele proceder del trauma. Pensar en la regulación de este modo me ayuda a tener más compasión hacia mí y hacia mis amigos cuando la discusión se intensifica.

Antes de romper lazos, trata de analizar la dinámica de la amistad desde una perspectiva más amplia, lo bueno y lo malo. Puede que la discusión fallida refleje una dinámica más amplia de un amigo que no es bueno, en cuyo caso tienes todo mi permiso para cortar la relación a machetazos. Pero quizá no, y en ese caso puede que haya algo que merezca la pena rescatar.

Para rescatar una amistad hay que rechazar los términos absolutos. Tenemos que plantearnos en qué medida queremos que un amigo forme parte de nuestra vida, en lugar de si lo queremos o no en nuestra vida. Esto nos aparta de las opciones extremas —si continuar o poner fin a una amistad— y nos ayuda a reconocer que hay muchos tonos de gris en el nivel de cercanía que podrían funcionar mejor para nosotros. Del rescate de la amistad nos hablan también las palabras de la autora Cheryl Strayed: «La respuesta a la mayoría de los problemas suele estar fuera del binarismo bien-mal al que tendemos a aferrarnos cuando estamos enfadados, asustados o dolidos. Las personas somos complicadas. Nuestras vidas no se desarrollan en términos absolutos».

Si nuestro amigo está a la que salta cuando abordamos la discusión de un conflicto, podríamos resignarnos a que la amistad con él no se va a empapar de la seguridad dinámica que acompaña a la comunicación honesta. Pero hay otros peldaños inferiores de la intimidad que podrían funcionar. No todos los amigos tienen que ser nuestros mejores amigos. Tal vez podríamos esperar menos de ellos, hablarles menos de nuestras cosas y ajustar la amistad a lo que más nos guste de ella. «A veces, la mejor forma de llevar una relación es tener menos relación», me dijo Jeff Simpson. He acuñado el término «amigo de baja dosis» para indicar que, al igual que las medicinas, algunos amigos son maravillosos a una determinada dosis, aunque a dosis elevadas nos pueden producir náuseas. La distancia no siempre es mala para la amistad; con ciertos amigos, incluso puede salvarla.

Aunque la discusión no te haya aportado el remedio y la intimidad que soñabas, has hecho lo correcto. Puedes dormir tranquilo sabiendo que has sido una persona íntegra, en vez de limitarte a desaparecer o criticar, y que lo que sí te ha aportado es el crecimiento personal que conlleva una conversación difícil, independientemente de cómo haya respondido tu amigo.

ENCONTRAR LA CATARSIS

Como hemos aprendido a lo largo de este capítulo, el propósito de la rabia es impulsar la reflexión, agudizar nuestra capacidad de entender cuáles son nuestras necesidades. Si podemos confesar el enfado en lugar de reprimirlo, esto nos transmitirá información vital sobre lo que consideramos un trato justo; y si la discusión se intensifica, puede que así descubramos qué cosas nos afectan especialmente a nosotros o a nuestros amigos. Quizá de este modo lleguemos a comprender mejor cuáles son nuestras expectativas y cómo pueden cumplirse. Tal vez así nos paremos a reflexionar sobre lo que nos ha faltado, de manera que podamos estar más seguros de lo que esperamos de los amigos. Así pues, pase lo que pase durante la discusión, lo que sí conseguimos es una visión más clara de nosotros.

Reflexionar sobre la necesidad que subyace a la rabia y expresarla de forma estratégica no produce necesariamente la catarsis que asociamos con el enfado. No habrá gritos, comida volando por los aires, paredes aporreadas ni almohadas maltratadas. Puede que no lleguemos al clímax de lo que los investigadores llaman el «orgasmo de la rabia».[15] Pero la rabia de esperanza aún puede traernos catarsis si replanteamos lo que esto significa. La traducción más común de la antigua palabra griega para catarsis es «purgación», pero otra traducción es «educación». La catarsis no tiene por qué encontrarse desatando lo malo. Se puede alcanzar añadiendo lo bueno.

CONCLUSIONES

- Es normal que haya discusiones entre amigos. En vez de distanciarnos de los amigos íntimos, debemos plantear los problemas. Para hacerlo, piensa en qué te aporta la amistad que no te aporta ninguna otra relación.
- Hay amistades en las que no merece la pena abordar el conflicto. Para decidir si es mejor poner fin a una amistad o intentar repararla, da un paso atrás y piensa en los pros y los contras de esa amistad desde un punto de vista más amplio. Valora si en conjunto es más beneficiosa o más perjudicial.
- Para abordar bien la discusión:
  - Suaviza tus sentimientos.
  - Prepara a tu amigo para una conversación constructiva diciéndole cuánto valoras su amistad y que por eso quieres hablar con él.
  - Haz a tu amigo partícipe de tu mundo diciendo: «Me he sentido...». No lo culpes a él.
  - Interésate por lo que tu amigo te pueda decir.
  - Sé consciente de cuándo algo te afecta en especial:
    - Párate y respira.
    - Imagínate dividido en dos: así podrás observarte mientras notas el impulso de contraatacar y decidir no hacerlo.
  - Para reducir la intensidad de la discusión:

        - Coloca el problema frente a los dos, no entre vosotros.
        - Admite tus errores.
        - Haz preguntas.
        - Tomaos un tiempo.
    - Dile a tu amigo cómo te gustaría que se comportara en el futuro.
- Responde a los comentarios de tu amigo con:
    - Comprensión: reformula lo que tu amigo te ha dicho.
    - Validación: dile que su preocupación es acertada y comprensible.
    - Cuidados: explícale lo que harás para mejorar. Asegúrate de que podrás cumplir lo que le propongas.
- Para que no te cueste tanto admitir tu parte de culpa, separa tus errores de tu valía como persona; equivocarse es normal e inevitable, y reconocer lo que te están diciendo te ayudará a ser mejor amigo.
- Si la discusión acaba mal:
    - Plantéate la posibilidad de volver a hablar con tu amigo. La señal de que una discusión ha terminado no es que hayas hablado sobre el conflicto una vez, sino que hayáis llegado a algún tipo de entendimiento y resolución, y que ninguno de los dos guardéis resentimiento, para lo cual pueden hacer falta varias conversaciones.
    - Antes de romper lazos, trata de analizar la dinámica de la amistad desde una perspectiva más amplia, observando lo bueno y lo malo. Si la discusión refleja una dinámica dañina más general, plantéate la posibilidad de poner fin a esa amistad.
        - Si, al margen del motivo concreto que llevó al conflicto, consideras que es una buena amistad, podrías rescatarla valorando en qué medida quieres que ese amigo forme parte de tu vida, en lugar de decidir si lo quieres o no en tu vida.
    - Recuerda que, aunque la discusión vaya mal, tú has hecho bien al actuar con integridad.

CAPÍTULO 7

OFRECE GENEROSIDAD

Cómo dar a tus amigos sin perderte a ti mismo

La madre de Melody trabajaba para la ONU, por lo que ella creció en Nepal, Marruecos, Francia y un sinfín de países. Su mejor amiga era una chica estadounidense cuyos padres se mudaron a Nepal con el Cuerpo de Paz y se quedaron allí. Se describe como una niña de tercera cultura y su armario está lleno de recuerdos de sus viajes: un bolso de cuero marroquí por aquí, una blusa de Camboya por allá. En su carta de presentación para la universidad escribió sobre cómo la habían educado los viajes hasta convertirla en la ciudadana ecléctica y de mente abierta que cualquier universidad querría tener hablando sobre epistemología en uno de sus seminarios. Fue eficaz, aunque de un modo inesperado. La universidad a la que ella quería ir le ofreció la oportunidad de pasar su primer año en Florencia. Aceptó emocionada. Ya se imaginaba callejeando por Europa, aprendiendo a pedir una *pizza* en italiano y haciendo los mejores amigos de su vida.

Llegó al campus florentino un caluroso día de agosto. Estaba salpicado de olivos y cargado de mármol. Había zonas al aire libre repletas de flores. Las residencias universitarias estaban separadas de las aulas por una enorme colina, con lo que los estudiantes se empapaban del sol toscano todos los días. Árboles de troncos finos con copas ovaladas flanqueaban el edificio principal de las aulas. Era idílico, exactamente lo que ella había soñado... hasta que conoció a sus compañeras de la residencia.

Todas sus compañeras de cuarto eran mujeres ricas y tan atractivas que bien podrían ser modelos, y estaban más interesadas en los chicos de la habitación de al lado que en ella. Todas las noches ponían la música a todo volumen y recibían a los chicos para hacer fiestas, mientras Melody intentaba dormir. Melody es laosiana, y sus compañeras de cuarto eran blancas. Una de ellas contó una historia sobre la compañera de cuarto de su prima, una chica coreana, que untó caca en la pared en forma de cruz.

—Creo que lo hizo porque es cristiana y coreana. Pero tú no eres ese tipo de asiática —dijo mirando a Melody.

—¿Qué tiene que ver exactamente manchar la pared de caca con ser asiático? —replicó Melody.

Las cosas fueron de mal en peor. Sus compañeras y los chicos de la puerta de al lado montaron un club de lucha en su habitación. Cada pocas noches, boxeaban entre ellos y escupían sangre en sus sábanas. En otra de sus fiestas, alguien derramó agua sobre su portátil. Cuando sacó el tema, su compañera de cuarto le dijo:

—Bueno, no deberías haber dejado el portátil en tu escritorio.

Melody, que era una chica muy complaciente, lidió con el maltrato volviéndose más amable aún. Había comenzado su primer año con una idea razonable sobre la amistad: si eres amable, le caerás bien a la gente. Así que, mientras sus compañeras y los chicos la ignoraban y acosaban, Melody era generosa. Cuando los chicos tenían hambre, les hacía bocadillos de jamón y *mozzarella*. Los ayudaba con los trabajos que les mandaban, los invitaba a ver series de televisión con sus amigos, les ofrecía cruasanes que cogía del comedor. Intentaba hacer las paces, extender (metafóricamente) una de esas ramas de olivo de los terrenos del campus.

Nada funcionó. Los combates de boxeo continuaron, al igual que los comentarios groseros y el seguir ignorándola. Si la generosidad es buena para hacer amigos, ¿por qué no le iba bien? Se cazan más moscas con miel que con vinagre, como dicen, pero Melody estaba ofreciendo miel y no se ganaba ni una mosca. Como veremos en este capítulo, la generosidad es complicada. Puede ayudarnos a hacer amigos, pero también puede reabrir nuestras heridas, amargarnos y abrumarnos. Puede ser una expresión de amor, pero también de desesperación, como le pasó a Melody. Puede acercarnos a los demás, pero también puede destrozarnos. Es distinta de muchas otras habilidades de la amistad, porque es especialmente limitada: cuanto más damos, menos nos queda. Es el amor en un balancín. Y para lidiar con esta discrepancia, tenemos que trabajar con los contornos de la generosidad: aprender cuándo, cómo y con quién podemos ser generosos para poder hacer amigos sin perdernos a nosotros mismos.

LOS BENEFICIOS DE LA GENEROSIDAD PARA LA AMISTAD

La generosidad es dar a los demás sin esperar nada a cambio. Podemos regalar objetos materiales (como tarjetas regalo, cenas fuera de casa o albóndigas suecas de IKEA) o nuestro tiempo y atención (como acudir al funeral de la madre de un amigo, cuidar de sus hijos o ayudarlo con la mudanza).

Según una avalancha de estudios, Melody no se equivocaba cuando suponía que la generosidad fomenta la amistad. Es así. La empresa de inversiones Motley Fool encuestó a más de mil estadounidenses y el resultado fue que las personas generosas tienen relaciones más estrechas, más amigos y más apoyo en los momentos difíciles.[1] Otros estudios sostienen que los niños generosos caen mejor y son más aceptados por sus compañeros.[2] Los investigadores descubrieron que los niños de quinto sin un mejor amigo tenían más probabilidades de hacerse a su mejor amigo en sexto, cuando se volvían más prosociales, es decir, atentos y serviciales.[3]

Ser generoso es también la clave para conservar las amistades. Un estudio realizó un seguimiento de 2.803 estudiantes de instituto y descubrió que los que tenían un comportamiento prosocial eran los más propensos a mantener un elevado número de amigos a lo largo del tiempo y los que experimentaban un mayor bienestar.[4]

Los participantes que recibieron ayuda de un compañero tras un percance informático eran más propensos a decir que querían volver a trabajar con él.[5] La gente quiere ser y seguir siendo amiga de personas que la valoran, y la generosidad es una forma de expresarlo.

Un desafortunado error es la creencia de que ser popular significa ser burdo, egoísta o mezquino. Yo también lo pensaba. Fui al instituto Michael J. Petrides de Staten Island, donde los chicos populares no eran conocidos por su amabilidad: las chicas casi siempre me ignoraban y los chicos podían ser unos abusones. Yo era un poco marimacho y estaba gordita, y todavía me acuerdo de un abusón igualmente regordete que, cuando pasaba por su lado, me susurraba: «Terremoto». Aún hoy, muchos famosos, directores ejecutivos y líderes políticos son más conocidos por su narcisismo que por su generosidad.

Pero la verdad es que, aunque ser mezquino a veces puede hacer que se nos vea como líderes atractivos y divertidos, no nos ayudará a hacer amigos. Un estudio comparó a personas agresivas y prosociales y cotejó sus trayectorias de amistad: las personas prosociales entablaron amistades de mayor calidad.[6] Cuando creemos que una mala conducta nos ayudará a tener más amigos estamos confundiendo lo que significa tener estatus con hacer amigos. En *Chicas malas*, todo el colegio se alegró cuando una compañera confesó su plan para destruir a la chica mala alfa, la popular Regina. Tampoco parecieron muy tristes cuando la atropelló un autobús.

Con toda esta investigación sobre los méritos de la generosidad en el ámbito de la amistad no es de extrañar que la veamos como una virtud. Santo Tomás de Aquino creía tan profundamente en la generosidad que sostenía que elevaba al hombre y lo acercaba a Dios, y afirmaba que reflejamos el amor que Dios nos tiene en la forma en que tratamos a los demás. La generosidad también caracteriza a nuestros mayores héroes, desde la Madre Teresa hasta Martin Luther King Jr. Casi todas las religiones ensalzan la generosidad, desde el cristianismo hasta el judaísmo, pasando por el islam y el sijismo. Según las primeras enseñanzas judías, «la caridad es tan importante como todos los demás mandamientos de la Torá juntos».[7]

Es estupendo que valoremos la generosidad. Ser generosos nos guía a la hora de hacer amigos y mantenerlos. Todos deberíamos pensar en cómo podemos ser más generosos con los demás. ¿Quieres hacerte amigo de un compañero de trabajo que vive cerca? Proponle pasar a recogerlo para ir juntos en tu coche. ¿Un amigo y tú vais a ir a una merienda en la que cada uno lleva algo? Reserva unos cuantos donuts por si tu amigo llega tarde. ¿Te ha caído una bolsa extra de Doritos después de pelearte con la máquina expendedora? Ofrécesela a un amigo. Mi amiga Billy me dijo que yo era una persona especial cuando fuimos juntas a Portugal y la ayudé a cargar por todo el aeropuerto con una mochila pesadísima que llevaba.*

Estos son otros ejemplos de cómo puedes ser generoso con los amigos:

- Prepárales bizcochos o galletas.
- Envíales postales.
- Enséñales a hacer algo que se te dé bien.
- Ofrécete a presentarles a alguien que podría serles de ayuda.
- Ofrécete a ayudarlos a conseguir un objetivo (por ejemplo, sal a pasear con una amiga si quiere hacer más ejercicio).
- Pasa más tiempo con ellos.
- Hazles regalos cuando veas algo que creas que les puede gustar.
- Cocina para ellos.
- Ayúdalos con los recados (como pasear al perro o hacerles la compra).
- Llévales un café cuando quedes con ellos.
- Llévalos en coche al aeropuerto.
- Préstales ropa o libros.
- Haz de canguro de sus hijos.
- Comparte información útil con ellos.
- Tráeles recuerdos cuando viajes.

* Por supuesto, aunque es raro, habrá ocasiones en las que los amigos no aprecien nuestra generosidad. Aprenderemos más sobre el porqué de esto en el capítulo dedicado al afecto.

Reconocer la generosidad tóxica

Aunque la generosidad es maravillosa y necesaria para la amistad, no faltarán los problemas si la confundimos con el sacrificio, pensando que para ser verdaderamente generosos tenemos que dar hasta la última gota de nuestro ser. Este error es el vestigio de la ética protestante del trabajo que dio origen a Estados Unidos: continúa hasta que no te quede nada, niégate el descanso, entierra tus necesidades; pedir cualquier cosa es autoindulgente. El mártir se convirtió en nuestro modelo de generosidad. Este martirio del yo nos pasa factura, como describió Virginia Woolf en su discurso ante la National Society for Women's Service el 12 de enero de 1931:

> [El ama de casa] era intensamente amable. Era inmensamente encantadora. Era completamente generosa. Destacaba en las difíciles artes de la vida familiar. Se sacrificaba a diario. Si había pollo, se quedaba con la pata; si había una corriente de aire, se sentaba en ese lugar. En suma, nunca tenía una opinión o un deseo propio, sino que prefería estar de acuerdo con las opiniones o deseos de los otros. [...] Hice todo lo que pude para matarla. Mi excusa, si me juzgaran en un tribunal, sería que actué en defensa propia. Si no la hubiera matado, ella me habría matado a mí.

Desde pequeños se nos enseña a sacrificarnos por los demás. En su artículo del *New York Times*, «We Need to Talk About 'The Giving Tree'», Adam Grant, autor de *Dar y recibir*, y su esposa, Allison Sweet Grant, sostienen que el famoso libro infantil *El árbol generoso* valora el martirio en lugar de la sana generosidad. Cuenta la historia que había un árbol que quería mucho a un niño, de forma que se lo dio todo. El niño le cogió las hojas para hacerse una corona, trepaba por el tronco para comerse sus manzanas y dormía a la sombra que el árbol le daba. Cuando el niño se hizo mayor, rara vez iba a visitarlo, y, cuando iba, no quería jugar con él. Quería ganar dinero. Así que el árbol le dio todas sus manzanas para que las pudiera vender. Cuando volvió, quería una casa, y el árbol le ofreció sus ramas para la casa. Cuando el niño, ya mayor y triste, quiso una barca para irse lejos, el árbol le ofreció su tronco para la barca. Cuando el niño, que ya no era un niño, regresó por última vez, el árbol le dijo: «Ojalá pudiera darte algo, pero no tengo nada más que darte. Ya solo soy un viejo tocón». El hombre solo necesitaba un lugar tranquilo donde sentarse, así que el árbol le ofreció su tocón, «el niño se sentó y el árbol fue feliz».

Cuando el árbol generoso es nuestra medida de la generosidad, aprendemos que la forma correcta de dar es dar hasta el borde de la ruina. Nos sentimos mal, incluso en bancarrota moral, cuando dejamos de dar. Y cuando decimos que no, nos embarga la culpa y la vergüenza, y nos preguntamos si seremos malos porque nuestra voluntad de dar es limitada. Cuando los límites desencadenan esta tormenta de culpa, parece más fácil decir simplemente que sí. Cualquier cosa es mejor que la agonía de la culpa.

Del altruismo al egocentrismo

Como estas formas extremas de generosidad nos han dejado quemados y resentidos, el péndulo ha oscilado en la otra dirección. En la década de 1980, el movimiento de la autoestima se afianzó, y pasamos del altruismo al egocentrismo. En 1986, el asambleísta californiano John Vasconcellos puso en marcha un grupo de trabajo para promover la autoestima y la responsabilidad personal creyendo que la autoestima era una «vacuna social» contra los males de la sociedad. Contrató a profesores de la Universidad de California para que escribieran *Towards a State of Esteem*, un informe que relacionaba la baja autoestima con el maltrato y el abuso infantil, el embarazo de adolescentes y el consumo de drogas, entre otros problemas sociales. El informe fue un éxito, con más de sesenta mil lectores. Vasconcellos acudió al programa de Oprah para hacer proselitismo de la autoestima. Aunque los datos fueron cuestionados posteriormente por ser correlativos pero no causales, para 1995, treinta estados habían promulgado más de 170 decretos para promover la autoestima.[8]

Towards a State of Esteem definía la autoestima como una responsabilidad hacia uno mismo y hacia los demás, pero la parte de «responsabilidad hacia los demás» se ha perdido por el camino. Los colegios han cambiado radicalmente desde que comenzó el movimiento de la autoestima, inflando las notas y dando trofeos por el duodécimo puesto. Promover una alta autoestima sin responsabilidad hacia los demás ha sido una fórmula para el narcisismo, que, según un metaanálisis, ha ido en aumento durante décadas.[9] Como dijo Roy Baumeister, un investigador que estudia la autoestima: «Hitler tenía una autoestima muy alta y también mucha iniciativa, pero eso no era garantía de un comportamiento ético», y «los costes de una autoestima alta los pagan otras personas».[10]

Con el auge del narcisismo, se ha normalizado la prioridad del yo sobre los demás, y esto se ha extendido a nuestras relaciones de amistad. En lo que yo llamo la «generosidad de la nueva era», no estamos dispuestos a darles ni una gota a nuestros amigos. Melissa A. Fabello escribió un hilo de tuits que se hizo viral en el que tachaba de «parto emocional» a dar apoyo emocional a los amigos y ofrecía una plantilla para decir que no a un amigo que nos necesita: «Estoy hasta arriba [...] ¿Podríamos quedar [fecha y hora posterior]? ¿Tienes otra persona a la que puedas acudir?». El tuit tuvo una gran repercusión cultural y provocó artículos de opinión en *Vice*, *TIME*, *HuffPost* y *The Guardian*.

La generosidad de la nueva era no confunde la generosidad con el altruismo, sino con una actitud en la que se busca el beneficio propio a costa de los demás: si tu vecino te pide una taza de azúcar, sé asertivo y dile que compras azúcar crudo y que no puedes desprenderte de un azúcar de ese calibre; si tu amigo te llama a las tres de la madrugada pensando en suicidarse, dile que no son horas de llamar y que podrá hacerlo entre las 10.00 y las 10.19; si un amigo necesita que le des información, pídele una tarifa acorde al trabajo, porque cualquier otra cosa significa que no te estás valorando.

Todas estas tendencias se han agravado con internet. Fay Bound Alberti, en *Una biografía de la soledad: historia de una emoción*, sostiene que internet nos ha proporcionado relaciones construidas sobre intereses comunes sin ningún tipo de responsabilidad hacia los demás. Puedes unirte al grupo de Facebook de agua con gas y disfrutar con los demás de tu gusto por el dióxido de carbono, pero nadie tiene por qué llevarte al hospital cuando se te caiga el gasificador de agua de la encimera y te aplaste el pie. Dice Fay: «La característica que históricamente ha definido a la comunidad no es solo lo que tenemos en común, que es la creencia moderna [...], sino también un sentido de responsabilidad hacia los demás». La cultura de internet nos ha llevado a hacer astillas el concepto de la amistad: a disfrutar sus alegrías pero desentendernos del esfuerzo que supone. Estamos atrapados exclusivamente en lo positivo, de forma que cada petición es un abuso, un amigo que nos necesite es un amigo al que dar de lado, y nuestros vínculos son más frágiles que nunca.

¿Y adónde nos lleva esto? Hemos pasado del árbol generoso a todo lo contrario, y por el camino se nos ha olvidado plantearnos preguntas más profundas: ¿qué significa la generosidad para nosotros?, ¿cómo podemos acogerla conscientemente en nuestras vidas? Tenemos que sanar nuestra relación con la generosidad. Pero, para ello, debemos profundizar en el origen de nuestra insana relación con ella.

¿Es generosidad o adulación?

Hay recuerdos de la infancia que Melody no se puede quitar de la cabeza, como cuando su padre le ayudaba con las matemáticas y, si ella no entendía algo, le decía que era tonta y un auténtico fracaso, y entonces intervenía su madre y su padre terminaba gritándole también; peleas en las que ella le pedía que dejara de gritar y él contestaba: «¿Quién te crees que eres para hablarme así?», o cuando se le rompió un utensilio de cocina, se metió en el cuarto de baño para intentar pegarlo, y llegó su padre, le gritó y la acusó de estar esnifando pegamento. De estas primeras experiencias aprendió que era inadecuada, que defendiéndose solo se ganaría más desprecios y que los problemas en las relaciones eran culpa suya.

Esas mismas ideas eran las que tenía con sus compañeras de cuarto en Florencia. Si se portaban mal con ella, debía de merecérselo: ella se lo había buscado por no estar lo bastante delgada como para llevar un bikini sin complejos ni lo bastante guay como para pasar por alto que le regaran el portátil como si de una planta se tratara. Si eran malas con ella, la solución era compensar sus defectos, esforzarse más para ganárselas, darles cruasanes, bocadillos y su alma, como hacía con su padre.

Según el experto en traumas Bessel van der Kolk: «Que la familia te trate como alguien irrelevante [...] crea otro tipo de patrón psicológico. La identidad se forma en torno a preguntas como "¿qué he hecho mal?" o "¿qué podría haber hecho de otra manera?". Esto se convierte en la preocupación central de sus vidas».[11] Las heridas nos llevan a pensar que podemos controlar a los demás, cambiarlos, si distorsionamos nuestra forma de ser para que encaje del modo correcto: es un problema de omnipotencia equivocada. Todos hemos oído hablar de las reacciones de lucha o huida en respuesta al trauma, pero la última respuesta es la adulación: intentar agradar a la gente para que deje de hacerte daño. A esto lo llamamos «comportamiento complaciente».

Adular es una estrategia de supervivencia. Los aduladores, como Melody, han aprendido que para sentirse seguros o valorados tienen que acomodarse. Y qué remedio; de niños, no podemos marcharnos. Melody no podía dejar a su familia. Podía resistirse, pero eso enfurecía aún más a su padre. En cambio, adularlo suavizaba su rabia.

Sin embargo, el problema de la adulación es que ya no sabemos si damos porque queremos a los demás o si lo hacemos para conseguir que nos quieran. Cuando adulamos, solemos hacerlo con personas que ni siquiera nos caen bien, pero a las que queremos caer bien. Las personas seguras dan porque se preocupan por los demás. Las personas ansiosas también dan, pero según los estudios en muchas ocasiones lo hacen porque quieren que los demás les tengan cariño.[12] El apego ansioso se relaciona con lo que se conoce como «generosidad egoísta», que consiste en dar pero no por puro altruismo o por amor a la otra persona, sino con una intención oculta. En un estudio sobre el voluntariado con participantes de los Países Bajos, Israel y Estados Unidos, las personas ansiosas no hacían voluntariado por puro altruismo, sino para sentirse mejor.[13] Como dijo Melody: «Me daba miedo no caerle bien a nadie y no encajar. Creía que tenía que compensar por mi existencia, demostrar que valía. Quería ser la más inteligente, la más divertida, la más entretenida; hacer reír a la gente o darles cosas para que no me dieran de lado». Este tipo de generosidad ansiosa está relacionada con una peor salud psicológica, lo que sugiere que la generosidad puede perjudicarnos cuando es la inseguridad lo que nos mueve a ella.[14]

Una dinámica similar a la de su infancia se estableció entre Melody y su amiga del instituto, Milly. Melody pagaba las cenas, se deshacía en atenciones, le dedicaba tiempo, y Milly lo daba todo por sentado. Una vez salieron a almorzar y, cuando estaban comiendo, el novio de Milly la llamó para preguntarle si estaba ocupada. Milly se marchó a mitad de la comida, mientras Melody pagaba la cuenta y se terminaba sola su hamburguesa.

Pero no todo era culpa de Milly, dice Melody. Ella era generosa con Milly, pero no por lo mucho que la quería, sino por lo que Milly representaba para ella: su salvación. Conseguir que Milly le demostrara su cariño, dice Melody, «significaría algo profundo sobre mí que deseaba desesperadamente que fuera cierto: que yo era suficiente. El cariño estaba envuelto en ego». No le gustó que Milly se convirtiera en la capitana del equipo de fútbol ni que entrara en la universidad que había elegido. «Si la hubiera querido de verdad, me habría alegrado de verla progresar cuando no tenía nada que ver conmigo; sin embargo, lo que más me llenaba eran sus logros cuando estaban relacionados con nuestra amistad. El mayor triunfo que podía conseguir, a mis ojos, era ser mi mejor amiga.» Cuando nos falta amor propio, a veces el afecto de los demás es un caballo de Troya, una táctica para conseguir que los demás, al querernos, compensen la sensación que tenemos de no ser dignos.

Aunque la generosidad es una característica de las grandes amistades, la historia de Melody nos enseña que también es una característica de las amistades tóxicas. Un amigo se deshace dando y el otro domina recibiendo. Como dice Melody: «El origen de la generosidad era el temor, no el amor. Cuando viene del temor, busco algo a cambio. Normalmente, caerles bien a los demás. Creo que tengo que dar para ser suficiente para ellos. Así que seguía dando aunque eso me matara, porque no me valoraba». Cuando damos para conseguir el amor de otra persona, nos falta el amor por nosotros mismos, y por eso continuaremos dando hasta el colapso.

El problema es que si no das para expresar amor sino para ganártelo, como hizo Melody, todo lo que das lo recibirán personas que no se lo merecen. Párate a pensarlo. La necesidad imperiosa de ganarte el amor de quienes no te tratan bien no surge de la nada. Es posible que te ayudara a sobrevivir en el ambiente en el que te criaste, como le pasó a Melody.

Pero ahora no solo necesitas sobrevivir. Necesitas prosperar, crecer como persona. Esto implica no dejar entrar en tu vida a personas destructivas por la posibilidad de ganarte su cariño; considerar dignas de confianza a las personas que te quieren y no mantener la motivación por las que te niegan su afecto; ser generoso porque quieres a alguien y te apetece demostrárselo, no porque esa persona no te quiera a ti y tú ansíes cambiar eso. Cuando alguien te niega su afecto, tú creces si te alejas, no si te esfuerzas más. Porque no es culpa tuya que no te quieran ni significa que haya nada malo en ti. Tú te mereces relaciones de generosidad mutua. Melody nos explica lo que tuvo que hacer para darse cuenta de esto: «Tuve que dejar de lado esa identidad de persona rota. Tuve que darme cuenta de que podía cambiar mi vida».

GENEROSIDAD SANA PARA REFORZAR LA AMISTAD

No debemos ser generosos con las personas que no nos tratan bien. Tenemos que pararnos a pensar si somos generosos para demostrar amor o para hacer frente a la sensación de que no nos quieren. Ahora que conocemos las trampas de la generosidad, vamos a ver cómo ser generosos de un modo correcto a través de la historia de Derrick y Park.

Cuando Derrick se mudó a Nueva York para cursar sus estudios de posgrado, pasaba mucho tiempo solo: solo en el metro, solo delante de su taza de café en el Café Grumpy, solo mientras observaba al hombre del sombrero de papel de aluminio en Washington Square Park. Anhelaba el trato con otros seres humanos, hasta que por fin encontró a uno: una novia, Dina. Después, llegaron más humanos. Dina invitó a su minipiso del centro a Derrick, a su mejor amiga, Che, y a Park, el novio de Che. Al principio, a Derrick no le cayó muy bien Park, que le parecía un tipo «callado, tranquilo y un poco fanfarrón». Sin embargo, las parejas siguieron saliendo juntas, y Park y Derrick empezaron a caerse mejor.

Pero la escuela de posgrado te hace sentir solo y aislado, sobre todo en verano, cuando todos desaparecen para irse cada uno a su casa. Dina se quedó con su padre en Long Island (cuando lo cuenta se ríe diciendo que lo llaman así porque está muy lejos, *a long way*, del resto de la ciudad). Los demás amigos neoyorquinos de Derrick nunca parecían tener tiempo para ir a su diminuto apartamento en una zona remota de la ciudad, excepto Park, que se presentó allí desde el Bronx: aguantó un viaje de una hora y media en un tren lleno de músicos callejeros que le pedían un dinero que él no tenía solo para ir a verlo.

Park, oriundo de la ciudad, se convirtió en el mentor neoyorquino de Derrick. Park estaba obsesionado con el transporte, así que cuando salían al parque con los *skates* o iban de camino a los bares y locales de *pizza* al corte, Park le iba explicando por qué una calle era ancha o estrecha, o por qué estaba llena de aparcamientos o no tenía ninguno. Park le presentó a otros chicos en el *skate park*: «Derrick es mi amigo, es nuevo en el barrio». «No creo que hubiera podido integrarme tanto en la ciudad de Nueva York y convertirla en mi hogar como lo hice si no hubiera sido por Park», afirma Derrick.

A nadie que haya pasado los veintipocos en Nueva York le sorprenderá que al final Derrick y Dina rompieran; pero en aquella época, para sorpresa de Derrick, Park también desapareció. Los mensajes que Derrick le mandaba quedaron sin respuesta durante meses y, en las redes sociales, las páginas de Park tampoco tenían ninguna actualización. Hasta que hubo una que explicaba por qué nadie había sabido nada de él. Estaba en la cárcel.

Derrick pensó que tenía que hacer algo, así que Derrick, Tasha (su nueva novia) y el padre de Tasha (que era pastor) se reunieron para rezar por Park, «un hombre de buen corazón que actuó por desesperación», para que recibiera una segunda oportunidad. Park también rezó por él mismo. Y el juez debió de escuchar sus oraciones, porque se retiraron todos los cargos contra él. Para ellos, el resultado fue profundo y espiritual: «Como si nuestra oración hubiera cambiado el impulso del universo», dice Derrick.

¿Y sabéis otra cosa que tampoco le sorprenderá a nadie que haya pasado los veintipocos en Nueva York? Derrick firmó un contrato de alquiler de un estudio en Harlem con Tasha, pero Tasha rompió con él antes de irse a vivir allí. El piso apestaba a su dolor y las cajas de comida para llevar con la que Derrick trataba de ahuyentarlo; y también al de Park, que iba allí a jugar a videojuegos para tratar de escapar de su dolor por la ruptura que él también acababa de sufrir, su situación de desempleo crónico y la reciente noticia de que su abuela tenía cáncer.

Park vivía en el piso de su abuela, pero una noche, al volver, no pudo entrar. Por lo visto, se la habían llevado a una residencia de ancianos donde recibiría cuidados continuos y su abuelo había cambiado las cerraduras. Y Derrick fue la primera persona a la que Park acudió. «Yo te voy a ayudar, tío. Yo recé por ti, y parece metafísico que te puedo ayudar —le dijo Derrick—. Quédate a vivir aquí. A veces las cosas se alinean de forma que da la sensación de que es el universo el que actúa a través de nosotros.»

Pero para ser sinceros, la decisión de Derrick de ayudar a Park no era solo metafísica. También tenía sus razones prácticas. Después de romper con Tasha, Derrick, que se sentía triste y solo en su estudio, decidió hacerse con un perro, *Sheen*, para que le hiciese compañía. Pero a medida que iba conociendo a su nuevo y enérgico cachorro, Derrick se dio cuenta de que su frenético horario de trabajo no le dejaba tiempo para cuidar bien de *Sheen*. Necesitaba ayuda.

Y sabía a quién pedírsela.

«Lo cierto es que necesitaba ayuda para cuidar a *Sheen* —dice Derrick, y él sabía que Park lo ayudaría—. Aunque Park no te va a pagar el transporte ni la comida, siempre va a estar ahí para ti. Te ofrecerá sus manos, sus pies, su mente, todo lo que tenga.»

Cultivar el interés propio bien entendido

Si siguiéramos la generosidad del árbol generoso, pensaríamos que la de Derrick estaba contaminada por el interés propio. Nos preguntaríamos si su comportamiento fue realmente generoso. Reservaríamos nuestros elogios para alguien como Evan Leedy, un estudiante universitario que recaudó dinero para comprarle un coche a un hombre que caminaba más de treinta y tres kilómetros para ir y volver del trabajo;[15] o como Robin Emmons, que convirtió su jardín en un huerto para cultivar alimentos para personas que no tenían para comer; o como Estella Pyfrom, que creó un aula informática móvil para niños de familias con bajos ingresos;[16] o para los ganadores del Caring Canadian Award, a los que se describe como «personas solidarias que dan mucho a sus conciudadanos, los héroes anónimos que dedican voluntariamente su tiempo, sus esfuerzos y gran parte de su vida a ayudar a los demás, y que no piden nada a cambio». Estos ganadores reciben una insignia que representa una mano «extendida para representar la generosidad sin límites».[17] Generosidad sin límites, nada a cambio. Según lo que nos han enseñado, eso es lo que caracteriza la verdadera generosidad.

Pero cuando los investigadores entrevistaron a los ganadores del Caring Canadian Award, así como a un grupo de control formado por personas normales de características demográficas similares, descubrieron algo interesante: los ganadores del premio no solo eran más propensos a dar, sino que eran más propensos a dar de forma que beneficiara a los demás y también a ellos mismos; o, como dijeron los investigadores, eran más propensos a «trabajar en su propio interés al trabajar en el interés de los demás». Así, por ejemplo, un ganador podría organizar un combate de boxeo a fin de recaudar fondos para beneficencia, al tiempo que tendría la motivación de obtener un premio por ello.[18]

La generosidad del árbol generoso, la generosidad del mártir, parece que no nos ha enseñado bien. Las personas más generosas de Canadá pueden dar fe de ello. Los investigadores del estudio concluyen que, para vivir una vida virtuosa, nuestro objetivo no debería ser el altruismo, sino el interés propio bien entendido, en el que «los propios intereses se alinean con los intereses de los demás». En otras palabras, debemos dejar que nuestro amigo se quede en nuestro sofá, pero también debemos pedirle que nos ayude con el perro.

Pero ¿por qué no podemos ser simplemente desinteresados? ¿Por qué tiene que haber algo para nosotros? Somos criaturas sociales, ¿no nos gusta dar? Es cierto. Nos gusta. De hecho, las investigaciones demuestran que cuando se les da dinero a las personas y se les dice que se lo pueden gastar en ellas o en los demás, son más felices cuando se lo gastan en los demás. Esta conclusión es válida en todo el mundo, ya sea Estados Unidos, Canadá, Sudáfrica o Vanuatu. Sin embargo, la forma de gastar en los demás es distinta en función de los países: en Uganda, cuando se les preguntó a los encuestados cuándo fue la última vez que se gastaron en otras personas el equivalente de veinte dólares canadienses, dijeron que le habían comprado unos zapatos a un hermano pequeño que iba descalzo o unas medicinas a un amigo que tenía úlceras; mientras que en Canadá, la gente se gastaba el dinero en Costco para comprarle rosas a su madre por su cumpleaños.[19] Pero, en casi todos los países, la gente disfrutaba dando. En la encuesta mundial de Gallup (Gallup World Poll) se les preguntó a los encuestados si estaban satisfechos con su vida y si habían donado dinero el mes anterior. Según los resultados, gastar en otras personas contribuía al bienestar en todas las regiones del mundo.

Dar nos hace sentir bien y nos beneficia. Cuando un amigo necesita algo, y no requiere un esfuerzo excesivo por nuestra parte, el ayudarle beneficia a ambos. Pero cuando nos sacrificamos para dar, el efecto cambia. Un metaanálisis que combinaba datos de 32.053 personas descubrió que las personas que se sacrifican en las relaciones románticas experimentan un bienestar ligeramente inferior, y las personas que se sacrifican de forma especialmente costosa no solo experimentan menos bienestar, sino que su relación romántica también se resiente.[20]

Cuando damos crónicamente sin recibir nada a cambio nos convertimos en personas abnegadas. Los abnegados suelen hacer afirmaciones como: «Siempre pongo las necesidades de los demás por delante de las mías»; «No puedo pensar en mis necesidades si interfieren con las de los demás», o «Aunque esté agotado, ayudaré a los demás». No obstante, según los estudios, estos individuos tan desinteresados, estos dulces arbolitos generosos, están más estresados y deprimidos, y su comportamiento perjudica sus relaciones en lugar de beneficiarlas.[21] Un metaanálisis descubrió que las personas que estaban motivadas a dar gozaban de un mayor bienestar, al igual que sus parejas; sin embargo, esto no era así para los abnegados ni para sus parejas.[22] El altruismo nos da un billete de ida para la Ciudad del Desgaste, donde todo el mundo está deprimido, agobiado y haciendo de tripas corazón.

Pero el sacrificio también nos puede resultar seductor. Cuando nos concentramos por completo en los demás, nos deshacemos de algunas partes de nosotros mismos de las que queremos escapar, como los problemas, la tristeza y la baja autoestima. Estamos tan consumidos por los demás que olvidamos por un momento el peso de ser persona; pero, desde luego, esta pequeña muerte no resuelve nuestros problemas, sin que más bien les echa algo de tierra encima. La única manera en la que una persona abnegada puede resolver su problema es comprendiendo de qué está tratando de huir mediante el sacrificio.

Porque la abnegación, lejos de resolver nuestros problemas, los agravará. Por más que nos proporcione instantes de subidón, también tendremos que afrontar síntomas de abstinencia. Emociones como el resentimiento y la amargura brotan a borbotones para recordarnos que no debemos regalar el pastel si no vamos a tener un trozo. Nos sentimos totalmente agotados cuando nos sacrificamos de forma crónica, lo que indica que la abnegación total no es lo que el cuerpo ansía. Y las personas que reciben nuestro sacrificio muchas veces se sienten mal porque nos ven resentidos por lo que nosotros elegimos darles.

Madoka Kumashiro, profesora de la Universidad Goldsmiths de Londres, utiliza el término «equilibrio» para referirse al proceso de nivelar la generosidad. Su investigación revela que los días en los que nos centramos en exceso en nuestras relaciones surge el deseo natural de centrarnos en nosotros mismos; y, al mismo tiempo, cuando nos centramos demasiado en nosotros mismos surge el deseo natural de centrarnos en nuestras relaciones. Somos criaturas llamadas al equilibrio, lo cual es bueno. Los participantes que vivían este equilibrio —los que respondieron afirmativamente a la cuestión «Una de mis prioridades en la vida es atender a mis necesidades tanto relacionales como personales», es decir, los que buscan el beneficio mutuo— estaban menos deprimidos y ansiosos, y más satisfechos con su vida seis meses después. ¿Y sabéis qué? Sus relaciones tampoco sufrieron por que se centraran en ellos mismos. De hecho, el estudio descubrió, como Derrick puede confirmar, que cuanto más equilibrio mantenían, mejores eran sus relaciones.[23]

La investigación de Kumashiro sugiere que, aunque pensemos que el interés propio contamina la generosidad, en realidad la sostiene. Derrick dejó que Park se quedara en su casa durante todo un año, y estaba menos resentido y más dispuesto a dar porque Park también le daba algo a él. Lo que Derrick le pedía a su amigo no solo lo beneficiaba a él, sino también a Park, porque si aquel arreglo le venía bien a Derrick, Park se podía quedar más tiempo. A Derrick le gusta ser generoso, pero el consejo que les da a las personas que quieran ser más generosas es que también les pidan cosas a sus amigos. Esto forma parte de lo que diferencia la generosidad sana de la abnegación. Un estudio afirma que las personas abnegadas están más deprimidas porque se sienten incómodas al pedir ayuda y les cuesta hacer valer sus necesidades. Cuando nosotros también pedimos cosas, recargamos las pilas y arrancamos de raíz las malas hierbas del resentimiento, con lo que podemos dar aún más.[24]

Si seguimos la generosidad del árbol generoso, podríamos pensar que pedir a los demás es egoísta o que les estamos imponiendo algo. Pero la investigación de Kumashiro apunta a que pedir lo que necesitamos no solo nos ayuda a nosotros, sino también a nuestras relaciones. Cuando no solo damos, sino que además pedimos y recibimos, nos protegemos del desgaste y el agotamiento, con lo que podemos dar más a largo plazo: nos sentimos menos resentidos cuando los amigos necesitan algo de nosotros, por lo que nuestra disponibilidad es mayor. Las personas más generosas también se conceden el permiso de pedir, porque de este modo recargan fuerzas y así pueden dar más durante más tiempo.

Durante el año que pasaron juntos, Park y Derrick crearon una rutina que les gustaba. Park trabajaba por las noches en un aparcamiento y volvía a casa con el desayuno. «Te levantas por la mañana y tu mejor amigo está ahí», cuenta Derrick. Pasaban el rato juntos hasta que Derrick se iba al trabajo. Luego Derrick llevaba la cena para los dos o se iban a un bar que había cerca de la casa, donde se pedían unas alitas de pollo y un cóctel. Park le daba unos cientos de dólares cuando podía, lavaba los platos, dejaba la ducha reluciente y recogía las cacas de *Sheen*. «Puede que yo pusiera más económicamente —dice Derrick—, pero Park me daba algo que me hacía mucha falta. Estuvimos ahí el uno para el otro en los momentos más difíciles.»

Pon límites para reforzar los vínculos

Al leer sobre el concepto de equilibrio me acordé de una efímera amistad que tuve con una chica a la que llamaré Margaret. Quedamos un par de veces para ir al parque, y cuando volvimos a quedar para dar un paseo me dijo que se iba a mudar. Como no tenía coche, le dije que podía acompañarla a comprar las cajas; aceptó y nos fuimos juntas a Lowe's. A la semana siguiente, la de la mudanza, volvió a pedirme ayuda, y de paso me pidió que me llevara a mi novio de entonces, un chico grande y fuerte, para que echara una mano. Él no quería, porque no conocía a Margaret y no veía por qué tenía que sacrificar el sábado por ella, pero yo lo convencí porque me parecía lo correcto.

Cuando llegamos a la casa de Margaret, me dijo que quería usar mi coche para llevar las cosas al piso nuevo. Le dije que sí, pero que tendríamos que terminar antes de la una y media, porque a esa hora debía irme porque había quedado. Para cuando Margaret terminó de cargar el coche ya era la una y media. Me sentí frustrada, pero tampoco quería dejarla colgada. Y cuando llegamos al piso nuevo con todas las cosas de Margaret, ya eran las dos. Margaret insistió en que no solo la ayudáramos a descargar el coche, sino también a subirle las cosas al piso. Tenía a otros amigos ayudándola, pero estaban en la casa antigua haciendo cajas, así que estábamos solos con ella. Y no quería dejarla sola con los muebles, así que la ayudamos. Para cuando sacamos todas las cosas del coche, y la ropa, el espejo y las bolsas estaban esturreados por el suelo del piso nuevo, solo faltaban diez minutos para la hora a la que había quedado. Pensaba llevar antes a mi novio a casa, pero ya no daba tiempo, así que le dije que tendría que pagarse un taxi.

Todavía me sentía mal por haber dado demasiado cuando Margaret me volvió a llamar, al día siguiente, para ver si podía ir otra vez con el coche para ayudarla con lo que había quedado. En esta ocasión le dije que no, que estaba liada.

¿Qué fue de nosotras? Me quedé sin ganas de volver a verla. Cuando me escribía, le contestaba «guay», «genial», «gracias», o le decía que estaba ocupada. Ella seguía mandándome mensajes, así que pensé que si no pillaba la indirecta, tendría que ser sincera con ella en lugar de desaparecer sin más. Le dije que creía que no había respetado mis límites y que no podría ser amiga suya. No me respondió.

Fue una experiencia terrible, que me hizo sentir profundamente egoísta y como si yo tuviera la culpa. Noté que lo que me hacía sentir mal no era el no haber ayudado a Margaret el segundo día, sino el no haber querido hacerlo: si a las personas nos gusta ser generosas, ¿qué decía eso de mí? Pero ahora lo entiendo. Según el estudio de Kumashiro, había un desequilibrio, y cuando esto ocurre es normal retraerse. No ser abnegada no significaba que fuera egoísta. Significaba que era humana.

También me di cuenta de otra cosa: no era justo decir si me gustaba o no me gustaba ser generosa basándome en mi experiencia con Margaret. Sería más justo decir que el grado en el que me gustaba ser generosa dependía de la persona con la que lo fuera. En el caso de Margaret, mi ayuda no tenía motivación, pero no porque ella no me cayera bien, sino porque apenas la conocía. Si mi mejor amiga hubiera necesitado ayuda el segundo día de la mudanza, yo habría cancelado todas las citas para acudir. Todo esto me llevó a preguntarme: ¿las reglas de la generosidad cambian con las personas más cercanas?

La generosidad en las amistades más cercanas

Les envié a unos amigos una publicación de Instagram que encontré que decía:

> Deberías sentirte cómodo diciendo:
>
> 1. Necesito un poco de espacio; ya te llamaré.
> 2. Ahora no puedo; por favor, busca a otra persona que te pueda ayudar.
> 3. Estoy agotado; responderé cuando haya descansado.

Después de mandársela, les pregunté: «¿Qué diríais si tuvierais un problema, acudierais a un buen amigo y él os contestara con uno de esos mensajes? No hay respuestas incorrectas».

Así dijeron mis amigos que se sentirían:

> «Me preguntaría si está enfadado conmigo o si quiere alejarse de mí».
>
> «Me dolería y seguramente no volvería a acudir a él.»
> «Me sentiría todavía peor de lo que estoy.»

Las respuestas de mis amigos ante esos límites transmiten algo fundamental sobre la amistad: esperamos que nuestros amigos hagan todo lo que puedan por ayudarnos cuando los necesitamos. Un estudio analizó 491 respuestas a la pregunta de <www.authentichappiness.com>: «¿Qué cualidades buscas en un buen amigo?», y los resultados arrojan que el apoyo era una de las tres principales.[25] Otro estudio, de 1984, analizó las opiniones de la gente sobre las «reglas» de la amistad, y resultó que cuatro de ellas se hallaban muy respaldadas en muchas culturas. Una de estas reglas tan deseadas era que un amigo «debería ofrecer su ayuda en momentos de necesidad». En ese estudio, la ayuda prestada en momentos de necesidad marcaba la diferencia entre los que se consideraban buenos amigos y los que no.[26]

Este tipo de límites se pueden expresar con alguien que no conozcamos bien o al que no nos importe decírselo, pero cuando se trata de personas más cercanas, las reglas de la generosidad cambian. En el ámbito de la psicología se solía pensar que estas reglas eran estáticas y universales, independientemente del tipo de relación: entre amigos y desconocidos, somos interesados, estamos dispuestos a dar en la medida en que esperamos recibir; con los desconocidos, esperamos recibir antes, pero con los amigos podemos hacer excepciones.[27] Esto es lo que implica la amistad de la nueva era: los límites son inmutables, universales, sin importar el tipo de relación, tan firmes con nuestro mejor amigo como con un camarero de Starbucks.

Pero Margaret S. Clark, profesora de la Universidad de Yale, ha realizado un sorprendente trabajo que demuestra que lo que es apropiado en una relación depende de la naturaleza de la relación. A medida que la relación se va estrechando, se transforma en lo que ella llama «relaciones comunales»,[28] en las que, aunque nos cueste, respondemos en los momentos de necesidad.*

* Clark se vio envuelta en una complicada discusión con otro investigador, C. Daniel Batson, que argumentaba que ella está equivocada en cuanto a que las reglas de las relaciones cambian en función de su profundidad. Al más puro estilo universitario, sus discusiones se desarrollaron a lo

Las relaciones comunales, sostiene Clark, son aquellas en las que «damos beneficios en respuesta a las necesidades para demostrar una preocupación general por la otra persona». Cuanto mayor es la fuerza comunal de una relación, más dispuestos estamos a sacrificarnos cuando alguien nos necesita. Las relaciones comunales son las más profundas y significativas de nuestra vida. Los estudios demuestran que, en estas relaciones, las personas están más dispuestas a ser vulnerables, a expresar su felicidad o su tristeza.[29] Son nuestras relaciones más estrechas, según otros estudios.[30] Un investigador describe las relaciones comunales como la definición del amor,[31] así como la «clave del funcionamiento óptimo de las relaciones y, de hecho, la condición *sine qua non* de las relaciones estrechas».[32] Este es el tipo de amistades que estábamos esperando.

Lo que mantiene las relaciones comunales no son los límites como los hemos definido. Es la presencia. Un estudio descubrió que cuando un amigo responde en momentos de necesidad, tendemos a apoyar de un modo más profundo a ese amigo; por ejemplo, escuchándolo, animándolo y diciéndole que es perfecto tal y como es y lo cerca que nos sentimos de él.[33] Según otro estudio, cuanto más apoyo recibimos de los amigos, más apoyo les damos y más seguros y cercanos nos sentimos respecto a ellos.[34]

En otras palabras, encontramos relaciones comunales cuando las ofrecemos. No podemos cultivar una amistad profunda sin responder a un amigo que nos necesite, por más molesto que nos parezca porque estamos llenísimos después del desayuno de cuchillo y tenedor, porque queramos ver la reposición de *Te quiero, Lucy* o porque nos muramos de ganas de superar nuestro récord en el *Call of Duty*. Cuando decides ser un amigo, decides estar presente. La investigación demuestra que el apoyo en momentos de necesidad es un factor clave que hace que las personas se sientan más seguras con el paso del tiempo;[35] y, como demuestran otros estudios, cuanto más seguros, más dispuestos estamos a ayudar.[36] Cuando nos senti-

---

largo de una serie de artículos académicos. Desde entonces ha habido cientos de estudios que corroboran la existencia de las relaciones comunales.

mos priorizados en momentos de necesidad —cuando se atienden nuestras necesidades y se tiene en cuenta nuestro bienestar—, correspondemos. Por eso, para que una amistad florezca, tenemos que confiar en que si llamamos a nuestro amigo llorando porque hemos perdido nuestro trabajo en la central nuclear, no nos va a contestar: «Ahora mismo no estoy disponible».

Establecer este tipo de límites individualistas destruye las relaciones comunales, porque con estas afirmaciones nos damos prioridad a nosotros, nos colocamos por delante, nos ponemos la máscara de oxígeno mientras nuestro amigo se asfixia; suponen que la amistad es una opción, algo que podemos ofrecer una vez que estemos bien descansados, después de hacer ejercicio, ponernos morenos y haber disfrutado de una buena comida; suponen que nunca deberíamos asumir una carga, que no debemos molestarnos ni incomodarnos, y en el instante en que creamos que algo de esto nos puede pasar, es nuestro deber aplicar estos límites como primera línea de defensa. Los límites, del modo en que hemos llegado a entenderlos, son expresiones de nuestro más profundo individualismo, justificado bajo el pretexto del empoderamiento personal.

Entonces, ¿en las relaciones más estrechas nunca hay límites? No, no es eso. Seguimos necesitando límites, pero de otro tipo. Los límites comunales, que nacen del amor y no de la autoprotección, son distintos. Son más amables, creativos y fluidos, una negociación que honra a ambas partes. Son menos binarios: una persona no consigue su espacio mientras la otra se retuerce en la cuneta. En los momentos de necesidad de nuestros amigos, los límites de la amistad de la nueva era se inclinan por el todo o nada del razonamiento: «Dado mi estado actual, no puedo ofrecerte nada», mientras que los límites comunales requieren que nos preguntemos: «Dado mi estado actual, ¿qué puedo ofrecer?».

Con los límites comunales, ayudamos a un amigo en crisis por mutualidad. Observamos la situación desde una perspectiva más amplia. Nos planteamos: teniendo en cuenta las necesidades de los dos, ¿cuáles son más urgentes? No es una sumisión de uno por el otro ni una dominación del otro. Es un acercamiento, una colaboración, una sinergia. Los límites comunales dependen del contexto; si no, son muros. Con los límites comunales, si tengo un mal día en el trabajo y no quiero hablar con nadie, le puedo decir a mi amigo que hablemos en otro momento si me llama para preguntar por el final de la temporada de *Perdidos*, pero no si me llama porque su hijo se está autolesionando. La mutualidad significa que cuando alguien importante para nosotros está en crisis, le damos prioridad, a menos que nosotros estemos en crisis.

Los límites comunales y la mutualidad no están para proteger al yo; están para proteger la relación. Como dijo mi vecina Kirsten, «muchas veces utilizamos los límites para desconectar, pero los límites deberían ayudar a que nuestras relaciones florezcan, para que podamos conectar de una manera que satisfaga las necesidades de las personas»; o en palabras de Prentis Hemphill, que se dedica a la sanación, a la enseñanza de Somática y a la escritura: «Los límites son la distancia a la que puedo amarte a ti y amarme a mí al mismo tiempo». Los límites comunales detienen el coche para repostar y poder seguir conduciendo, mientras que los límites individualistas lo detienen para aparcarlo delante de casa.

Aparte de los momentos de crisis, los límites comunales no implican que siempre estemos ahí como y cuando quieran los amigos, porque atender a nuestras necesidades también beneficia la amistad. Si un amigo nos pide que cuidemos de sus hijos cuando ya hemos quedado o quiere que le saquemos a pasear al pequinés cuando nosotros vivimos a una hora de su casa, le decimos que no, porque si nos negamos ahora para atender a nuestras necesidades, podremos darle más a largo plazo. Cuando la mejor amiga de Melody, Chelsea, se mudó a St. Louis para vivir más cerca de ella, Chelsea quería salir todos los días. Chelsea no tenía novio ni trabajo, pero Melody tenía que hacer malabares entre un trabajo de doce horas y su novio, y no contaba con tanto tiempo libre. Constantemente preocupada por defraudarla, Melody deseaba haber hablado antes con ella sobre sus necesidades contrapuestas para poder llegar a un acuerdo que les fuera bien a las dos: «Le podría haber dicho: "Sé que es difícil mudarse a una ciudad nueva y me gustaría poder estar ahí para ayudarte. Estoy hasta arriba de trabajo, pero tú eres muy importante para mí y me encanta salir contigo. ¿Y si quedamos para cenar una vez por semana?"».

Por otro lado, la mutualidad también significa que aceptamos que nuestros amigos no satisfagan el cien por cien de nuestras necesidades cuando hacerlo supone un peso para ellos. No siempre es fácil saber qué margen les damos a nuestros amigos. Más que una ciencia, es un arte, y requiere que seamos sinceros con nosotros mismos sobre la urgencia que puedan tener nuestras necesidades y las de nuestros amigos. Para Chelsea, la mutualidad significaba no ver a Melody con la frecuencia con la que a ella le habría gustado, porque las prioridades de Melody también eran importantes para ella. Pero si de verdad lo necesitara, podría haber hablado con Melody para proponerle que quedaran dos veces por semana.

Casey, que trabaja en una organización sin ánimo de lucro, tenía una amiga que no le ofreció mutualidad. Cuando comenzaba la época de la pandemia de COVID-19, Casey empezó a tener desmayos casi todos los días y los médicos no lograban entender por qué. Su amiga Elma le pidió que se apuntara a un concurso de baile, y cuando Casey le dijo que no debido a la pandemia, sobre todo con estos problemas de salud, Elma le soltó que no era una buena amiga y que no quería saber nada más de ella. El caso es que, al exigirle a Casey que hiciera lo que ella necesitaba sin tener en cuenta que la vida de Casey estaba literalmente en juego, Elma se comportó de un modo espantoso. Cuando abrazamos la mutualidad, queremos que nuestros amigos se cuiden, igual que queremos cuidarnos nosotros. Las dos partes son importantes. Entendemos que nuestros amigos pongan límites para atender a sus necesidades, de forma que luego puedan seguir estando ahí para nosotros, o que puedan mantenerse con vida para continuar a nuestro lado, como en el caso de Casey. Sus límites, por tanto, son el acto de generosidad definitivo.

Para que la mutualidad funcione debemos ser claros con nuestros amigos íntimos cuando tenemos una necesidad importante porque, como dice el escritor Neil Strauss, «las expectativas no expresadas son resentimientos premeditados». ¿Cómo puede saber nuestro amigo que es el momento de que nos dé prioridad si no le decimos: «Mira, esto es muy importante para mí»? Debemos sentirnos cómodos pidiendo cuando tenemos que pedir. Porque si la otra persona se siente cómoda pidiendo y nosotros no, hasta las amistades más sanas quedarán desequilibradas. Para que un amigo nos comprenda no basta con que nos dedique tiempo y esfuerzo: nosotros también nos tenemos que hacer entender. Puesto que conocía esta investigación, después de pasar por una ruptura les mandé un mensaje a mis amigos: «Ahora mismo lo que necesito es que paséis tiempo conmigo y me traigáis comida».

La mutualidad nos mantiene en equilibrio en el gran esquema de la amistad, al tiempo que permite que se produzca el desequilibrio y el sacrificio, no de forma crónica pero sí en épocas de necesidad. A veces damos más, como cuando Derrick dejó que Park se quedara en su casa durante un año; y en otros momentos recibimos más, como cuando Derrick se quedó en casa de Park cuando, después de mudarse a Washington D. C., fue a Nueva York de visita. Así, la generosidad se iguala. No se trata de hacer un ajuste de cuentas, sino de confiar en que, si nos comprometemos a ayudarnos mutuamente, las cosas se equilibrarán.

Encontrar el beneficio para todos es también una forma de mutualidad, puesto que nos lleva a la pregunta: «¿Hay alguna manera de satisfacer las necesidades de ambos?». Melody se dio cuenta de que podría haber logrado un beneficio mutuo con Chelsea si hubieran quedado varios días por semana para trabajar juntas en la cafetería que hay cerca de su casa. De este modo, Chelsea habría podido estar con ella mientras ella revisaba sus 187 correos electrónicos. Mi amiga Allie Davis encontró la forma de ofrecer un beneficio mutuo conmovedor. Dijo que si una amiga estaba en crisis y ella también, en lugar de decirle que está demasiado abrumada para hablar con ella, le decía: «Gracias por escribirme. Siento mucho que estés pasando por eso. Yo también lo estoy pasando mal. ¿Quieres que nos llamemos por FaceTime para llorar juntas?».

Gracias a la mutualidad, todos ganan: si un amigo me llama cuando yo también lo estoy pasando mal, puedo ofrecerle empatía al tiempo que me reservo el espacio que necesito para recuperarme.

Le podría decir: «Qué mal, lo siento. Me alegro de que me hayas escrito. Podríamos hablar mañana». Fíjate en lo distinto que sería decirle: «Estoy agotada; responderé cuando haya descansado». Con las dos respuestas conseguiría lo mismo, tomarme un tiempo para hablar más tarde, pero la primera no es egoísta. La primera afirma que las necesidades de mi amiga siguen siendo una prioridad.

Límites individualistas	Límites comunales
Doy prioridad a mis necesidades.	Considero las necesidades de ambos y doy prioridad a las más importantes.
No ofrezco nada si estoy cansado.	Veo qué puedo hacer aunque esté cansado.
Mis límites son siempre los mismos, sin importar quién acude a mí ni lo urgentes que puedan ser sus necesidades.	Mis límites cambian en función de quién acude a mí y lo urgentes que puedan ser sus necesidades.
Los límites sirven para protegerme.	Los límites sirven para proteger la amistad.
Establezco mis límites sin tener en cuenta los de la otra persona.	Acepto bien los límites de mis amigos porque para mí es importante su bienestar.
No me sacrifico nunca.	Me sacrifico cuando un buen amigo me necesita.
Cuando mis necesidades están en conflicto con las de un amigo, priorizo las mías.	Cuando mis necesidades están en conflicto con las de un amigo, trato de buscar la forma de satisfacer las necesidades de ambos.

La mutualidad es la forma de equilibrar el altruismo y el egoísmo; es donde el árbol generoso y la generosidad de la nueva era llegan a un acuerdo. Pero una advertencia importante sobre la mutualidad: no podemos ofrecérsela a todo el mundo. Por más que queramos atender a los ciudadanos de los siete continentes con sus correspondientes archipiélagos e islotes, no podemos. Según un estudio, cuantos más contactos tenemos, menos tiempo dedicamos a cada uno de ellos. Ese estudio también descubrió que cuanto más grande es nuestra red, más débiles tienden a ser nuestras relaciones.[37] Si intentamos atender a todo el mundo, puede que al final no atendamos a nadie.

Por lo tanto, para poder ofrecer mutualidad, primero tenemos que saber quiénes son nuestros amigos. La mutualidad no es algo que podamos ofrecer a alguien que acabamos de conocer. Es un proceso gradual y, en última instancia, el resultado de una amistad en la que hayamos estrechado unos lazos fuertes y estables. Si la mutualidad no es, bueno, mutua, nos estaremos dando a amigos que ponen límites individualistas con nosotros.

Pero saber quiénes son nuestros amigos es más difícil de lo que parece: según un estudio, la mitad de nuestros amigos no nos consideran amigos.[38] Los autores del estudio explican que la mayoría de la gente niega que una amistad no es recíproca para no sentirse demasiado mal consigo misma. Esta discrepancia también puede ser resultado del «efecto de falso consenso», es decir, la tendencia a dar por hecho que los demás ven las cosas igual que nosotros.

Shasta Nelson, experta en amistad, describe otra situación: aquella en la que un amigo se considera más cercano que el otro. Si un amigo y tú clasificarais a vuestros amigos del 1 al 10 (10 para los mejores amigos, y 1 para los conocidos), puede que tú le des un 5 a él, y él a ti un 10. Puede que tú quieras salir a comer con él una vez al mes, mientras que a él le gustaría quedar contigo todos los días, contarte sus penas, ir a verte a tu casa con unos *noodles* para cenar, y espera lo mismo de ti. Si esto ocurriera, podríamos hablar con nuestro amigo para saber cuánto quiere invertir en la amistad, o también podríamos valorar nosotros mismos la relación preguntándonos: ¿siempre soy yo el que lo busca, el que le pide apoyo, el único que se muestra vulnerable? Como dice Melody, si la amistad es unilateral, debemos plantear el problema, ajustar las expectativas o buscar la mutualidad en otras personas.

Saber en qué punto nos encontramos con las personas y ajustar las expectativas en consecuencia nos ayuda a no pasarlo mal. Si somos ansiosos, podemos tener la tentación de presionar más y pedir más cuando notamos que un amigo no está tan involucrado, pero como aprenderemos en el capítulo de afecto, el amor no se fuerza. Se da libremente. Al igual que las personas deben dar su consentimiento en el plano sexual, los nuevos amigos deben dar su consentimiento en el plano emocional al nivel de intimidad que deseamos. Así que, si alguien no está dispuesto a consentirlo, acéptalo y busca otro amigo que sí lo haga.

Cuando los demás son generosos con nosotros, pero no porque nos quieran, sino porque les presionamos para que lo sean, es más probable que se resientan en lugar de disfrutar de su generosidad. Porque disfrutamos de la generosidad en función de lo que la haya motivado. En un estudio se les pidió a los participantes que hablaran sobre sus actos de generosidad y los motivos que los habían llevado a ella durante dos semanas. Los días en los que habían sido generosos porque era algo que les llenaba y con lo que disfrutaban, se sentían mejor, con más energía y más autoestima. Pero cuando eran generosos porque se sentían obligados a serlo, pensando que si no lo hacían eran malas personas, obtuvieron unos resultados peores que los de las personas que no habían sido generosas en absoluto.[39] Cuando yo le ofrecí a Margaret un grado de generosidad para el que yo no estaba preparada, lo que pasó fue que aquello me alejó de ella porque sentía que lo que había hecho no había sido el resultado del amor, sino de haberme sentido presionada.

También nos sentimos obligados, en lugar de animados por nuestra generosidad, cuando se nos pide que seamos generosos con personas a las que no estamos unidos. En un estudio, los participantes recordaron una ocasión en la que se gastaron veinte dólares en una persona a la que los unía un vínculo fuerte (como un buen amigo, un familiar o una pareja sentimental) o un vínculo débil (como un conocido o un compañero de trabajo o de clase). Se sintieron mejor después de recordar un caso de generosidad con una persona con la que tenían un vínculo fuerte.[40] Otro estudio descubrió que el estado de ánimo de las personas mejoraba después de ayudar a alguien con quien deseaban tener una relación, pero no si no la deseaban.[41]

El ser generoso con una persona cercana también provoca un mayor efecto. En un estudio se pudo comprobar que la gente se alegraba más al recibir dinero de alguien cercano que de alguien que no lo fuera.[42] En general, cuando más estrecha se va haciendo la relación con una persona, en mayor medida «empatizamos automáticamente [con ella] y vemos el mundo a través de sus ojos», como dice Margaret Clark, por lo que ser generosos con ella es como serlo con nosotros mismos.[43] Cuando somos generosos con personas a las que queremos, la generosidad deja de ser una mera amenaza para la autoprotección y pasa a convertirse precisamente en una forma de autoprotección, con lo que podemos dar más en el esquema general de las cosas.

En conjunto, estos estudios sugieren que deberíamos adoptar la mutualidad con los buenos amigos, pero no con todo el mundo. Podemos ser generosos, pero cuando la generosidad resulta agobiante, lo que damos ha de ser proporcional a la profundidad de la amistad, y no debemos sentirnos culpables por decir que no cuando la amistad no sea tan importante. Por otra parte, en lo que se refiere a las expectativas, debemos aumentarlas gradualmente, en lugar de esperar un derroche de generosidad desde el principio. Cuando la amistad está más consolidada es más probable que nuestros amigos sean generosos porque nos quieren y desean hacerlo. Pero cuando ejercemos demasiada presión en una amistad incipiente, podemos alejar a los demás, porque su generosidad proviene del miedo a decepcionarnos y no del cariño. La mutualidad requiere que ambas partes estén dispuestas a dar.

Casey aprendió por las malas la importancia de disminuir la generosidad en función de la profundidad de la amistad. Con una empatía natural y una gran capacidad de escucha, Casey era la confidente preferida de muchas personas, hasta el punto de que su teléfono se convirtió en una línea de atención las veinticuatro horas del día. Una vez, cuando estaba en el instituto, estaba chateando a altas horas de la noche con una persona que estaba alterada, aunque sus padres le tenían prohibido usar el móvil en la cama. Cuando mandó un mensaje diciendo que se tenía que acostar, la respuesta que recibió fue esta: «No. Te necesito ahora. Tienes que ayudarme». Su madre vio el resplandor del móvil por la rendija de la puerta. Cuando entró para ver qué estaba haciendo, Casey metió el teléfono debajo de la cama para que no la pillara. «Si tienes que mentirles a los demás sobre lo mucho que estás ayudando, tal vez no deberías estar haciéndolo», dice.

La generosidad de Casey llegó al límite una noche, cuando recibió una llamada de un desconocido que le dijo: «Matt está en el hospital. Se ha roto el fémur. ¿Qué te pasa? Ya deberías estar allí». De camino al hospital, Casey no sabía qué pensar. Todo el mundo debería tener a alguien a su lado, eso lo sabía, pero ¿debía ser ella? No había hablado más de tres veces con Matt en toda su vida. Y cuando llegó al hospital, recibió otra llamada. De otra persona que la buscaba.

Casey es generosa por naturaleza y disfruta ayudando. Su problema no era que ayudara a los demás, sino que no sabía discernir. Hacía lo mismo por sus amigos que por cualquier conocido que estuviera estresado. Como el árbol, ella era repetidamente generosa, pagando un alto precio por ello a nivel personal, con personas que siempre recibían y nunca daban. No dormía ni comía lo suficiente. Cada vez que su teléfono sonaba, se sobresaltaba. Cuando tardaba una hora en contestar, su teléfono zumbaba con mensajes furiosos: «¿Por qué no respondes? ¡Necesito ayuda!». Sus supuestos amigos se ofendían si hacía nuevos amigos. No solo descuidaba sus necesidades, sino que dejaba entrar en su vida a personas que tampoco las atendían.

«Era dependencia, más que amistad», dice Casey. La dependencia crea una relación unilateral, en la que la persona dependiente es la que comienza la conversación, casi siempre para hablar de sus problemas, y muy rara vez para interesarse por su amigo. Las personas dependientes no respetan los límites y se sienten con derecho a una atención constante sin tener en cuenta las necesidades de la otra persona. Además, hacen recaer la responsabilidad del problema en los demás. Mi amiga Zoe admitió que hubo un tiempo en el que fue dependiente: «Utilizaba a mis amigos para evitar mis sentimientos. En vez de pararme a pensar qué es lo que sentía y reflexionar, descargaba ese sentimiento mandándole un mensaje urgente a alguien».

Las amistades de Casey eran como un capítulo arrancado de un libro, el capítulo en el que se llega al trágico clímax. Sus historias no tenían un principio; mientras que las relaciones se van construyendo con el tiempo, yendo al cine, tomándose unos perritos calientes en el muelle, de forma que el discernimiento vaya llegando a medida que crece la mutualidad. A sus historias le faltaban estos momentos mundanos («Yo solo quería tener amigos con los que pudiera jugar a juegos de mesa», se lamentaba) que dejan claro que con los amigos se está en los momentos malos, pero también en los normales. Casey tuvo que aprender a no ser generosa con personas que las querían a su lado en los malos momentos y se olvidaban de ella cuando estaban bien.

GENEROSIDAD INTENCIONAL

La generosidad saca a la luz nuestras preocupaciones existenciales más profundas. ¿Qué significa hacer felices a los demás y a mí mismo? ¿Qué significan los límites como acto de amor? ¿Qué significa ser mi auténtico yo y a la vez complacer a los demás? Cuando creemos que debemos dar siempre porque es lo correcto, nos quemamos. Si nos volvemos demasiado parcos con nuestra generosidad, no experimentaremos sus alegrías ni reforzaremos vínculos. Tenemos que dejar de ver la generosidad como algo binario: «Debería dar siempre» o «No tengo nada que dar». Tenemos que abordar la generosidad con intencionalidad y mutualidad. La generosidad debe surgir de la autoconsciencia de qué y quién es importante para nosotros así como de la consciencia de qué y quién es importante para nuestros amigos. De este modo podremos discernir entre nosotros mismos, nuestros límites y los demás.

Casey fue descubriéndolo con el tiempo, aunque admite que aún está aprendiendo. Conoció lo que era la mutualidad con su amiga Tamara: «No estábamos siempre en medio de problemas. También salíamos para tomarnos un helado, veíamos juntas la televisión y hablábamos por teléfono». Casey y Tamara eran compañeras de piso, y cuando Casey tardaba un poco más en lavar los platos durante la semana de exámenes, a Tamara no le importaba. Cuando Tamara quería algo, se lo pedía, no se lo exigía, así que Casey le podía decir «ahora no» si tenía mucho que hacer.

Un día, a Tamara se le rompió el coche y se quedó tirada en el arcén. Su prometido llamó a Casey para que fuera a recogerla porque él estaba demasiado lejos. Casey se pasó una hora conduciendo para ir a por ella y disfrutó de cada uno de los kilómetros: «Si alguien con quien no tienes esa relación te pide mucho, tienes que escarbar en tu interior para coger fuerzas. Pero cuando te lo pide alguien a quien quieres, una persona cercana a ti, te llena de energía. Es como: "Madre mía, lo que te ha pasado, voy para allá porque te quiero ayudar"».

CONCLUSIONES

- Para hacer amigos y mantenerlos, sé generoso. Te dejo unas cuantas sugerencias:
  - Prepárales bizcochos o galletas.
  - Envíales postales.
  - Enséñales a hacer algo que se te dé bien.
  - Ofrécete a presentarles a alguien que podría serles de ayuda.
  - Ofrécete a ayudarlos a conseguir un objetivo (por ejemplo, sal a pasear con una amiga si quiere hacer más ejercicio).
  - Pasa más tiempo con ellos.
  - Hazles regalos cuando veas algo que creas que les puede gustar.
  - Cocina para ellos.

  - Ayúdalos con los recados (como pasear al perro o hacerles la compra).
  - Llévales un café cuando quedes con ellos.
  - Llévalos en coche al aeropuerto.
  - Préstales ropa o libros.
  - Haz de canguro de sus hijos.
  - Comparte información útil con ellos.
  - Tráeles recuerdos cuando viajes.
- Piensa en cuáles son los motivos de tu generosidad. Sé generoso porque quieres a alguien y te apetece demostrárselo, no porque esa persona no te quiera a ti y tú ansíes cambiar eso.
- Busca el beneficio mutuo en la generosidad. Si un amigo te pide mucho, encuentra la forma de que la situación te beneficie a ti también. Pide lo que necesites para que tu generosidad sea sostenible. Así evitarás el cansancio para poder seguir dando a largo plazo.
- Abraza la mutualidad con los amigos íntimos teniendo en cuenta las necesidades de ambos y dando prioridad al que más lo necesite. Para hacerlo:
  - Cuando tus necesidades sean urgentes, díselo a tus amigos.
  - Limita el número de amigos con los que vives la mutualidad. Practícala solo con amigos con los que haya reciprocidad:
    - Habrá poca reciprocidad si contestas afirmativamente a preguntas como estas: ¿siempre soy yo el que busca, el que pide ayuda, el único que se muestra vulnerable?
  - Cuando la generosidad resulta agobiante, lo que das ha de ser proporcional a la profundidad de la amistad.
- Puede haber dependencia, en lugar de amistad, si una de las personas siempre comienza la conversación para hablar sobre un problema y casi nunca para interesarse por su amigo, no respeta los límites, se siente con derecho a una atención constante sin tener consideración con su amigo y hace recaer la responsabilidad del problema únicamente en los demás.

CAPÍTULO 8

SÉ AFECTUOSO

Cómo dar y recibir amor

Rachel y Gabby son amigas desde hace más de dos décadas y todavía se lo pasan muy bien juntas. A las dos les gusta bailar, la cerámica, los juegos de mesa y ponerse por las nubes la una a la otra. En su amistad no hay mentiras piadosas. Si Gabby se pone un vestido y pregunta: «¿Cómo me queda?», Rachel le dice: «Un poco suelto por la cintura, ¿por qué no te pruebas otro?». Tienen una amistad tan segura que pueden ser totalmente sinceras entre ellas. Cuando fueron juntas a un campamento, la gente confundía sus nombres, aunque no se parecen en nada. Un día, Gabby se presentó, pero estaba tan nerviosa que hablaba rapidísimo y nadie la entendió, hasta que Rachel la tradujo y dijo: «Es que hablo Gabby».

Cuando estaban viviendo en dos ciudades distintas, el día del cumpleaños de Rachel, Gabby le hizo una visita sorpresa. Rachel se emocionó tanto que se desmayó. Son mejores amigas, además de confidentes y contactos de emergencia ocasionales. Gabby y Rachel están todo lo unidas que pueden estar dos seres humanos. Lo único que podía estrechar su vínculo era pedirse la mano en una ceremonia formal ante sus seres queridos, y eso fue exactamente lo que hicieron.

Todo empezó un día que estaban despatarradas en un viejo sofá desgastado que antes había sido de una cafetería mientras resonaba un capítulo de *Perdidos* en el televisor.

—¡Tengo una idea! ¿Por qué no me dibujas la mano a mí y yo a ti? —le propuso Gabby a Rachel.

—¿Para qué? —preguntó Rachel arrugando el ceño.

—Podría ser divertido —contestó Gabby.

Se acercaba el cumpleaños de Rachel, que había puesto la mano sobre un papel, y mientras el lápiz de Gabby le hacía cosquillas en el dedo índice, de pronto lo entendió.

—¡Estás intentando averiguar qué talla de anillo tengo! Si vas a regalarme un anillo por mi cumpleaños, me vas a tener que pedir la mano —se rio Rachel.

A la semana siguiente, diez de los mejores amigos de Rachel y Gabby se apretujaron en su salón para celebrar su cumpleaños. Mientras bebían vino y se terminaban las patatas fritas, Gabby anunció que necesitaba la atención de todos. Se arrodilló y le pidió la mano. El anillo llevaba inscritas las iniciales de las dos y en el centro estaban sus piedras de nacimiento, amatista y peridoto.

Gabby le pidió a otra amiga que oficiara la ceremonia:

—Rachel Jane Stein, ¿quieres ser la mejor amiga de Gabby para siempre, en lo bueno y en lo malo, hasta que la muerte os separe?

—¡Sí quiero! ¡Sí quiero! —exclamó Rachel.

Gabby sacó de debajo de la mesa un certificado con un marco que había comprado en una tienda de segunda mano: «Certificado de amistad», rezaba.

—Ya es oficial —dijo Rachel mientras sus amigos les hacían fotos y ella enseñaba su anillo nuevo.

Más tarde, Rachel reflexionó sobre aquella experiencia diciendo: «Es muy propio de Gabby. Todavía me estoy riendo. Es increíble. La adoro».

En el cumpleaños de Gabby, las dos se fueron a 7-Eleven a por granizados. Después de pedirlos, se volvieron al coche para tomárselos. Cuando Gabby iba por la mitad de su granizado de cereza, Rachel se sacó una caja del bolsillo. Gabby la abrió y vio que era un collar.

—Me gustaría usar este collar para renovar nuestros votos —dijo Rachel mientras sacaba diez trozos de papel para poner una promesa en cada uno.

Rachel, que se dedica a cortar el pelo para sacarse un dinero extra, le dio uno a Gabby para que lo firmara: «Nunca me cortaré el pelo sola»; y Rachel firmó otro trozo de papel que decía: «Siempre le cortaré el pelo a Gabby».

Un año después, Gabby estaba estudiando en Escocia y, como Rachel iba a ir a Europa para visitar a su familia en Rumanía, planearon un viaje a Londres para verse. Allí, fueron a un *pub* con Lily, la hermana de Rachel, y Roy, un hombre de la pensión. Después de que la camarera les tomara nota, Rachel se arrodilló y le pidió la mano a Gabby:

—¿Quieres ser mi amiga para siempre?

Roy salió a fumarse un cigarro porque no soportaba todo aquel afecto.

Cuando la camarera volvió, le preguntó a Rachel:

—¿Eso iba en serio? ¿Acabas de pedirle la mano?

—No, no, no, era broma —contestó Lily.

—¿Por qué has dicho eso, Lily? —replicó Gabby cuando la camarera se hubo marchado de nuevo—. ¡Nos podrían haber dado champán gratis! Si alguna vez te preguntan si es tu cumpleaños o si acabas de pedirle la mano a alguien, ¡tienes que decir que sí! ¡Porque así te invitan a una copa de champán! Lección de vida.

Aunque las peticiones de mano eran de broma, en cierto modo también eran de verdad. Rachel y Gabby se han prometido ser amigas para siempre. Después de que Gabby le pidiera la mano en su cumpleaños, Rachel quiso poner por escrito las promesas concretas de su amistad. Mirando atrás, Gabby se da cuenta de que las dos se quieren y están dispuestas a cumplir esos votos. Ahora que ya tienen certificados y anillos de amistad, no hay mucho más que puedan hacer para estrechar aún más su vínculo.

Quienes observan desde fuera una amistad como la de Rachel y Gabby se preguntan cómo han podido hacerse tan íntimas. Es como si hubieran descifrado el código de la intimidad. Mientras tanto, muchos seguimos atascados en la etapa de los conocidos, no solo sin amigos, sino sin una verdadera intimidad. Puede que tengamos a alguien con quien podamos ir al cine, pero no tenemos a nadie a quien llamar desde el hospital. En nuestro cumpleaños recibimos cientos de felicitaciones en Facebook, pero no viene nadie para celebrarlo con nosotros. No solo deseamos conocer a gente, lo que deseamos es también una conexión significativa. Pero ¿cómo la encontramos? Como Rachel y Gabby nos enseñan, el afecto puede ayudarnos a conseguirlo.

POR QUÉ OCULTAMOS EL AFECTO A LOS AMIGOS

El afecto hace que la otra persona se sienta valorada y querida; por ejemplo, con saludos cariñosos, cumplidos, ánimos, elogios o muestras de aprecio. Rachel y Gabby comparten un nivel de afecto que no solemos expresar ante las personas que son importantes para nosotros. Cuando la madre de Rachel se enteró de las peticiones de mano, comentó: «Es un poco raro, pero está bien». No solo comparten anillos y ceremonias de amistad, sino que también se abrazan y se hacen arrumacos. Para Rachel y Gabby es normal, aunque para la mayoría de la gente no suele ser habitual en la amistad. Pero ¿por qué?

No es que no queramos profundamente a los amigos, sino más bien que no nos sentimos cómodos expresándolo. Cuando di una charla sobre cómo hacer amigos en el trabajo les pedí a los asistentes que escribieran algo positivo de un amigo que todavía no le hubieran dicho. Las respuestas brotaron a raudales: «Quiero decirle a mi amiga lo mucho que me ha inspirado todos estos años en los que hemos sido amigas»; «Quiero decirles a mis amigos que me han hecho ser mejor persona»; «Espero que mi amiga se dé cuenta de lo maravillosa que es»; «Oigo tu sonrisa al hablar por teléfono. Me alegra el día». Estas respuestas me provocaron una sensación agridulce, porque transmitían mucho amor pero todavía no lo habían expresado.

¿Por qué nos callamos nuestro amor por los amigos? Porque creemos que no podemos expresarlo igual que hacemos con nuestras parejas. Tarjetas de felicitación, cartas de amor y contacto físico: en Estados Unidos, muchas muestras de afecto se reservan para la pareja, aunque no tendría por qué ser así. Para la pareja tenemos los aniversarios, el día de San Valentín y los votos del matrimonio, y para los amigos, bueno, tenemos el Día Internacional de la Amistad, aunque nadie ha oído hablar de él (es el 30 de julio); es tan famoso como el Día de Medirse los Pies (23 de enero) o el Día Nacional del Ajo (19 de abril). Tan solo desde 2010 tenemos el Galentine's Day, que popularizó un episodio de *Parks and Recreation* cuando la protagonista, Leslie Knope, creó este día para expresar el amor por sus amigas. Desde entonces tenemos también el Palentine's Day, que no es específico en cuanto al género.

Hay cualidades inherentes a la amistad que nos impiden expresar afecto a los amigos. La amistad es menos formal por naturaleza, más alocada y más versátil que las relaciones románticas, y no tiene un guion concreto, lo que significa que no sabemos si nuestros amigos están tan inmersos en la amistad como nosotros. Como dijimos en el capítulo de la generosidad, alrededor de la mitad de las personas a las que llamamos amigos no se refieren a nosotros como amigos.[1] Cuando nos casamos, sabemos que tenemos un compromiso; la ceremonia, los votos y el anillo dan prueba de ello. Con la familia, la dedicación mutua se presupone por los lazos de sangre; pero con los amigos es más arriesgado demostrar afecto porque no estamos seguros de que los demás sientan lo mismo.

Además, la tecnología ha hecho que sea todavía más difícil saber quiénes son nuestros amigos. El término *amigo* se ha utilizado tanto que, aunque quisiéramos ser afectuosos con los amigos, nos costaría saber realmente cuáles son. ¿Los amigos de Facebook cuentan? ¿Los que nos retuitean? ¿Ese amigo con el que no hablas desde hace cinco años, aunque os dais un «me gusta» muy de vez en cuando?

La tecnología y las redes sociales han creado una cultura de la desvinculación: tenemos más (supuestos) amigos que nunca, pero ahora son menos que nunca aquellos a los que nos sentimos cercanos. En vez de tratar de descubrir quiénes son esos pocos, dedicarles nuestra atención y disfrutar con ellos, dejamos que un algoritmo lo haga por nosotros, con lo que nos damos a personas que no son necesariamente verdaderos amigos, sino quienquiera que publique una buena noticia que aparezca en nuestras redes. Sin las redes sociales nos veríamos obligados a preguntarnos: «¿A quién quiero mantener en mi vida de un modo intencional?». En cambio, repartimos nuestro afecto entre quienesquiera que se encuentren activos en nuestra plataforma favorita. Es difícil demostrarles afecto a nuestros amigos si ni siquiera sabemos bien quiénes son.

Otro motivo por el que demostrar afecto a nuestros amigos no está muy extendido (comparado con hacerlo con nuestra pareja) es la confusión entre cualquier tipo de amor y el sexual. La idea de demostrar amor a nuestros amigos nos da miedo porque, si lo hacemos, nos arriesgamos a que crean que nos sentimos atraídos por ellos. Esto demuestra la confusión que impera entre las distintas formas de amor. En su libro *Ace: What Asexuality Reveals About Desire, Society, and the Meaning of Sex*, Angela Chen sostiene que sentimos el amor platónico (aprecio y agrado), el amor romántico (pasión embriagadora e idealización) y el amor sexual (deseo de practicar sexo) de manera independiente.

Podemos sentir pasión por alguien (amor romántico) sin querer tener relaciones sexuales con esa persona (amor sexual), lo cual significa que podemos sentir amor romántico en los límites de la amistad. Hasta hay un término para esto: «amistad romántica». A lo largo de la historia, el amor romántico ha formado parte de la amistad, incluso podríamos decir que más que en el matrimonio. La primera definición del amor se refería a los amigos: «Agradar, mirar con afecto; amamos a un hombre que nos ha hecho un favor».[2]

Antes del siglo XVIII, en Europa y Estados Unidos, la gente (aunque en su mayoría blanca) no amaba necesariamente a su cónyuge. Su familia elegía al futuro cónyuge por razones prácticas. Los miembros de cada familia escogían a alguien de una familia con la que quisieran aliarse o que les pudiera proporcionar recursos. Como dice la historiadora Stephanie Coontz: «Durante la mayor parte de la historia era inconcebible que la gente eligiera a sus parejas sobre la base de algo tan frágil e irracional como el amor».[3]

En su libro, *Historia del matrimonio*, Coontz describe cómo, aun cuando el matrimonio por amor se hizo popular en la época victoriana, la gente seguía recurriendo a la amistad para conseguir afecto. La idea más extendida de la época era que los hombres y las mujeres eran totalmente opuestos y necesitaban unirse para completarse. El hombre era racional y analítico, y la mujer era moral y pura. Los géneros eran tan diferentes que tenían problemas para conectar, y tanto los hombres como las mujeres conectaban mejor con sus amigos del mismo género.[4] En palabras de Coontz: «Muchas personas se sentían mucho más cerca de su propio sexo que de lo que se veía como el sexo literalmente "opuesto" (y ajeno)». En 1863, Lucy Gilmer Breckinridge, una mujer cuyo diario se publicaría más adelante, escribió que le preocupaba «no aprender nunca a amar a ningún hombre»: «Las mujeres son tan encantadoras, tan angelicales. ¡Qué no daría yo por una esposa!».

En una época en la que el amor no estaba monopolizado por los cónyuges, los restos del romanticismo eran evidentes entre los amigos famosos del pasado. Alexander Pope, el poeta inglés, escribió a Jonathan Swift, el escritor satírico: «Es una verdad sincera, no hay nadie vivo o muerto en quien piense más o mejor que de ti». Herman Melville, autor de *Moby Dick*, escribió a Nathaniel Hawthorne, autor de *La letra escarlata*: «Creo que dejaré el mundo con más satisfacción por haberte conocido. Conocerte me persuade más que la Biblia de nuestra inmortalidad». Y Frederick Douglass afirmó que lo más difícil de escapar de la plantación fue dejar a los amigos: «La idea de dejar a mis amigos fue el pensamiento más doloroso al que me tuve que enfrentar. El amor por ellos era mi punto débil e hizo tambalear mi decisión más que ninguna otra cosa».

El amor romántico en la amistad no es radical: es tradicional, si nos remontamos lo suficiente en nuestra historia. Incluso ahora, es normal que los amigos íntimos sientan la pasión e idealización que solemos considerar apropiada solo para la pareja. Casi todos los mejores amigos a los que he entrevistado y sobre los que he leído parecen compartir algún grado de amor romántico tal y como lo he definido. Se entusiasman y son territoriales el uno con el otro, se idealizan mutuamente o quieren pasar todo el tiempo juntos.

Cuando pretendemos que el amor romántico no sea normal en la amistad, la gente se siente avergonzada y confundida por el profundo amor que sienten por sus amigos; y entonces, en lugar de expresar ese amor, lo ocultan. En los años setenta, una mujer escribió en la revista feminista *Ain't I a Woman?* que ella les manifestaba un amor cercano y afectuoso a sus amigos, hasta que leyó que estos sentimientos justificaban un asesoramiento psiquiátrico, y entonces se sintió «irremediablemente sucia y enferma»: «Empecé a sospechar de cualquier emoción y motivo incontrolable que pudiera tener mi nuevo y extraño yo». Debido a la forma en que confundimos el amor sexual con el romántico, Gabby también admite estar confundida sobre sus sentimientos por Rachel: «Una vez me pregunté: "¿Me siento atraída por ella?". Y luego me dije que no. ¿Cómo es posible? Es difícil conciliarlo. Nos damos mimos, pero no me siento físicamente atraída por ella. Solo es que la quiero mucho». La atracción romántica puede surgir sin que haya atracción sexual. Y que sintamos una no significa que sintamos la otra.

¿Qué ha pasado, por qué nos sentimos ahora mucho menos cómodos con este amor profundo por nuestros amigos? La incomodidad con el afecto en las amistades coincide con el aumento de la homofobia tal y como se expresa hoy en día. Antes de la década de 1900, los comportamientos sexuales de una persona no constituían un aspecto de su identidad como lo hacen hoy. Según Hanne Blank, autora de *Straight: The Surprisingly Short History of Heterosexuality*, antes de 1868 no había heterosexuales ni homosexuales. Como la orientación sexual no era una identidad, las personas eran injustamente estigmatizadas por tener relaciones sexuales con alguien de su mismo sexo, pero no por ser o parecer homosexual. Eran libres de tallar sus iniciales en los árboles, abrazarse y dormir con sus amigos sin que se les estigmatizara, porque nada de esto era sexual. Los amigos también se escribían apasionadas cartas de amor, como aquella en la que una mujer del siglo XIX le decía a una amiga: «La esperanza de volver a ver tu rostro me hace sentir acalorada y febril».[5] No fue hasta que destacados psiquiatras, como Sigmund Freud y Richard von Krafft-Ebing, caracterizaron el amor entre personas del mismo sexo como un trastorno sexual,* creando así el concepto de identidad sexual, cuando la homofobia tal como la conocemos aumentó y el afecto en la amistad disminuyó.[6]

El aumento de la homofobia, o más específicamente de la homohisteria, ha hecho estragos en las amistades de los hombres heterosexuales en particular. La homohisteria es el miedo de los hombres heterosexuales a ser percibidos como homosexuales, y los investigadores sostienen que estos temores impiden la intimidad emocional entre los hombres.[7] Según un estudio, los hombres especialmente homófobos son menos propensos a mostrar vulnerabilidad con sus amigos heterosexuales, lo que los lleva a tener amistades menos estrechas y satisfactorias.[8] Antes del siglo XIX, la sociedad no era homófoba, así que, aunque el sexo entre hombres estaba prohibido, los hombres se mostraban vulnerables entre sí y, al igual que las mujeres de la época, se escribían cartas de amor y se abrazaban. Ahora, algunos hombres se sienten obligados a declararse «no homosexuales» cuando abrazan o dan muestras de aprecio a sus amigos, para dejar claro que ni siquiera las migajas de su afecto tienen una pizca de homoerotismo.

No es que no queramos a nuestros amigos como queremos a nuestras parejas. De hecho, un estudio revela que las mujeres experimentan más intimidad con su mejor amiga que con su pareja, y ambos géneros dicen tener más cosas en común con sus mejores amigos que con sus parejas.[9] Pero cuando se trata de amigos, nos sentimos más presionados a ocultar ese amor. Para poder expresarlo tenemos que superar la homohisteria, desafiando la homofobia y

---

* A finales del siglo XIX, la industrialización hizo que se acudiera en masa a las ciudades. Con menos cotilleo y más anonimato, la gente empezó a practicar todo tipo de actos sexuales que no consideraban posibles cuando vivían en pueblos pequeños, incluidas las relaciones sexuales con personas del mismo sexo. La gente adoptó la pseudociencia de Krafft-Ebing y Freud en torno a la sexualidad porque buscaba una forma de justificar el aumento de las relaciones sexuales entre personas del mismo sexo que estaba teniendo lugar en estas ciudades. Para más información, véase *Straight: The Surprisingly Short History of Heterosexuality*, de Blank.

reconociendo que la atracción sexual no está implícita a través de toda la gama de comportamientos afectivos. Cuando la superamos, podemos expresarles libremente a nuestros amigos lo mucho que los queremos.

EL AFECTO ES BUENO PARA LA AMISTAD

No expresar afecto pone en riesgo la propia amistad. El afecto es un elemento muy importante a la hora de crear intimidad y conexión con los demás. En un estudio titulado *The Development and Maintenance of Friendship*, Robert Hays, profesor de la Universidad de Utah, hizo un seguimiento de los comportamientos de las amistades en ciernes. Observó a dúos de potenciales amigos durante doce semanas y volvió a hacerlo unos meses después, para ver si podía predecir cuáles acabarían siendo amigos. ¿Qué diferencias había entre los que habían llegado a ser amigos y los que no? Los que llegaron a ser amigos se expresaban una gran cantidad de afecto el uno al otro.[10]

Hays descubrió que muchas de las cosas que nos hacen estrechar lazos funcionan especialmente bien en determinadas etapas de la amistad —a veces, al principio, y otras, solo después de conocerse mejor—, mientras que el afecto creaba cercanía en todas las etapas. Por ejemplo, entre los que ya eran amigos, ver la tele juntos fomentaba la amistad, mientras que no tenía el mismo efecto al principio. Por el contrario, las muestras de afecto acercaban a las personas sin importar lo unidas que estuvieran ya; así, el afecto hace que una amistad sea más profunda cuando solo es un embrión, pero también cuando ya se ha convertido en una adulta madura con trabajo, un seguro de vida, mechones canosos y un modesto plan de pensiones. Decirles a los demás que los aprecias, los valoras y cuánto bien ves en ellos impulsa la amistad, independientemente de lo unidos que estéis. Cuanto más afecto demuestres, más posibilidades tienes no solo de hacer amigos, sino de ser más amigo de los amigos que ya tienes.

En otro estudio, un investigador les entregó a los estudiantes universitarios dos copias de cuestionarios y les pidió que le dieran una copia a alguien que conocieran que fuera muy afectuoso con los demás y la otra copia a una persona que no lo fuera. Las personas muy afectuosas tenían perfiles sorprendentemente diferentes a las no afectuosas. No solo estaban menos deprimidas, eran más felices y tenían más seguridad en sí mismas, sino que también recibían más afecto de los demás, tenían una agenda social más completa y estaban menos aisladas.[11]

Pero ser afectuoso no solo es bueno para la amistad, sino que también nos beneficia a nosotros. Al ser criaturas sociales, para animarnos a conectar, nuestro cuerpo tiene una regla: todo lo que hagamos para conectar con los demás se traduce en un beneficio para la salud. Los estudios han demostrado que las personas afectuosas están menos deprimidas, tienen una mayor autoestima y el colesterol, el cortisol y la tensión arterial más bajos.[12] Estos estudios revelan que, aunque creamos que mostrar afecto beneficia a los demás, también aumenta la energía positiva en nuestro interior. Cuando juzgamos, la energía negativa nos corroe, pero cuando amamos, los sentimientos cariñosos nos enriquecen. La forma en que vemos a los demás determina lo que experimentamos dentro de nosotros. Conociendo esta investigación, he empezado a llevar a cabo una práctica contraria a la costumbre que tenemos de pasarnos horas consumiendo malas noticias y comentarios negativos en redes sociales: cuando consulto las redes, procuro fijarme solo en lo que publican mis amigos y contestarles diciéndoles lo bien que lo están haciendo y lo orgullosa y feliz que estoy por ellos, y me siento muy bien al hacerlo. Demostrar afecto en las redes sociales es una buena estrategia para hacer amigos y mantener la amistad. Un estudio descubrió que publicar en los muros de los amigos, apoyarlos tras una mala noticia y felicitarlos a través de Facebook está relacionado con amistades más satisfactorias y cercanas.[13]

Pero ¿por qué el afecto fortalece la amistad? Encontramos algunas pistas en las teorías de la reciprocidad de la atracción y de la atracción inferida: básicamente, me caes bien si te caigo bien. En un estudio fundamental de 1958, se reunió a unos desconocidos para formar un grupo de trabajo en el que se hablaría sobre cómo mejorar la enseñanza en las clases. Antes de llegar se sometieron a pruebas de personalidad, y antes de formar los grupos se les dio información falsa, diciéndoles que, según las pruebas de personalidad, en el grupo había tres personas a las que probablemente les caerían mejor. Cuando terminó la reunión, los investigadores dijeron en el grupo que más tarde se formarían equipos y que tenían que decir con quién querían estar. En general, la gente eligió formar pareja con personas de las que se les había dicho que les caerían bien.[14] Estos mismos resultados se han obtenido en estudios en los que interactúan personas que no se conocen y luego dicen si se han caído bien, o en los que la gente evalúa hasta qué punto les caen bien las personas que forman parte de su vida. Nos caen bien las personas a las que nosotros creemos que caemos bien.[15]

Esta investigación pone en tela de juicio una idea errónea sobre cómo hacer amigos. Pensamos que hacer amigos consiste en ser encantador como James Bond, inteligente como Bill Gates, o divertido como Chris Rock. Creemos que se trata de cautivar a los demás con nuestra irresistible personalidad, pero no es así. En un estudio, los participantes dijeron que ser divertido o persuasivo era la cualidad menos importante en un amigo, mientras que la más importante era que un amigo les hiciera sentirse bien con ellos mismos.[16] Las personas con gran capacidad de hacer amigos tienen una cosa en común, y no es tanto cómo son, sino cómo tratan a los demás: hacen que la gente se sienta importante. Oprah Winfrey, una de las celebridades que mejor caen del mundo, lo hace cuando exclama «Ese es un momento "¡ajá!"» o «¡Tuiteable!» cada vez que sus invitados dicen algo profundo. ¡Y no hay nada que transmita mejor un «tú eres importante» que ofrecerle algo importante! Como ella dice: «A todos nos gusta que nos escuchen, saber que importamos y que lo que teníamos que decir importa».

EXPRESAR AFECTO ES MENOS INCÓMODO DE LO QUE CREES

A pesar del tremendo impacto que el afecto produce en la amistad, una de las razones por las que lo evitamos es porque pensamos que nuestras demostraciones de afecto van a resultar extrañas. Me di cuenta cuando impartía una clase llamada Habilidades de Ayuda, en la que los estudiantes universitarios aprendían las herramientas básicas para convertirse en terapeutas. Aunque en general a los alumnos les encantaba la materia, siempre había una semana que los incomodaba a todos. En esa semana practicábamos una habilidad terapéutica llamada «inmediatez», que consiste en expresar directamente lo que pensamos o sentimos en una relación.

«Hoy vais a deciros los unos a los otros lo que os gusta de cada uno», les decía a modo de introducción. Siempre se producía un silencio generalizado; ojos mirándome de hito en hito, traseros moviéndose en las sillas, gomas de borrar siendo torturadas. Los estudiantes esgrimían toda una serie de miedos: «¿Y si espanto a alguien?», «¿Y si parezco dependiente y desesperado?». Dejaba que se desahogaran y luego esperaba en silencio hasta que algún valiente se animaba.

«Todo lo que dices es muy inteligente; eres callado, pero cuando hablas, lanzas bombas de verdades.» «Hay algo en ti que es muy guay, y se te ve muy segura, admiro todo eso.» «Todos los días, cuando llego, me saludas, y eso me hace sentir a gusto aquí.» Todos derrochaban agradecimiento. He impartido esta clase muchos años y nunca ha habido nadie que terminara la semana espantado, a pesar de los temores iniciales.

Después de esa actividad, la dinámica de la clase cambiaba por completo. Era una transformación. Los alumnos participaban más, se reían más, se saludaban por los pasillos. Era como si la clase al principio llevara un corsé y por fin se lo quitara. El último día reflexionábamos sobre el curso, y los alumnos solían decir que la «semana de la inmediatez» les había hecho sentirse más cercanos unos a otros. Uno de ellos dijo: «Así es como se estrecha una relación, cuando eres intencional al decirle a alguien lo que significa para ti».

Ya hemos visto por qué no solemos expresar afecto en la amistad. Pero, por otra parte, también subestimamos lo que perdemos cuando no lo hacemos. En mi curso queda patente un sesgo que tenemos en la forma de ver el afecto, y que es igual a los que ya hemos visto al hablar de la vulnerabilidad y la iniciativa: creemos que al mostrar afecto vamos a espantar a los demás, cuando en realidad lo que conseguimos es que se sientan más unidos a nosotros.

En un estudio, los participantes escribieron cartas de agradecimiento y luego dijeron lo felices o incómodos que creían que se sentirían los destinatarios al recibir la carta, mientras que los destinatarios dijeron lo felices o incómodos que se habían sentido en realidad; y resultó que los emisores sobrestimaron lo incómodos que se sentirían los destinatarios y subestimaron lo bien que se sentirían. Otro estudio, del mismo artículo, sostiene que cuanto más subestimemos el poder de nuestro afecto en los destinatarios, menos probable será que lo expresemos.[17] Este sesgo es un problema real. Como afirman los autores del estudio, «no entender lo positiva que es la reacción de los destinatarios ante una expresión de gratitud puede hacer que la gente opte por expresar su gratitud con menos frecuencia de lo que realmente le gustaría, lo cual podría suponer una barrera para las interacciones positivas».

El afecto nos da seguridad

Una tarde de otoño, cuando Gabby estaba en séptimo (doce-trece años), echó a andar por las calles suburbanas de Maryland. Sus hermanos se estaban peleando a gritos y, cuando ella intentó intervenir, la apartaron de un empujón. Luego empezaron a tirarse cosas, y fue entonces cuando Gabby decidió buscar refugio en la casa de Rachel. Como era *sabbat*, no podía llamar ni conseguir que la llevaran, así que tuvo que recorrer a pie unos cuantos kilómetros.

Al llegar, llamó a la puerta y esperó. Estaba nerviosa por si le decían que se volviera a su casa. Una parte de ella quería huir, pero otra sentía que explotaría si no encontraba consuelo de inmediato. La madre de Rachel abrió la puerta.

—¿Está... Rachel... aquí? —preguntó, parándose después de cada palabra para tragar aire, como cuando se intenta no llorar.

—Ay, cariño, ¿qué te pasa? —le dijo la madre de Rachel—. Tú puedes llamarnos siempre, e iremos a buscarte. Aunque sea *sabbat*, por favor, llama.

Rachel bajó la escalera y, al ver a Gabby llorando, la abrazó.

Se fueron las dos al cuarto de Rachel. Gabby se derrumbó en la cama y Rachel la estuvo abrazando mientras ella le contaba lo que había ocurrido. Después de aquel día, la familia de Rachel acogió a Gabby como si fuera su hija adoptiva, y Gabby pasó muchas noches con ellos. Rachel también se apoyaba en Gabby. Cuando su tía preferida enfermó de cáncer, habló de sus temores con Gabby.

Un aspecto que define la amistad de Rachel y Gabby, y que ha hecho que llegue a ser tan íntima, es la seguridad. Cuando una de ellas lo necesita, sabe que puede contar con la otra. Está claro que la seguridad se cultiva a través de la vulnerabilidad y el apoyo, como el que Rachel y Gabby se ofrecieron mutuamente cuando Gabby se presentó en su casa, pero también a través del afecto, que dice: «Te quiero y te valoro tal y como eres, y puedes ser tú mismo conmigo». El afecto refuerza el valor de una persona, la hace sentir que está bien como es, que es digna de amor. Gabby nunca recibió esto en su casa. Se acuerda de cuando cuidaba de su sobrina e intentaba asegurarse de que nunca llegara a sentirse tan indigna como ella. Le decía: «Te esperamos durante nueve meses, y el día en que naciste estábamos deseando conocerte, saber lo que te gusta y lo que no. Eres perfecta tal y como eres».

Pero Gabby sí recibió este afecto de algún sitio: se lo dio Rachel. Sus propuestas de amistad mutuas son la guinda del pastel de sus abundantes expresiones de afecto. También se escriben largas cartas en las que detallan lo importantes que son la una para la otra. Las dos hablan bien de la otra con otras personas. «Es una bola de energía adorable y es totalmente ella misma. Es un ser humano maravilloso», le dijo Rachel sobre Gabby a una amiga. Ninguna de las dos tiene que pescar cumplidos, porque los elogios están integrados en el lenguaje de su amistad. Cuando Rachel le dijo a Gabby que la iba a entrevistar para este libro, Gabby le dijo: «Asegúrate de decirle lo increíble que eres como amiga y lo mucho que apoyas a todo el mundo todo el tiempo».

El afecto hace más fáciles las conversaciones difíciles

El afecto puede fortalecer la amistad no solo cuando estamos contentos con nuestros amigos, sino también cuando estamos disgustados con ellos. Si al plantear un problema nos mostramos afectuosos, los demás tienden a sentirse interpelados de una manera que les transmite dignidad, haciéndolos sentir queridos y empoderados, en lugar de despreciables; y esto a su vez hace que puedan ser más receptivos. Cuando estaba en la universidad, el novio de Gabby, Paul, se iba a ir a vivir con ella y sus compañeros de piso. Pero una de sus compañeras, Tina, estaba durmiendo en su habitación porque tenía en su cama una montaña de ropa sucia. Para afrontar el problema, Gabby se le acercó, le dio un beso en la frente, le puso la mano en el hombro y le dijo: «Te quiero, pero no puedes seguir huyendo de tu ropa sucia. Tienes que hacer algo. Sé que hay un montón de ropa en tu cama y que por eso no estás durmiendo ahí. Yo ahora tengo que irme a clase, pero cuando vuelva, hacemos la colada. Yo te ayudo. Me traigo comida y nos ponemos. Pero tenemos que hacerlo». Tina reflexionó sobre aquel recuerdo y dijo: «Gabby me decía de la forma más cariñosa que me pusiera las pilas. Otras personas me dicen que haga algo y las mando a paseo. Pero a ella la escucho de verdad, por cómo lo dice».

El afecto desencadena algo sorprendente en la otra persona. Como comentamos en el capítulo de la autenticidad, muchas veces intentar protegernos puede estar reñido con proteger la relación. Cuando tratamos de protegernos —cerrándonos, adoptando una actitud pasiva o poniéndonos por encima de los demás—, la relación suele resultar perjudicada. Y cuando intentamos proteger la relación —disminuyendo la intensidad del conflicto o confiando—, nos quedamos más indefensos. Para cultivar una amistad mejor no solo tenemos que encontrar nosotros la manera de ponernos en modo prorrelación (en lugar de acudir a la autoprotección), sino además activar el modo prorrelación en nuestros amigos, de forma que ellos también inviertan en la amistad pese a los riesgos que conlleva para ellos. Y el afecto puede ayudarnos.

Según la teoría de la regulación del riesgo, desarrollada por la profesora de Psicología de la Universidad de Búfalo Sandra Murray, «la confianza en la consideración positiva y el cariño de la pareja permite a las personas arriesgarse a buscar dependencia y conexión». En otras palabras, para invertir en una relación necesitamos pruebas de que no seremos rechazados al hacerlo.[18] Del mismo modo, si queremos que los demás se comprometan con nosotros, tienen que sentirse seguros para hacerlo. Y damos esa seguridad cuando mostramos afecto. Les transmitimos que los queremos, que los valoramos y que los aceptamos, y así pueden sentirse seguros para asumir los riesgos que comporta la intimidad con nosotros.

El afecto hace que nuestros amigos se sientan seguros

Hasta ahora hemos aprendido a ser más seguros en la amistad, pero para hacer y mantener amigos, la teoría de la regulación del riesgo sugiere que no basta con sentirnos más seguros nosotros, sino que también tenemos que transmitir seguridad a los demás. Debemos convertirnos en un terreno fértil para el apego y la seguridad, y podemos conseguirlo demostrando afecto. Hacer que los demás se sientan seguros no es solo un acto desinteresado en beneficio de nuestros amigos, pues también nos beneficia a nosotros. Hemos aprendido que las personas seguras son amigas mejores, ya que se muestran más vulnerables, son más auténticas y toman más la iniciativa. Cuando nuestros amigos saben que los queremos y los aceptamos, bajan la guardia y entran en un modo prorrelación seguro. Se encuentran cómodos llamándonos, preguntándonos, animándonos y contándonos sus problemas. Se interesan. Nosotros sacamos lo mejor de ellos y ellos sacan lo mejor de nosotros, en una espiral ascendente que saca lo mejor de la amistad.

La teoría de la regulación del riesgo revela lo perjudicial que es nuestra cultura de la desatención. Cuando le fallamos a alguien en el último momento hacemos que se sienta inseguro, ya que con ello le estamos diciendo que no lo valoramos, que es exactamente lo contrario de lo que hace que los demás se sientan cómodos con nosotros. En lugar de ponerse en modo prorrelación, se ponen en modo autoprotección y dejan de acudir a nosotros. Desde luego, fallarle a alguien no quiere decir que nuestra intención sea siempre transmitir que no nos cae bien esa persona, pero, independientemente de nuestras intenciones, el efecto es siempre el mismo. Yo también he caído en esto. La amiga de una amiga me invitó a su cumpleaños. Era tarde y hacía muchísimo frío, así que, aunque ya le había dicho que iría, cuando la hora se acercaba me daba pereza salir. No volvió a invitarme nunca más, y hasta le dijo a la amiga que teníamos en común que estaba muy dolida por que la hubiera dejado plantada y que creía que no me caía bien.

¿Qué podemos hacer, entonces? ¿Cómo podemos ser afectuosos para que los demás se sientan bien y quieran apostar por nosotros? Si estamos en un evento y nos encontramos con una persona con la que podríamos entablar amistad, en vez que ponernos a mirar los mensajes del móvil, podríamos saludarla calurosamente y hablar con ella. Si queremos que nuestro nuevo amigo nos proponga salir para tomar unas *pizzas*, cuando nos escriba para preguntarnos cómo estamos, en lugar de decirle «Muy bien», podemos decir: «¡Qué alegría saber de ti! Hay muchas cosas que me gustaría contarte». Si queremos que un amigo nos mantenga al tanto de su vida, cuando nos diga que ha recibido un premio, en lugar de decir «¡Qué bien!», podríamos decir: «¡Cuánto me alegro! Te lo mereces más que nadie». Cuando anhelamos conectar con los demás tendemos a centrarnos en nuestras necesidades, pero si lo que hacemos es centrarnos en conseguir que la otra persona se sienta a gusto con nosotros, acabaremos estando a gusto nosotros también.

La amistad de Gabby y Rachel se ajusta a los principios de la regulación del riesgo. «Esta amistad me ha ayudado a estar más abierta a otras personas —dice Gabby—. Me ha ayudado a construir mi autoestima. Sé que merezco que me quieran, y eso me ha hecho más valiente. Si no fuera por esta amistad, me daría más miedo salir y tratar de hacer amigos porque no estaría segura de si estoy a la altura. Me ha dado confianza.» Como Rachel siempre la ha hecho sentirse segura, ahora Gabby se siente bien no solo en su amistad con ella, sino con todos sus amigos.

Una de las formas más importantes en las que Rachel y Gabby se demuestran afecto es mostrando entusiasmo por las buenas noticas de la otra. Cuando Gabby le dijo a Rachel que estaba pensando en tener un hijo, Rachel se mostró exultante: «Si decides tenerlo, que sepas que tu niño ya tiene a una tía que lo adora. Tiene una familia. Y tú ya tienes a alguien para que te acompañe a las clases de preparación para el parto. ¡Estoy superemocionada y voy a estar siempre a tu lado!».

Las investigaciones demuestran que cuando Rachel respondió con tanta emoción a la noticia de Gabby, fortaleció aún más su amistad. Un estudio titulado «I Like That You Feel My Pain, But I Love That You Feel My Joy» sostiene que nos sentimos más llenos cuando los buenos amigos se alegran por nuestra alegría. De hecho, alegrarse por la alegría de los amigos indica una mayor calidad en la relación que el que se entristezcan por nuestras penas.[19] En otro estudio, los participantes tenían que ir al laboratorio y contarle una de las mejores cosas que les hubieran pasado en los últimos años a un «desconocido» que trabajaba en secreto para el investigador. En una situación, el desconocido reaccionaba con entusiasmo («¡Vaya, eso es genial!»), y en la otra se limitaba a hacer una serie de preguntas neutras («¿Por qué ha sido tan importante para ti?»). Más tarde, los participantes dijeron que se sentían más cercanos y les caía mejor la persona que reaccionaba.[20] Por último, como prueba de la teoría de la regulación del riesgo, un estudio descubrió que en una entrevista, cuando el entrevistador respondía positivamente a algo que el entrevistado expresaba, este era más propenso a devolver el dinero que le habían «pagado accidentalmente de más» por su participación en la entrevista.[21] Cuando mostramos afecto a los demás, ellos corresponden.

CÓMO EXPRESAR AFECTO

La teoría de la regulación del riesgo nos enseña que hacer amigos consiste en hacer que los demás se sientan seguros, ya sea mostrándoles más afecto o aprendiendo a recibir mejor el de ellos. También nos muestra que el éxito de la amistad depende de nosotros. Muchas veces, cuando las amistades son superficiales, les echamos la culpa de ello a nuestros amigos. «No son amigos», podríamos pensar, y tal vez sea verdad. En ocasiones, simplemente no nos llevamos bien, pero la teoría de la regulación del riesgo sugiere que, si queremos mejorar nuestras amistades, es útil pararse a pensar: «¿Hago que los demás se sientan seguros? ¿Les demuestro que los quiero y los valoro? ¿Les transmito que son importantes?».

Una de las mujeres a las que entrevisté, Anne, era consciente de que tenía barreras, pero se quejaba de que los demás no se esforzaran lo suficiente por derribarlas. De lo que Anne no se daba cuenta es de que los demás también tienen sus barreras; de hecho, es bueno que las tengan. Esperar que los demás nos busquen y se muestren vulnerables repetidamente mientras nosotros nos escondemos detrás de nuestras barreras —no mostrando afecto o no respondiendo al suyo— equivale a esperar que abandonen sus sanos mecanismos de autoprotección sin que nosotros les demos la seguridad que necesitan para hacerlo. En vez de preguntarnos por qué nuestros amigos no se esfuerzan más, tenemos que ver si nosotros les estamos ofreciendo la seguridad necesaria.

Aquí tienes varias formas de expresar afecto a tus amigos:

- Diles lo mucho que significan para ti.
- Cuando te llamen, diles que te alegras de saber de ellos.
- Alégrate con sus buenas noticias.

- Halágalos.
- Elogia su trabajo.
- Salúdalos con cariño.
- Si dicen algo que te resulta significativo, házselo saber.
- Cuando pienses en ellos, díselo.
- Habla bien de ellos con otras personas.
- Cuando te impresionen, díselo.
- Diles que conseguirán cumplir sus sueños.
- Cuando creas que han tenido una buena idea, díselo.
- Sonríeles de verdad.
- Recuérdales que te alegras de haberlos conocido.

Pero el afecto no siempre hace que la gente se sienta segura y bien. A veces, el afecto cae en saco roto. A muchos nos ha pasado; puede que le hayamos dicho a un amigo cuánto lo apreciamos y que él se haya sentido incómodo y haya cambiado de tema. Si el afecto es tan importante para la amistad, ¿por qué ocurre esto? Pues el caso es que hay personas que no saben realmente lo que es el afecto. Como veremos en la historia de Kory, expresar afecto puede ser más difícil de lo que creemos.

Cómo dar amor que los amigos puedan recibir

Cuando Kory comenzó el posgrado en la Universidad de Washington, se le asignó su propio despacho, al que al cabo de un tiempo llegó Scott, otro estudiante de posgrado. Scott colgó en la pared una foto de Estocolmo, y como Kory había estado allí el verano anterior, los dos estuvieron hablando de lo bonito que era. Otro día, Kory entró en el despacho y se encontró a Scott despatarrado en su escritorio, leyendo algo y riéndose tanto que le faltaba el aire. Kory lo observó, temiendo que Scott se cayera del escritorio, mientras pensaba: «Scott es un tipo estupendo».

Kory esperaba que, además de un colega, Scott pudiera llegar a ser su amigo, así que un día lo invitó a cenar. La conversación fluyó y se conocieron un poco más, sin el lastre de formalidad que se exigía en el departamento. Kory es una persona muy afectuosa que creció en una familia en la que todos se abrazaban, se daban besos y se decían que se querían. Así que, al despedirse, le salió natural darle un abrazo a Scott para demostrarle al menos un poco de afecto. Pero notó como Scott se ponía rígido mientras lo abrazaba y, después de aquello, todo se enrareció.

Kory volvió a pensar en aquel abrazo más de lo que le habría gustado. ¿Qué había significado la reacción de Scott? ¿Se sentía incómodo con el afecto físico o se sentía incómodo con él? ¿No le caía bien? ¿Había metido la pata? ¿Había provocado algo irreparable en su relación con su entusiasmo? Esperó el momento oportuno para aclarar las cosas con Scott, y lo encontró cuando los dos asistieron a una conferencia en San Diego.

Mientras estaban sentados en el muelle contemplando el agua, Kory pensaba en cómo abordar la conversación. Normalmente se le daba bien comenzar conversaciones difíciles, pero esta vez estaba nervioso. ¿De verdad quería saber si había hecho que la amistad fuera imposible? ¿Dónde lo dejaría eso, solo como un trozo de madera flotando a la deriva? Pero si sacaba el tema, a lo mejor podría arreglar las cosas: pedir disculpas, prometer que no lo volvería a hacer, darle un abrazo... (es broma, lo último mejor no).

Al final, Kory sacó el tema, y la respuesta de Scott cambió su vida para siempre. «Yo prefiero otras formas de dar y recibir afecto. No me gustan los abrazos, pero eso no significa que no me caigas bien», dijo Scott. Así, Kory vio el afecto desde un punto de vista distinto. Se dio cuenta de que podía entenderse de muchas maneras y que no a todo el mundo le gustaba del mismo modo. También se dio cuenta de que a una persona podía no gustarle la «muestra» de afecto, pero sí los sentimientos que habían llevado a ella: Scott podía rechazar su abrazo sin rechazarlo a él.

Ahora Kory Floyd es un destacado experto en afecto, además de profesor y experto en comunicación de la Universidad de Arizona. Sus investigaciones le han ayudado a darle sentido a lo que ocurrió hace tantos años con Scott. Ha identificado tres componentes del afecto: una persona siente amor, aprecio o cariño (¡la adulación y la manipulación no cuentan!); esa persona actúa para expresar esos sentimientos, y la otra persona interpreta y acoge ese comportamiento como un reflejo de esos sentimientos afectuosos. Cuando abrazó a Scott, técnicamente no estaba mostrando afecto, porque Scott no lo había percibido así. Kory propone las microagresiones raciales como un ejemplo de muestras de afecto fallidas: «Tú le dices a un afroamericano que habla muy bien, y él te responde: "¿Y por qué no iba a hacerlo?". De este modo has perpetuado el estereotipo negativo de su raza de no hablar bien en lugar de halagarlo».

Para ser eficaces a la hora de mostrar afecto, Floyd sostiene que tenemos que calibrar la forma en que mostramos afecto y la forma en que la otra persona lo recibe. «Cuando ofreces afecto, lo haces desde una determinada perspectiva. Pero haces una suposición: que tu comportamiento será recibido con gusto. Sin embargo, el hecho de que a ti te agraden los cumplidos no significa que a la otra persona también. Tienes que adoptar su perspectiva.»

El adoptar el punto de vista del otro al expresar afecto es algo que Gabby y Rachel tuvieron que aprender. Cuando se juntaban con otros amigos, Rachel presentaba a Gabby así: «Hola, esta es mi amiga Gabby. Es increíble en todos los sentidos, deberíais conocerla». Y luego, cuando algún amigo común le preguntaba algo a Gabby, Rachel decía: «A Gabby le gusta más el té que el café». Rachel explica por qué lo hacía: «Quería tanto a Gabby que me encantaba hablar de ella». Pero las acciones de Rachel hacían que Gabby se sintiera incómoda y no consiguiera conectar con sus amigos, de modo que se lo dijo y Rachel se esforzó por no intervenir más. Gabby se daba cuenta: la veía retorcerse, mirar para otro lado y sentarse sobre las manos para no decir nada.

Durante otro periodo de su amistad, Rachel intentaba demostrar su afecto dándole consejos que su amiga no le había pedido. Cuando Gabby acudía a Rachel con sus inseguridades, en vez de limitarse a prestarle atención, ella le decía cómo podía mejorar.

—Por favor, para. Solo necesito que alguien me escuche, no necesito que lo arregles —le dijo Gabby a Rachel una noche.

—Vale —contestó Rachel—, pero recuérdamelo antes y así me limito a escuchar.

Ver a Rachel adaptarse a sus necesidades hizo que su amistad se estrechara mucho más.

A mí no se me ha dado tan bien como a Rachel cambiar la forma de mostrar afecto cuando los amigos no lo han recibido con la intención que yo quería darle. Durante unas vacaciones de Navidad, unos amigos y yo nos sentamos alrededor de una mesa ovalada de roble y, después de un intercambio de regalos, nos pusimos a decir lo que más nos gustaba de los demás. Nos lo pasamos muy bien, y un amigo dijo: «¡Me encanta esto! ¿Qué más os gusta de mí?». Sin embargo, mi amiga Cassandra seguía indiferente. Yo iba diciendo todas las cosas que me gustaban y apreciaba de ella, pero Cassandra no estaba de acuerdo con ninguna; era como si estuviéramos debatiendo los méritos de *Atrapado en el tiempo*. Pensé que me estaba ignorando y me sentí frustrada. Era como si estuviera intentando hacerle regalos y ella me los devolviera sin abrir. La siguiente vez que traté de hacerle un cumplido, exclamé: «¡No puedes decirme que no!».

Creía que Cassandra no debía rechazar mis cumplidos, pero ahora sé que era yo la que no hacía mal en forzarla. Floyd, Rachel y Gabby me ayudaron a darme cuenta de que forzar a alguien a recibir amor no es amor en absoluto; en cambio, actuar conforme a los límites de alguien sí lo es. Además, Floyd me enseñó que tenía que tomarme el comportamiento de Cassandra de una forma menos personal. Las personas simplemente reciben el afecto de diferentes maneras, y cuando no son capaces de recibir nuestro afecto no significa que nos estén ignorando, sino solo que nuestra forma de dar afecto no es lo que ellos reconocen como afecto.

Comprender esto me ayudó asimismo a superar el resentimiento en amistades en las que pensaba que se me estaba rechazando porque no aceptaban mi afecto (otro aspecto de un afecto imperfecto, que también podría ser mi primer verso para un poema...), en lugar de ver un desajuste en los distintos estilos de afecto. Una vez le mandé a una amiga un anuncio de trabajo que pensé que podría interesarle, y me contestó: «Yo ya tengo un buen trabajo». Mi intención era transmitirle que me acordaba de ella, pero lo que le transmití fue que su trabajo no era lo suficientemente bueno. Me molestó que lo entendiera así, pero también me di cuenta de que en realidad podía asumir más responsabilidad por el efecto de mis acciones. Otra vez, un antiguo novio y yo quedamos con uno de sus mejores amigos. A mí me caía muy bien, así que al verlo exclamé efusiva: «¡Hola! ¡Me alegro de verte! Te hemos echado de menos». Él no mostró tanto entusiasmo, y recuerdo que pensé que a lo mejor yo no le caía bien, pero ahora creo que simplemente mi efusividad lo abrumó.

Floyd afirma que las personas con apego ansioso suelen tener dificultades para modular su expresión de amor en función de cómo lo reciba alguien. Si una persona se avergüenza al recibir afecto, en vez de dar un paso atrás, dobla la apuesta. «Las personas ansiosas nunca sienten que pueda haber suficiente afecto, así que asfixian con afecto a la otra persona hasta que no pueda más porque se siente abrumada —explica—. Su intención es fortalecer la relación, pero paradójicamente acaban arruinándola.»

Las sabias palabras de Floyd sobre el afecto también nos enseñan algo más general sobre la dinámica de las amistades. A veces nos centramos tanto en lo que debería ocurrir en nuestras amistades que no atendemos a lo que realmente ocurre. «A este amigo deberían gustarle mis cumplidos, deberían gustarle mis abrazos, y también debería querer que lo elogie», nos decimos (o «debería estar ahí siempre que lo necesite»; «debería ser vulnerable»; «no debería ser vulnerable»). Esto hace que nos sintamos frustrados con nuestros amigos, porque les hemos impuesto una norma que ellos no han aceptado.

Seguimos abordando la relación en los mismos términos debido a como creemos que las cosas deberían ser; seguimos dedicando cumplidos y halagando, aunque hagan una mueca de descontento, como hice yo con Cassandra. Si dejamos que los demás sean ellos mismos —si reconocemos que en las relaciones hay muy pocos «debería»—, estaremos más dispuestos a ajustar nuestros comportamientos, con lo que se creará una mayor armonía. Irónicamente, esto puede llevar al otro a convertirse en el amigo cariñoso y atento que queremos que sea, porque al ajustarnos a sus necesidades les hacemos sentir seguros. Así funciona la teoría de la regulación del riesgo.

Pero a veces es imposible ajustar nuestro afecto sin ceder demasiado: es lo que los psicólogos llaman *de-selfing* (privarnos de nuestro yo). En estos casos podemos decidir si queremos mantener la amistad o hasta qué punto podemos hacerlo sin sentirnos inauténticos. Gabby conserva algunas amistades en las que sus amigos tienen problemas para recibir su afecto. Una amiga suya, Tali, se siente tan incómoda con el afecto que, cada vez que Gabby la abraza, le dice bromeando: «¿Ves cómo te rodeo con los brazos? Se llama abrazo. Lo hacemos cuando estamos contentos o queremos demostrarle a alguien que es importante para nosotros». Y Tali le contesta, también en broma: «¡QUÍTAME LAS MANOS DE ENCIMA!», y le bufa. Pero Gabby sabe reconocer cuándo los demás se sienten incómodos con sus muestras de afecto: «Afecta al nivel de cercanía que podemos alcanzar. Si lo hago con menos intensidad, no estoy aportando todo mi yo, sino un yo "consumible"». De hecho, cree que parte de la razón por la que sus amistades con los hombres no son tan profundas es porque parece imposible expresar afecto sin dar señales de interés sexual.

Pero si queremos adaptar el afecto a los demás, ¿cómo lo hacemos? Floyd aconseja mantener conversaciones con los amigos sobre cómo les gusta recibir afecto; él lo hace preguntando: «¿Qué te ayuda a sentir que te aprecio?». Puede parecer poco natural, pero os puedo asegurar que sienta bien que te lo pregunten. Cuando me mudé a Atlanta, Cassandra me preguntó: «¿Cómo prefieres mantener el contacto?». Me encantó que se preocupara por hacerlo.

Al mismo tiempo, preguntar nos permite expresar estima de forma idiosincrática, en base a las particulares características de la amistad, algo así como una «broma interna» de afecto. El afecto idiosincrático amplifica el efecto cariñoso, ya que, como los estudios sostienen, la exclusividad fomenta la amistad.[22] Dicho de otro modo, cuando tenemos recuerdos, palabras o experiencias que solo compartimos con una persona, la relación se fortalece. Kat y Gwina, dos amigas que conocí en un bar, celebraban su «aniversario de amigas» cada año, en un día al que llamaban «Katwina». Algunos amigos se van de vacaciones juntos todos los años o celebran anualmente el Friendsgiving. Sea cual sea la ocasión, debemos desarrollar rituales que nos permitan mostrar afecto a los amigos.

Cómo recibir mejor el afecto

Pero no solo tenemos que ocuparnos del amor que les damos a nuestros amigos: para ser un buen amigo, tenemos que ampliar las formas en las que recibimos el cariño, para no rechazar el que nuestros amigos nos dan. Esto también será bueno para nosotros, porque, como hemos dicho, todo lo que hagamos para que nuestros amigos se sientan menos rechazados los llevará a invertir más en la amistad. Por lo tanto, a la hora de dar y recibir afecto, «se trata más bien de una negociación o un compromiso —explica Floyd—. En una buena relación, yo modifico mi comportamiento para adaptarme mejor a tu nivel de comodidad, pero, al mismo tiempo, tú también tienes que intentar ser más receptivo a mi comportamiento».

Las personas con apego evitativo, en particular, tienen dificultades para negociar el afecto: tienden a dar menos y a no recibirlo bien. Dana, una abogada con apego evitativo que está en proceso de recuperación, dice: «Me he pasado la vida intentando demostrar lo lista que soy para caerle bien a la gente, para que digan: "Vaya, es inteligente, una persona a la que me gustaría tener cerca". Pero así me estaba poniendo sutilmente por encima de otras personas, no a su lado. Esta necesidad constante de ser especial y de parecer inteligente me dificultaba hacer cumplidos a los demás, porque si ellos eran especiales, entonces yo podría ser menos especial. Curiosamente, lo que hacía para intentar conectar con los demás en realidad me apartaba de ellos, porque para que otras personas te quieran, tienes que aceptarlas, no superarlas».

Cuando se trata de recibir afecto, las personas con apego evitativo no confían en los demás; por eso, cuando los demás muestran afecto, ellas dan por hecho que lo hacen porque tienen motivos ocultos. En un estudio, los participantes escribieron sobre los beneficios que recibían de sus amigos. Dos días después, en el laboratorio, se les preguntó si creían que sus amigos se portaban bien con ellos porque sentían que debían hacerlo. Pero antes de responder a esta pregunta, en una condición evitativa, la mitad de los participantes escribió sobre una persona en la que no podían confiar y cuya compañía les hacía sentir incómodos. Los participantes más evitativos tenían más tendencia a pensar que sus amigos se portaban bien con ellos por obligación.[23] «Antes tenía la sensación de que la gente era amable porque quería algo de mí —añade Dana—. Y entonces su amabilidad no contaba. Era incómodo, la verdad. Me hacía sentir más presionada que feliz.»

Las personas evitativas están en modo de autoprotección cuando hacen suposiciones poco halagüeñas sobre los motivos de los demás, y al hacerlo, como nos dice la teoría de la regulación del riesgo, suelen perjudicar sus relaciones. Según los autores del estudio, «percibir que los beneficios no son voluntarios puede protegerlas de la tentación de aumentar la dependencia de la pareja. Lamentablemente, si esas percepciones se transmiten a la pareja, esta puede frustrarse, disminuir el cariño verdadero y poner en marcha la profecía autocumplida».[24] Eso está respaldado por un estudio que sostiene que somos menos propensos a mostrar gratitud a una persona que creemos que no la recibirá bien.[25]

A menos que tengamos razones para pensar lo contrario, si alguien nos expresa su afecto, deberíamos dar por hecho que sus intenciones son buenas. Esto no solo nos hace sentir mejor que si suponemos que tienen algún otro motivo, sino que además fomenta la amistad y nuestra autoestima, que es otro filtro importante a la hora de recibir amor.

Las personas con baja autoestima tienen dificultades para recibir amor porque no lo reconocen cuando se lo dan. En un revelador estudio titulado «Acceptance Is in the Eye of the Beholder», los participantes se grabaron hablando de varios temas y luego vieron un vídeo en el que un desconocido, que se suponía que había visto la grabación, les respondía hablando de los mismos temas. Para alzar la apuesta, se les decía que más adelante conocerían a esa persona. En el vídeo, los «desconocidos» (que en realidad eran actores) afirmaban estar de acuerdo con los participantes: «Estoy contigo en esto», les decían sonriendo, y expresaban directamente que querían conocerlos: «Así que espero verte en la segunda parte de este estudio». Todos los participantes vieron el mismo vídeo del desconocido, pero cuando los participantes tenían una autoestima más baja, eran menos propensos a captar estas señales de afecto y estaban menos seguros de si le caían bien al desconocido.[26]* Aunque llegamos a querernos a través del amor que nos profesan los demás, lo que este estudio demuestra es que, si no nos queremos a nosotros mismos, cuando los demás nos quieren no nos damos cuenta.

La baja autoestima puede hacer que el afecto de los demás resulte amenazador: cuando una persona con baja autoestima recibe un cumplido, la diferencia entre cómo la ve el otro y cómo se ve ella puede provocar una crisis de identidad. Según un estudio, los individuos con baja autoestima hacen afirmaciones del siguiente tipo: «Me siento como si no supiera exactamente quién soy cuando me hacen un cumplido» o «Cuando me hacen un cumplido, a veces pienso que está claro que el otro no me conoce». Cuando le hacemos un cumplido a una persona queremos transmitirle que es estupenda, pero si ella no se siente así, de un modo contrario a toda lógica el cumplido puede hacerla sentir incomprendida, invisible o presionada para ser lo suficientemente buena como para merecérselo. El mismo estudio demostró que las personas con baja autoestima son más propensas a minimizar los cumplidos.[27] Para ellas es más

* Cuando a las personas con baja autoestima se les dijo que no conocerían al desconocido en persona, sí fueron capaces de captar las señales de aceptación. Esto sugiere que no es que las personas con baja autoestima sean ajenas a las señales de aceptación; por el contrario, es probable que les resten importancia a estas señales para no sentirse peor si al final se las rechaza. Las personas con una autoestima alta no temen tanto el rechazo, por lo que no tienen que recurrir a este mecanismo de defensa.

fácil rechazar un cumplido que rechazar todo su sentido de lo que son. Cuando el afecto nos obliga a elegir entre ser amados y ser comprendidos, preferimos ser comprendidos.

Los autores del estudio afirmaron: «Si las personas no confían en la buena consideración de sus parejas (lo cual es crónicamente cierto para las personas con baja autoestima), adoptan objetivos de autoprotección que impulsan un comportamiento que puede socavar las oportunidades de lograr relaciones satisfactorias». Myles, entrenador personal, puede dar fe de cómo la lucha por recibir amor puede perjudicar nuestras relaciones: «Siempre tengo la sensación de que soy el que da más en una relación, cuando en realidad lo que pasa es que los demás me quieren pero yo no puedo aceptarlo. No me fío de eso». De pequeño, sus padres siempre se estaban peleando, y su padre tenía muy mal genio. Myles se acuerda de una vez que sacó una mala nota, y su padre le dijo: «Eres un fracaso. ¿Por qué no puedes hacer nada bien?». Y si lloraba, las cosas se ponían aún peor. Cuando estaba cerca de su padre, siempre tenía que ir con pies de plomo por miedo a despertar su ira, que aparecía en un microsegundo, hasta en los momentos más felices: «Me aterra sentir amor porque es algo peligroso que me pueden quitar».

Para asimilar mejor los elogios o cumplidos de los demás, ayuda detenerse y pensar en las intenciones de la otra persona, en lugar de centrarnos exclusivamente en nuestra interpretación de sus comentarios. En un estudio se les pidió a los participantes que hablaran sobre un cumplido que les había hecho su pareja; después, un tercio de los participantes reflexionó sobre la razón por la que su pareja los admiraba y lo que esto significaba para ellos y la relación, otro tercio describió el cumplido, y el último tercio lo describió con más detalle. Las personas con baja autoestima se sintieron más felices y seguras y valoraron más la relación al reflexionar sobre los motivos positivos de su pareja.[28] Según estos resultados, pensar en la admiración que subyace al cumplido, en lugar de en las formas en que afecta a nuestras inseguridades, hará que no neguemos, refutemos ni minimicemos el amor. Y nos dará más seguridad. La terapia también es una buena opción para abrirnos a recibir amor. Myles aseguró que la terapia lo había ayudado a darse cuenta de que el amor no siempre da miedo y a sentirse lo suficientemente bien consigo mismo como para poder confiar en que cuando los demás le dicen que le quieren, puede que sea cierto.

QUERERTE TAL Y COMO ERES

En la clase de cerámica del primer año de la universidad de Rachel y Gabby, esta última hizo una desgarradora escultura de una casa. Tenía las paredes tapiadas, un agujero en el techo y moho de color cobre. Era una casa rota, con la que quería simbolizarse a sí misma y a sus orígenes. Pero, para el último año de universidad, la dinámica de su familia se había vuelto más sana y, en gran parte gracias a Rachel, ella también se sentía mejor. Por eso, sintiendo que ya lo había superado, no soportaba ver la escultura todos los días en su cuarto de invitados, de modo que le pidió a Rachel que la ayudara a destruirla.

Entre las dos la destrozaron por completo con unos martillos: el tejado agujereado, las paredes tapiadas y el moho de color cobre quedaron hechos añicos. Lo convirtieron en todo un acontecimiento, haciendo fotos mientras la destrozaban. «Aquel fue el momento de nuestra amistad en el que me sentí más orgullosa de Gabby», me dijo Rachel.

Cuando Gabby volvió a su casa y le enseñó orgullosamente los fragmentos a su tía, ella le dijo que no debería haberlo hecho, que nunca debería destrozar su arte. Por más que Gabby intentó explicarle que aquello significaba que ya no se sentía rota, su tía siguió regañándola hasta que se sintió avergonzada. La reacción de su tía, en comparación con la de Rachel, le enseñó la fuerza del afecto y lo que realmente significa. «Que Rachel estuviera tan orgullosa de mí en aquel momento me decía: "Veo todo lo que eres y te quiero. Quiero lo bueno y lo malo [que hay en ti]". Yo creo que el amor es apoyar ese espacio, crear ese espacio para que las personas puedan expresarse por completo, para que tengan total libertad a la hora de decidir cómo vivir su vida, y seguir queriéndolas. Lo que ella hizo para ayudarme y que no me sintiera tan rota fue quererme tal y como soy.»

CONCLUSIONES

- Sé más afectuoso con tus amigos, se alegrarán más de lo que crees.
  - Varias formas en las que puedes ser afectuoso con tus amigos:
    - Diles lo mucho que significan para ti.
    - Cuando te llamen, diles que te alegras de saber de ellos.
    - Alégrate con sus buenas noticias.
    - Halágalos.
    - Elogia su trabajo.
    - Salúdalos con cariño.
    - Si dicen algo que te resulta significativo, házselo saber.
    - Cuando pienses en ellos, díselo.
    - Habla bien de ellos con otras personas.
    - Cuando te impresionen, díselo.
    - Diles que conseguirán cumplir sus sueños.
    - Cuando creas que han tenido una buena idea, díselo.
    - Sonríeles de verdad.
    - Recuérdales que te alegras de haberlos conocido.
  - Crea rituales (como el Palentine's Day o el Friendsgiving) para demostrarles afecto a tus amigos.
- Si quieres hacer nuevos amigos, utiliza el afecto de forma que la gente se sienta segura de invertir en ti. Si conoces a alguien de quien te podrías hacer amigo, salúdalo con cariño. Si quieres que un nuevo amigo te invite a una *pizza*, cuando te llame dile lo contento que estás de saber de él. Y no te eches atrás.
- Sentir un amor romántico por los amigos es normal. Exprésales este amor de una manera en la que puedan recibirlo.

- Si un amigo se siente incómodo con tu forma de expresar afecto, adáptate al modo en el que él lo recibe.
  - Para hacerlo, pregúntale: «¿Qué te ayuda a sentir que te aprecio? ¿Cómo prefieres que exprese mi aprecio por ti?».
- Para estar abierto a recibir el afecto de tus amigos:
  - Piensa que sus intenciones son buenas.
  - Párate a pensar en los sentimientos positivos y cariñosos que están expresando cuando son afectuosos contigo, en lugar de pensar en lo que te hace dudar como reacción a su afecto.

CONCLUSIÓN

Espero que termines este libro con nuevas ideas sobre cómo hacer amigos y mantenerlos. Espero que te haya servido como desafío y orientación. Espero que hayas perdido un poco de miedo, que te haya ayudado a ser un poco más afectuoso, un poco más intencional, a asumir la responsabilidad de hacer que nuestro mundo sea menos solitario y más amable. Espero que te des cuenta de que dar amor es un regalo tan grande como recibirlo. Espero que estés más dispuesto a mostrarte vulnerable y a decirles a las personas importantes en tu vida lo mucho que te han animado. En definitiva, espero que encuentres y mantengas amigos que te quieran tal y como eres y que estén a tu lado cuando los necesites, y espero que tú también seas ese tipo de amigo para ellos. Pero hay un consejo más que quiero darte para ayudarte a que todo esto se haga realidad.

Billy Baker es un periodista que trabaja para el *Boston Globe*. Escribió un libro de memorias, *We Need to Hang Out*, sobre su búsqueda de amigos. La idea del libro surgió de un artículo del *Boston Globe*, uno de los diarios más famosos. En el artículo se detallaban las dificultades de los hombres para hacer amigos, y las de Billy en particular. Tanta gente se sintió identificada con la falta de amigos de Billy que el artículo se hizo viral. Cuando entrevisté a Billy, le pregunté qué había aprendido sobre hacer amigos. «Siempre he sido una persona en esencia buena, como si se tratara de una lista de cosas que tenía que hacer —dijo—: me levantaba todos los días, era un buen marido y un buen padre, iba al gimnasio, comía brócoli y era un buen trabajador. Lo único que hice fue añadir "ser un buen amigo" a la lista.»

Es fácil quitar a los amigos de la lista. Tenemos muchísimas cosas que hacer, entre la pareja, los hijos, la salud y el trabajo, que no termina nunca. La amistad requiere una energía que creemos que no vamos a tener. Hay que esforzarse para pensar en lo que a tu amigo le gustaría por su cumpleaños, para sacar a relucir un problema, para contestarle cuando te llama desesperado a la una de la mañana, para ir a recogerlo al aeropuerto, para preguntarle cómo va todo, para pararse a pensar y expresar lo que significa para ti. Y no siempre está claro que valga la pena.

Pero vale la pena.

He mencionado muchos estudios precisamente para demostrar lo mucho que vale la pena. A modo de recordatorio: al principio de este libro dije que tener contactos sociales es uno de los mayores determinantes de la felicidad. De los 106 factores que influyen en la depresión, tener un confidente es el más poderoso. La soledad es peor que tener una alimentación que no sea saludable, no hacer ejercicio o fumar quince cigarrillos al día. La amistad nos salva la vida, literalmente. Sin embargo, no es algo intuitivo, porque la influencia de la conexión es intangible. No tiene un efecto tan perceptible como comer espárragos o notar como nos bajan las gotas de sudor por el brazo. La fuerza sanadora de la amistad es invisible, por eso es tan fácil no darle la importancia que se merece para añadirlo a la lista.

Hasta que deja de ser tan invisible. Escribí este libro durante la pandemia de COVID-19, cuando los planes que solía tener para el fin de semana se convirtieron en quedarse en casa indefinidamente. La soledad era un veneno lento que aplastaba la alegría, un malestar general, una sensación de no ser yo misma. Y en cuanto pude salir a pasear esporádicamente con amigos, me llené de vida. Todo volvía a mí: la calidez, la alegría, el propósito, mi propio espíritu.

El efecto de una simple interacción era enorme. La amistad era como una reanimación cardiopulmonar. Lo que antes estaba enterrado bajo el trabajo y los quehaceres se transformó en la base de mi vitalidad para hacer todo lo demás. Lo que antes tenía un efecto poco claro se convirtió en algo innegable. Lo que antes era una mera diversión se hizo vital.

Todos los estudios que había leído habitaban en mí. Sí, la amistad es curativa, dijo mi corazón después de ser vulnerable con una amiga en mis horas más oscuras. Sí, te pone los pies en la tierra, dijo mi estado de ánimo después de una caminata con un amigo. Sí, es necesaria, dijo algo profundo y sincero en mi interior.

Por eso, cuando empieces a poner en práctica todo lo que has aprendido en este libro para hacer amigos y mantenerlos, hay una última cosa que quiero pedirte: no des por sentada la amistad. No seas pasivo, dejando que la amistad se esfume por no estar presente. No te desentiendas cuando los amigos te necesiten. No esperes a que la desgracia te haga comprender que la amistad no tiene precio. Añade la amistad a tu lista. Haz que ser un buen amigo forme parte de ti, porque en nuestro interior habita una necesidad profunda y sincera de pertenencia.

AGRADECIMIENTOS

Nunca habría escrito este libro si no fuera por el grupo de bienestar que cambió mi vida para siempre. Lauri Ng, Heather y Fiona McQueen, Mikelann Scerbo, Bri Canty: soy mejor porque os he conocido. Gracias por aceptar mis intensas reglas de grupo para buscar artículos de investigación a fin de apoyar el «bienestar» de vuestra idea. ¡Lo he aprovechado hasta el final!

Gracias a Darren Agboh, por traerme té y kombucha, decirme que comprarías cien copias de mi libro (no tienes que hacerlo, porque el apoyo moral ha valido más que eso) y aceptarme en mi estado de científica loca de pelo revuelto y pijama de varios días mientras escribía. Gracias a *Tuxedo*, mi perrito, por ser mi dulce y tierno consuelo cuando lo necesitaba.

Gracias a mi agente, Todd Shuster, y a mi antiguo agente, Justin Brouckaert, por retarme a convertir *Platónico* en un libro del que me enorgullece decir que refleja quién soy. Vuestros consejos fueron muy buenos e hicieron que este libro fuera mejor. Gracias a Erin Files, por hacer que *Platónico* llegara a ser internacional. Gracias a mi equipo de Putnam, a mi editora de allí, Michelle Howry, y a su asistente editorial, Ashley Di Dio. Gracias a toda la gente de Putnam que hizo magia entre bastidores para que se manifestara *Platónico*, como Andrea Monagle, Janice Barral, Erin Byrne, Nancy Resnick,

Ashley Hewlett, Elora Weil, Emily Mlynek y Samantha Bryant. Vuestros comentarios convirtieron *Platónico* en lo que estaba destinado a ser. Gracias a Ellen Hendriksen, por recomendarme a Aevitas y ayudarme a hacer realidad mis sueños. Teara Jamison revisó este libro y me deslumbró con su compromiso de hacer de *Platónico* la mejor versión de sí mismo.

Gracias a mi grupo de crítica literaria: Rhaina Cohen, Brandon Tensley, Jenny Schmidt y Emily Tamkin. Todos y cada uno de vosotros sois brillantes, y hallé oro cuando os encontré como compañeros en la escritura y en la amistad. Gracias a Adam Smiley Poswolsky, por ser el anfitrión de nuestro magnífico grupo de apoyo. Gracias a Joy Harden Bradford, que me ayudó a salir de mi torre de marfil acogiéndome en Therapy for Black Girls.

Gracias a mi madre, Gina Franco, por enseñarme lo que significa querer que todas las personas que forman parte de mi vida tengan éxito. Gracias a mi padre, Stefano Franco, por educarnos para ser intelectualmente curiosos más allá de toda medida. Gracias a mi hermano, Stephen Franco, por crecer conmigo. Gracias a mi hermana, Tania Vazquez, por asegurarse de que todos tengamos algo de sentido común, y a Billy Vazquez, por ayudarla a criar a las mejores personas de la historia, mis sobrinas, Angelica Vazquez y Natasha Vazquez. Os quiero muchísimo a las dos.

Gracias a Kana Felix, por ser el tipo de persona que cura a todos los que la rodean, incluyéndome a mí. Gracias a Racheli Katz, por mantenerme con los pies en la tierra cuando me enfrenté a la segunda revisión y a la vida. Gracias a Ginnie Seger, por mandarme aquel vídeo de Cheryl Strayed en mi momento más bajo y por ser un modelo de gran amistad. Gracias a Rabia Friedman, por enseñarme lo que es que dos amigas sencillamente conecten. Gracias a Krizia Gupiteo, por ser una amiga tan considerada y dedicada. Gracias a Harbani Ahuja, por ser un alma generosa y cariñosa. Gracias a Vanessa Williams, por ser mi compañera de aventuras favorita. Gracias a Mikelann Scerbo (otra vez), por ser la persona más amable del planeta. Gracias a Leah Fuller, que me ha demostrado lo que hace falta para que una amistad dure toda la vida. Gracias a Lauri Ng (otra vez), por entenderme. Gracias a Michael Abdullah, por recogerme bajo la lluvia, literal y figuradamente. Gracias a Keshia Ashe, por ser la mayor animadora de todos. Gracias a mis vecinos; nos ayudamos mutuamente a sobrevivir a la pandemia, y la forma en que nos apoyamos unos a otros me llena de alegría.

Gracias a todos aquellos cuya historia ha contribuido a la creación de este libro. A muchos de vosotros os he mantenido en el anonimato, pero espero que sonriáis al reconoceros en estas páginas.

Gracias a todos los académicos que han contribuido con su tiempo; vuestra investigación me deslumbra y estoy muy emocionada por todas las personas a las que va a ayudar. Gracias a mi directora de tesis del doctorado, Karen O'Brien, por alimentar mi pasión por la investigación: avivaste mi amor por la ciencia cuando era una semilla vulnerable, la cuidaste y creció. Gracias a Mia Smith-Bynum, mi mentora, por tratarme siempre como una más de la familia y por ser un fabuloso modelo de mujer negra. Hablando de modelos de mujeres negras, gracias a mi mentora Beverly Tatum, por decirme que debía apostar por *Platónico*; si no fuera por aquel almuerzo en el que me animaste a escribir este libro, no estoy segura de si habría llegado a hacerlo. Gracias a mi programa de doctorado en la Universidad de Maryland y a las prácticas en el Counseling Center de la universidad, por ayudarme a comprender que, en el fondo, todos somos amor.

NOTAS

Introducción: El secreto para hacer amigos siendo adulto

1. Grace B. Martin y Russell D. Clark, «Distress Crying in Neonates: Species and Peer Specificity», *Developmental Psychology*, 18, 1 (1982): pp. 3-9, <https://doi.org/10.1037/0012-1649.18.1.3>.

Capítulo 1. Cómo transforma nuestra vida la amistad

1. Dirk Baltzly y Nick Eliopoulos, «The Classical Ideals of Friendship», *Friendship: A History*, Equinox, Nueva York, 2009 (Barbara Caine, ed.).
2. Mia, «History of Friendship: From Ancient Times to the XXI Century», *Youth Time Magazine* (2 de mayo de 2016),< https://youth-time.eu/history-of-friendship-from-ancient-times-to-the-xxi-century>.
3. Juliet Lapidos, «What's Plato Got to Do with It?», *Slate* (26 de septiembre de 2010), <https://slate.com/human-interest/2010/09/the-origins-of-the-term-platonic-friendship.html>.
4. Karmel W. Choi *et al.*, «An Exposure-Wide and Mendelian Randomization Approach to Identifying Modifiable Factors for the Prevention of Depression», *American Journal of Psychiatry*, 177, 10 (octubre de 2020): pp. 944-954,<https://doi.org/10.1176/appi.ajp.2020.19111158>.
5. Julianne Holt-Lunstad, Timothy B. Smith y J. Bradley Layton, «Social Relationships and Mortality Risk: A Meta-Analytic Review», *PLoS Medicine*, 7, 7 (2010): e1000316, <https://doi.org/10.1371/journal.pmed.1000316>; Julianne Holt-Lunstad, «The Potential Public Health Relevance of Social Isolation and Loneliness: Prevalence, Epidemiology, and Risk Factors», *Public Policy & Aging Report*, 27, 4 (2017): pp. 127-130, <https://doi.org/10.1093/ppar/prx030>.

6. Ed Diener y Martin E. P. Seligman, «Very Happy People», *Psychological Science*, 13, 1 (2002): pp. 81-84, <https://doi.org/10.1111/1467-9280.00415>.

7. Daniel M. T. Fessler y Colin Holbrook, «Friends Shrink Foes: The Presence of Comrades Decreases the Envisioned Physical Formidability of an Opponent», *Psychological Science*, 24, 5 (2013): pp. 797-802, <https://doi.org/10.1177/0956797612461508>.

8. Simone Schnall, Kent D. Harber, Jeanine K. Stefanucci y Dennis R. Proffitt, «Social Support and the Perception of Geographical Slant», *Journal of Experimental Social Psychology*, 44, 5 (2008): pp. 1246-1255, <https://doi.org/10.1016/j.jesp.2008.04.011>.

9. Željko Pedišić et al., «Is Running Associated with a Lower Risk of All-Cause, Cardiovascular and Cancer Mortality, and Is the More the Better? A Systematic Review and Meta-Analysis», *British Journal of Sports Medicine*, 54, 15 (2019): pp. 898-905,<https://doi.org/10.1136/bjsports-2018-100493>.

10. Xianglan Zhang *et al.*, «Cruciferous Vegetable Consumption Is Associated with a Reduced Risk of Total and Cardiovascular Disease Mortality», *American Journal of Clinical Nutrition*, 94, 1 (2011): pp. 240-246, <https://doi.org/10.3945/ajcn.110.009340>.

11. Julianne Holt-Lunstad, Theodore F. Robles y David A. Sbarra, «Advancing Social Connection as a Public Health Priority in the United States», *American Psychologist*, 72, 6 (2017): pp. 517-530, <https://doi.org/10.1037/amp0000103>.

12. Nathan W. Hudson, Richard E. Lucas y M. Brent Donnellan, «Are We Happier with Others? An Investigation of the Links between Spending Time with Others and Subjective Well-Being», *Journal of Personality and Social Psychology*, 119, 3 (2020): pp. 672-694, <https://doi.org/10.1037/pspp0000290>.

13. Thomas F. Pettigrew, «Generalized Intergroup Contact Effects on Prejudice», *Personality and Social Psychology Bulletin*, 23, 2 (1997): pp. 173-185, <https://doi.org/10.1177/0146167297232006>.

14. Stephen C. Wright, Arthur Aron, Tracy McLaughlin-Volpe y Stacy A. Ropp, «The Extended Contact Effect: Knowledge of Cross-Group Friendships and Prejudice», *Journal of Personality and Social Psy-

chology, 73, 1 (1997): pp. 73-90, <https://doi.org/10.1037/0022-3514.73.1.73>.

15. Cornelia Wrzus, Martha Hänel, Jenny Wagner y Franz J. Neyer, «Social Network Changes and Life Events across the Life Span: A Meta-Analysis», *Psychological Bulletin*, 139, 1 (2013): pp. 53-80, <https://doi.org/10.1037/a0028601>.

16. Mariska van der Horst y Hilde Coffé, «How Friendship Network Characteristics Influence Subjective Well-Being», *Social Indicators Research*, 107, 3 (2012): pp. 509-529, <https://doi.org/10.1007/s11205-011-9861-2>.

17. Jan Hofer *et al.*, «The Higher Your Implicit Affiliation-Intimacy Motive, the More Loneliness Can Turn You into a Social Cynic: A Cross-Cultural Study», *Journal of Personality*, 85, 2 (2017): pp. 179-191, <https://doi.org/10.1111/jopy.12232>.

18. Kwok Leung *et al.*, «Social Axioms: The Search for Universal Dimensions of General Beliefs about How the World Functions», *Journal of Cross-Cultural Psychology*, 33, 3 (2002): pp. 286-302, <https://doi.org/10.1177/0022022102033003005>.

19. Laura E. VanderDrift, Juan E. Wilson y Christopher R. Agnew, «On the Benefits of Valuing Being Friends for Nonmarital Romantic Partners», *Journal of Social and Personal Relationships*, 30, 1 (2013): pp. 115-131, <https://doi.org/10.1177/0265407512453009>.

20. Charles B. Strozier y Wayne Soini, *Your Friend Forever, A. Lincoln: The Enduring Friendship of Abraham Lincoln and Joshua Speed*, Nueva York, Columbia University Press, 2018.

21. Strozier y Soini, *Your Friend Forever, A. Lincoln.*

22. William J. Chopik, «Associations among Relational Values, Support, Health, and Well-Being across the Adult Lifespan», *Personal Relationships*, 24, 2 (2017): pp. 408-422, <https://doi.org/10.1111/pere.12187>.

23. David Elkind, «"Good Me" or "Bad Me"–The Sullivan Approach to Personality», *New York Times* (24 de septiembre de 1972), <https://www.nytimes.com/1972/09/24/archives/-good-me-or-bad-me-the-sullivan-approach-to-personality-starting.html>.

24. Elkind, «"Good Me" or "Bad Me"–The Sullivan Approach to Personality».

25. Ulrich Orth, Richard W. Robins y Christopher J. Soto, «Tracking the Trajectory of Shame, Guilt, and Pride across the Life Span», *Journal of Personality and Social Psychology*, 99, 6 (2010): pp. 1061-1071, <https://doi.org/10.1037/a0021342>.

26. Nandita Vijayakumar y Jennifer H. Pfeifer, «Self-Disclosure during Adolescence: Exploring the Means, Targets, and Types of Personal Exchanges», *Current Opinion in Psychology*, 31 (2020): pp. 135-140, <https://doi.org/10.1016/j.copsyc.2019.08.005>.

27. Laura M. Padilla-Walker *et al.*, «Adolescents' Prosocial Behavior toward Family, Friends, and Strangers: A Person-Centered Approach», *Journal of Research on Adolescence*, 25, 1 (2015): pp. 135-150, <https://doi.org/10.1111/jora.12102>.

28. Savannah Boele *et al.*, «Linking Parent-Child and Peer Relationship Quality to Empathy in Adolescence: A Multilevel Meta-Analysis», *Journal of Youth and Adolescence*, 48, 6 (2019): pp. 1033-1055, <https://doi.org/10.1007/s10964-019-00993-5>.

29. Neeltje P. van den Bedem *et al.*, «Interrelation between Empathy and Friendship Development during (Pre)Adolescence and the Moderating Effect of Developmental Language Disorder: A Longitudinal Study», *Social Development*, 28, 3 (2019): pp. 599-619, <https://doi.org/10.1111/sode.12353>.

30. Meghan L. Meyer *et al.*, «Empathy for the Social Suffering of Friends and Strangers Recruits Distinct Patterns of Brain Activation», *Social Cognitive and Affective Neuroscience*, 8, 4 (2013): pp. 446-454, <https://doi.org/10.1093/scan/nss019>.

31. Catherine L. Bagwell, Andrew F. Newcomb y William M. Bukowski, «Preadolescent Friendship and Peer Rejection as Predictors of Adult Adjustment», *Child Development*, 69, 1 (1998): pp. 140-153, <https://doi.org/10.2307/1132076>.

32. Albert Bandura, Dorothea Ross y Sheila A. Ross, «Transmission of Aggression through Imitation of Aggressive Models», *Journal of Abnormal and Social Psychology*, 63, 3 (1961): pp. 575-582, <https://doi.org/10.1037/h0045925>.

33. Brent A. Mattingly y Gary W. Lewandowski Jr., «Broadening Horizons: Self-Expansion in Relational and Non-Relational Contexts», *Social and*

Personality Psychology Compass, 8, 1 (2014): pp. 30-40, <https://doi.org/10.1111/spc3.12080>.

34. Arthur Aron, Elaine N. Aron, Michael Tudor y Greg Nelson, «Close Relationships as Including Other in the Self», *Journal of Personality and Social Psychology*, 60, 2 (1991): pp. 241-253, <https://doi.org/10.1037/0022-3514.60.2.241>.

35. Debra J. Mashek, Arthur Aron y Maria Boncimino, «Confusions of Self with Close Others», *Personality and Social Psychology Bulletin*, 29, 3 (2003): pp. 382-392, <https://doi.org/10.1177/0146167202250220>.

36. Sarah Ketay *et al.*, «Seeing You in Me: Preliminary Evidence for Perceptual Overlap between Self and Close Others», *Journal of Social and Personal Relationships*, 36, 8 (2019): pp. 2474-2486, <https://doi.org/10.1177/0265407518788702>.

37. Arthur Aron *et al.*, «Including Others in the Self», *European Review of Social Psychology*, 15, 1 (2004): pp. 101-132, <https://doi.org/10.1080/10463280440000008>.

38. Arthur Aron, Christina C. Norman y Elaine N. Aron, «The Self-Expansion Model and Motivation», *Representative Research in Social Psychology*, 22 (1998): pp. 1-13.

39. Paul J. Zak, Angela A. Stanton y Sheila Ahmadi, «Oxytocin Increases Generosity in Humans», *PLoS ONE*, 2, 11 (2007): e1128, <https://doi.org/10.1371/journal.pone.0001128>; Michael Kosfeld *et al.*, «Oxytocin Increases Trust in Humans», *Nature*, 7042 (2005): pp. 673-676, <https://doi.org/10.1038/nature03701>.

40. Sarina M. Rodrigues *et al.*, «Oxytocin Receptor Genetic Variation Relates to Empathy and Stress Reactivity in Humans», *Proceedings of the National Academy of Sciences of the United States of America*, 106, 50 (2009): pp. 21437-21441, <https://doi.org/10.1073/pnas.0909579106>.

41. Inna Schneiderman, Orna Zagoory-Sharon, James F. Leckman y Ruth Feldman, «Oxytocin during the Initial Stages of Romantic Attachment: Relations to Couples' Interactive Reciprocity», *Psychoneuroendocrinology*, 37, 8 (2012): pp. 1277-1285, <https://doi.org/10.1016/j.psyneuen.2011.12.021>.

42. C. Crockford *et al.*, «Urinary Oxytocin and Social Bonding in Related and Unrelated Wild Chimpanzees», *Proceedings of the Royal Society B: Bio-

logical Sciences, 280, 1755 (2013): 20122765, <https://doi.org/10.1098/rspb.2012.2765>.

43. Tamara A. R. Weinstein *et al.*, «Early Involvement in Friendships Predicts Later Plasma Concentrations of Oxytocin and Vasopressin in Juvenile Rhesus Macaques *(Macaca Mulatta)*», *Frontiers in Behavioral Neuroscience*, 8 (2014): pp. 1-13,< https://doi.org/10.3389/fnbeh.2014.00295>.

44. Ruth Feldman *et al.*, «Parental Oxytocin and Early Caregiving Jointly Shape Children's Oxytocin Response and Social Reciprocity», *Neuropsychopharmacology*, 38, 7 (2013): pp. 1154-1162, <https://doi.org/10.1038/npp.2013.22>.

45. Susan E. Erdman, «Microbes and Healthful Longevity», *Aging*, 8, 5 (2016): pp. 839-840, <https://doi.org/10.18632/aging.100969>.

46. J. Gutkowska y M. Jankowski, «Oxytocin Revisited: Its Role in Cardiovascular Regulation», *Journal of Neuroendocrinology*, 24, 4 (2012): pp. 599-608, <https://doi.org/10.1111/j.1365-2826.2011.02235.x>.

47. Kerstin Uvnäs-Moberg, «Oxytocin May Mediate the Benefits of Positive Social Interaction and Emotions», *Psychoneuroendocrinology*, 23, 8 (1998): pp. 819-835, <https://doi.org/10.1016/s0306-4530(98)00056-0>.

Capítulo 2. Cómo nos afectan nuestras antiguas relaciones

1. Omri Gillath, Gery C. Karantzas y Emre Selcuk, «A Net of Friends: Investigating Friendship by Integrating Attachment Theory and Social Network Analysis», *Personality and Social Psychology Bulletin*, 43, 11 (2017): pp. 1546-1565, <https://doi.org/10.1177/0146167217719731>.

2. Juwon Lee y Omri Gillath, «Perceived Closeness to Multiple Social Connections and Attachment Style: A Longitudinal Examination», *Social Psychological and Personality Science*, 7, 7 (2016): pp. 680-689, <https://doi.org/10.1177/1948550616644963>.

3. Trisha Raque-Bogdan *et al.*, «Attachment and Mental and Physical Health: Self-Compassion and Mattering as Mediators», *Journal of Counseling Psychology*, 58, 2 (2011): pp. 272-278, <https://doi.org/10.1037/a0023041>.

4. Matthew J. Jarvinen y Thomas B. Paulus, «Attachment and Cognitive Openness: Emotional Underpinnings of Intellectual Humility», *Journal*

of Positive Psychology, 12, 1 (2016): pp. 74-86, <https://doi.org/10.1080/17439760.2016.1167944>.

5. Mario Mikulincer y Phillip R. Shaver, «Attachment Theory and Intergroup Bias: Evidence That Priming the Secure Base Schema Attenuates Negative Reactions to Out-Groups», *Journal of Personality and Social Psychology*, 81, 1 (2001): pp. 97-115, <https://doi.org/10.1037/0022-3514.81.1.97>.

6. Cindy Hazan y Phillip R. Shaver, «Love and Work: Attachment-Theoretical Perspective», *Journal of Personality and Social Psychology*, 59, 2 (1990): pp. 270-280, <https://doi.org/10.1037/0022-3514.59.2.270>.

7. Alexander M. Schoemann, Omri Gillath y Amanda K. Sesko, «Regrets, I've Had a Few: Effects of Dispositional and Manipulated Attachment on Regret», *Journal of Social and Personal Relationships*, 29, 6 (2012): pp. 795-819, <https://doi.org/10.1177/0265407512443612>.

8. Lisa M. Diamond, Angela M. Hicks y Kimberly Otter-Henderson, «Physiological Evidence for Repressive Coping Among Avoidantly Attached Adults», *Journal of Social and Personal Relationships*, 23, 2 (2006): pp. 205-229, <https://doi.org/10.1177/0265407506062470>.

9. Jennifer Puig, Michelle M. Englund, Jeffry A. Simpson y W. Andrew Collins, «Predicting Adult Physical Illness from Infant Attachment: A Prospective Longitudinal Study», *Health Psychology*, 32, 4 (2013): pp. 409-417, https://doi.org/10.1037/a0028889; Lisa M. Diamond, Angela M. Hicks y Kimberly Otter-Henderson, «Physiological Evidence for Repressive Coping among Avoidantly Attached Adults», *Journal of Social and Personal Relationships*, 23, 2 (2006): pp. 205-229, https://doi.org/10.1177/0265407506062470.

10. Jude Cassidy, Steven J. Kirsh, Krista L. Scolton y Ross D. Parke, «Attachment and Representations of Peer Relationships», *Developmental Psychology*, 32, 5 (1996): pp. 892-904, https://doi.org/10.1037/0012-1649.32.5.892; Kathleen M. Dwyer *et al.*, «Attachment, Social Information Processing, and Friendship Quality of Early Adolescent Girls and Boys», *Journal of Social and Personal Relationships*, 27, 1 (2010): pp. 91-116, https://doi.org/10.1177/0265407509346420.

11. Omri Gillath, Phillip R. Shaver, Jong-Min Baek y David S. Chun, «Genetic Correlates of Adult Attachment Style», *Personality and Social Psychology Bulletin*, 34, 10 (2008): pp. 1396-1405, <https://doi.org/10.1177/0146167208321484>.

12. Everett Waters *et al.*, «Attachment Security in Infancy and Early Adulthood: A Twenty-Year Longitudinal Study», *Child Development*, 71, 3 (2000): pp. 684-689, <https://doi.org/10.1111/1467-8624.00176>.
13. Julie Wargo Aikins, Carollee Howes y Claire Hamilton, «Attachment Stability and the Emergence of Unresolved Representations during Adolescence», *Attachment & Human Development*, 11, 5 (2009): pp. 491-512, <https://doi.org/10.1080/14616730903017019>.
14. Fred H. Goldner, «Pronoia», *Social Problems*, 30, 1 (1982): pp. 82-91, <https://doi.org/10.2307/800186>.
15. Ernst Fehr y Bettina Rockenbach, «Detrimental Effects of Sanctions on Human Altruism», *Nature*, 422, 6928 (2003): pp. 137-140, <https://doi.org/10.1038/nature01474>.
16. Tom Clarke, «Students Prove Trust Begets Trust», *Nature* (2003), <https://www.nature.com/news/2003/030310/full/news030310-8.html>.
17. Pernille Darling Rasmussen *et al.*, «Attachment as a Core Feature of Resilience: A Systematic Review and Meta-Analysis», *Psychological Reports*, 122, 4 (2018): pp. 1259-1296, <https://doi.org/10.1177/0033294118785577>.
18. Jeffry A. Simpson y W. Steven Rholes, «Adult Attachment, Stress, and Romantic Relationships», *Current Opinion in Psychology*, 13 (2017): pp. 19-24, <https://doi.org/10.1016/j.copsyc.2016.04.006>.
19. Simpson y Rholes, «Adult Attachment, Stress, and Romantic Relationships».
20. Omri Gillath, Gery C. Karantzas y Emre Selcuk, «A Net of Friends: Investigating Friendship by Integrating Attachment Theory and Social Network Analysis», *Personality and Social Psychology Bulletin*, 43, 11 (2017): pp. 1546-1565, <https://doi.org/10.1177/0146167217719731>.
21. Julie Petersen y Benjamin Le, «Psychological Distress, Attachment, and Conflict Resolution in Romantic Relationships», *Modern Psychological Studies*, 23, 1 (2017): pp. 1-26.
22. Chandra M. Grabill y Kathryn A. Kerns, «Attachment Style and Intimacy in Friendship», *Personal Relationships*, 7, 4 (2000): pp. 363-378, <https://doi.org/10.1111/j.1475-6811.2000.tb00022.x>.
23. Gillath, Karantzas y Selcuk, «A Net of Friends».

24. Petersen y Le, «Psychological Distress, Attachment, and Conflict Resolution in Romantic Relationships».

25. Mario Mikulincer, Phillip R. Shaver, Omri Gillath y Rachel A. Nitzberg, «Attachment, Caregiving, and Altruism: Boosting Attachment Security Increases Compassion and Helping», *Journal of Personality and Social Psychology*, 89, 5 (2005): pp. 817-839, <https://doi.org/10.1037/0022-3514.89.5.817>; Kathleen A. Lawler-Row, Jarred W. Younger, Rachel L. Piferi y Warren H. Jones, «The Role of Adult Attachment Style in Forgiveness Following an Interpersonal Offense», *Journal of Counseling & Development*, 84, 4 (2006): pp. 493-502, <https://doi.org/10.1002/j.1556-6678.2006.tb00434.x>; Omri Gillath, Amanda K. Sesko, Phillip R. Shaver y David S. Chun, «Attachment, Authenticity, and Honesty: Dispositional and Experimentally Induced Security Can Reduce Self and Other-Deception», *Journal of Personality and Social Psychology*, 98, 5 (2010): pp. 841-855, <https://doi.org/10.1037/a0019206>.

26. Nancy L. Collins y Brooke C. Feeney, «A Safe Haven: An Attachment Theory Perspective on Support Seeking and Caregiving in Intimate Relationships», *Journal of Personality and Social Psychology*, 78, 6 (2000): pp. 1053-1073, <https://doi.org/10.1037/0022-3514.78.6.1053>; Roseanne DeFronzo, Catherine Panzarella y Andrew C. Butler, «Attachment, Support Seeking, and Adaptive Inferential Feedback: Implications for Psychological Health», *Cognitive and Behavioral Practice*, 8, 1 (2001): pp. 48-52, <https://doi.org/10.1016/s1077-7229(01)80043-2>; Mario Mikulincer y Orna Nachshon, «Attachment Styles and Patterns of Self-Disclosure», *Journal of Personality and Social Psychology*, 61, 2 (1991): pp. 321-331, <https://doi.org/10.1037/0022-3514.61.2.321>.

27. Fang Zhang y Gisela Labouvie-Vief, «Stability and Fluctuation in Adult Attachment Style over a 6-Year Period», *Attachment & Human Development*, 6, 4 (2004): pp. 419-437, <https://doi.org/10.1080/1461673042000303127>.

28. Grabill y Kerns, «Attachment Style and Intimacy in Friendship».

29. Susan Cain, *Quiet: The Power of Introverts in a World That Can't Stop Talking*, Penguin Books, Nueva York, 2013 (trad. cast.: *El poder silencioso: la fuerza secreta de los introvertidos*, Kairós, Barcelona, 2018).

30. Hazan y Shaver, «Love and Work».

31. Mary E. Connors, «The Renunciation of Love: Dismissive Attachment and Its Treatment», *Psychoanalytic Psychology*, 14, 4 (1997): pp. 475-493, <https://doi.org/10.1037/h0079736>.

32. Gillath, Karantzas y Selcuk, «A Net of Friends».

33. Gillath, Karantzas y Selcuk, «A Net of Friends».

34. Tara J. Collins y Omri Gillath, «Attachment, Breakup Strategies, and Associated Outcomes: The Effects of Security Enhancement on the Selection of Breakup Strategies», *Journal of Research in Personality*, 46, 2 (2012): pp. 210-222, <https://doi.org/10.1016/j.jrp.2012.01.008>.

35. Lisa M. Diamond, Angela M. Hicks y Kimberly Otter-Henderson, «Physiological Evidence for Repressive Coping among Avoidantly Attached Adults», *Journal of Social and Personal Relationships*, 23, 2 (2006): pp. 205-229, <https://doi.org/10.1177/0265407506062470>; Mario Mikulincer y Phillip R. Shaver, «The Attachment Behavioral System in Adulthood: Activation, Psychodynamics, and Interpersonal Processes», *Advances in Experimental Social Psychology* (Cambridge, MA: Elsevier, 2003), pp. 53-152, <https://doi.org/10.1016/s0065-2601(03)01002-5>.

36. Sarah A. H. Atkins, *The Relationship between Shame and Attachment Styles* (tesis doctoral, University of North Texas, 2016).

37. Lachlan A. McWilliams y S. Jeffrey Bailey, «Associations between Adult Attachment Ratings and Health Conditions: Evidence from the National Comorbidity Survey Replication», *Health Psychology*, 29, 4 (2010): pp. 446-453, <https://doi.org/10.1037/a0020061>; Angelo Picardi *et al.*, «Attachment Security and Immunity in Healthy Women», *Psychosomatic Medicine*, 69, 1 (2007): pp. 40-46, <https://doi.org/10.1037/a0020061>.

38. Michael Troy y L. Alan Sroufe, «Victimization among Preschoolers: Role of Attachment Relationship History», *Journal of the American Academy of Child & Adolescent Psychiatry*, 26, 2 (1987): pp. 166-172, <https://doi.org/10.1097/00004583-198703000-00007>.

39. Robert Karen, *Becoming Attached: Unfolding the Mystery of the Infant-Mother Bond and Its Impact on Later Life*, Grand Central Publishing, Nueva York, 1994.

40. Wyndol Furman, «Working Models of Friendships», *Journal of Social and Personal Relationships*, 18, 5 (2001): pp. 583-602, <https://doi.org/10.1177/0265407501185002>; Gillath, Karantzas y Selcuk, «A Net

of Friends»; Emily L. Loeb, Jessica A. Stern, Meghan A. Costello y Joseph P. Allen, «With(out) a Little Help from My Friends: Insecure Attachment in Adolescence, Support-Seeking, and Adult Negativity and Hostility», *Attachment & Human Development*, 23, 5 (2020): pp. 624-642, <https://doi.org/10.1080/14616734.2020.1821722>.

41. Chong Man Chow y Cin Cin Tan, «Attachment and Commitment in Dyadic Friendships: Mediating Roles of Satisfaction, Quality of Alternatives, and Investment Size», *Journal of Relationships Research*, 4, e4 (2013): pp. 1-11, <https://doi.org/10.1017/jrr.2013.4>.
42. Gillath, Karantzas y Selcuk, «A Net of Friends».
43. Marie-Cecile O. Tidwell, Harry T. Reis y Phillip R. Shaver, «Attachment, Attractiveness, and Social Interaction: A Diary Study», *Journal of Personality and Social Psychology*, 71, 4 (1996): pp. 729-745, <https://doi.org/10.1037/0022-3514.71.4.729>.
44. Mario Mikulincer y Daphna Arad, «Attachment Working Models and Cognitive Openness in Close Relationships: A Test of Chronic and Temporary Accessibility Effects», *Journal of Personality and Social Psychology*, 77, 4 (1999): pp. 710-725, <https://doi.org/10.1037/0022-3514.77.4.710>.
45. Mikulincer y Nachshon, «Attachment Styles and Patterns of Self-Disclosure».
46. Tara Kidd y David Sheffield, «Attachment Style and Symptom Reporting: Examining the Mediating Effects of Anger and Social Support», *British Journal of Health Psychology*, 10, 4 (2005): pp. 531-541,<https://doi.org/10.1111/j.2044-8287.2005.tb00485.x>.
47. Marrie H. J. Bekker, Nathan Bachrach y Marcel A. Croon, «The Relationships of Antisocial Behavior with Attachment Styles, Autonomy-Connectedness, and Alexithymia», *Journal of Clinical Psychology*, 63, 6 (2007): pp. 507-527, <https://doi.org/10.1002/jclp.20363>.
48. Katherine Pascuzzo, Chantal Cyr y Ellen Moss, «Longitudinal Association between Adolescent Attachment, Adult Romantic Attachment, and Emotion Regulation Strategies», *Attachment & Human Development*, 15, 1 (2012): pp. 83-103, <https://doi.org/10.1080/14616734.2013.745713>.
49. C. Nathan DeWall *et al.*, «Do Neural Responses to Rejection Depend on Attachment Style? An fMRI Study», *Social Cognitive and Affective Neu-*

roscience, 7, 2 (2011): pp. 184-192, <https://doi.org/10.1093/scan/nsq107>.

50. Luke Norman *et al.*, «Attachment-Security Priming Attenuates Amygdala Activation to Social and Linguistic Threat», *Social Cognitive and Affective Neuroscience*, 10, 6 (2014): pp. 832-839, <https://doi.org/10.1093/scan/nsu127>.

51. Elke Rohmann, Eva Neumann, Michael Jürgen Herner y Hans-Werner Bierhoff, «Grandiose and Vulnerable Narcissism», *European Psychologist*, 17, 4 (enero de 2012): pp. 279-290, <https://doi.org/10.1027/1016-9040/a000100>.

52. Rohmann, Neumann, Jürgen Herner y Bierhoff, «Grandiose and Vulnerable Narcissism»; Anna Z. Czarna, Marcin Zajenkowski, Oliwia Maciantowicz y Kinga Szymaniak, «The Relationship of Narcissism with Tendency to React with Anger and Hostility: The Roles of Neuroticism and Emotion Regulation Ability», *Current Psychology*, 40 (2019): pp. 5499-5514, <https://doi.org/10.1007/s12144-019-00504-6>.

53. Mario Mikulincer y Phillip R. Shaver, «An Attachment Perspective on Psychopathology», *World Psychiatry*, 11, 1 (2012): pp. 11-15, <https://doi.org/10.1016/j.wpsyc.2012.01.003>.

54. Mark W. Baldwin y Aaron C. Kay, «Adult Attachment and the Inhibition of Rejection», *Journal of Social and Clinical Psychology*, 22, 3 (2003): pp. 275-293, <https://doi.org/10.1521/jscp.22.3.275.22890>.

55. Ashley N. Cooper, Casey J. Totenhagen, Brandon T. McDaniel y Melissa A. Curran, «Volatility in Daily Relationship Quality: The Roles of Attachment and Gender», *Journal of Social and Personal Relationships*, 35, 3 (2017): pp. 348-371, <https://doi.org/10.1177/0265407517690038>; Mario Mikulincer y Michal Selinger, «The Interplay between Attachment and Affiliation Systems in Adolescents' Same-Sex Friendships: The Role of Attachment Style», *Journal of Social and Personal Relationships*, 18, 1 (2001): pp. 81-106, <https://doi.org/10.1177/0265407501181004>.

56. Kirsten M. Blount-Matthews, *Attachment and Forgiveness in Human Development: A Multi-Method Approach* (tesis doctoral, Universidad de California, Berkeley, 2004), ProQuest (3167189); Marcia Webb *et al.*, «Dispositional Forgiveness and Adult Attachment Styles», *Journal of Social Psychology*, 146, 4 (2006): pp. 509-512, <https://doi.org/10.3200/socp.146.4.509-512>.

57. L. Alan Sroufe, «Considering Normal and Abnormal Together: The Essence of Developmental Psychopathology», *Development and Psychopathology*, 2, 4 (1990): pp. 335-347, <https://doi.org/10.1017/s0954579400005769>.

Capítulo 3. Toma la iniciativa

1. Fay Bound Alberti, *A Biography of Loneliness: The History of an Emotion*, Oxford University Press, Oxford, 2019 (trad. cast.: *Una biografía de la soledad: historia de una emoción*, Alianza, Madrid, 2022).
2. Omri Gillath y Lucas A. Keefer, «Generalizing Disposability: Residential Mobility and the Willingness to Dissolve Social Ties», *Personal Relationships*, 23, 2 (2016): pp. 186-198, <https://doi.org/10.1111/pere.12119>.
3. Robert Karen, *Becoming Attached: Unfolding the Mystery of the Infant-Mother Bond and Its Impact on Later Life*, Grand Central Publishing, Nueva York, 1994.
4. Jean M. Twenge, Brian H. Spitzberg y W. Keith Campbell, «Less In-Person Social Interaction with Peers among U.S. Adolescents in the 21st Century and Links to Loneliness», *Journal of Social and Personal Relationships*, 36, 6 (2019): pp. 1892-1913, <https://doi.org/10.1177/0265407519836170>.
5. «Loneliness and the Workplace: 2020 U.S. Report», *Cigna* (enero de 2020), <https://www.cigna.com/static/www-cigna-com/docs/about-us/newsroom/studies-and-reports/combatting-loneliness/cigna-2020-loneliness-report.pdf>.
6. Cornelia Wrzus, Martha Hänel, Jenny Wagner y Franz J. Neyer, «Social Network Changes and Life Events across the Life Span: A Meta-Analysis», *Psychological Bulletin*, 139, 1 (2013): pp. 53-80, <https://doi.org/10.1037/a0028601>.
7. Daniel A. Cox, «The State of American Friendship: Change, Challenges, and Loss», *Survey Center on American Life* (8 de junio de 2021), <https://www.americansurveycenter.org/research/the-state-of-american-friendship-change-challenges-and-loss>.
8. Daniel A. Cox, «Men's Social Circles Are Shrinking», *Survey Center on American Life* (29 de junio de 2021), <https://www.americansurveycenter.org/why-mens-social-circles-are-shrinking>.

9. Nancy E. Newall *et al.*, «Causal Beliefs, Social Participation, and Loneliness among Older Adults: A Longitudinal Study», *Journal of Social and Personal Relationships*, 26, 2-3 (2009): pp. 273-290, <https://doi.org/10.1177/0265407509106718>.

10. Alex Williams, «Why Is It Hard to Make Friends over 30?», *New York Times* (13 de julio de 2012), <www.nytimes.com/2012/07/15/fashion/the-challenge-of-making-friends-as-an-adult.html>.

11. Christine M. Proulx, Heather M. Helms, Robert M. Milardo y C. Chris Payne, «Relational Support from Friends and Wives' Family Relationships: The Role of Husbands' Interference», *Journal of Social and Personal Relationships*, 26, 2-3 (2009): pp. 195-210, <https://doi.org/10.1177/0265407509106709>.

12. Elizabeth Keneski, Lisa A. Neff y Timothy J. Loving, «The Importance of a Few Good Friends: Perceived Network Support Moderates the Association between Daily Marital Conflict and Diurnal Cortisol», *Social Psychological and Personality Science*, 9, 8 (2017): pp. 962-971, <https://doi.org/10.1177/1948550617731499>.

13. Kirsten Voss, Dorothy Markiewicz y Anna Beth Doyle, «Friendship, Marriage and Self-Esteem», *Journal of Social and Personal Relationships*, 16, 1 (1999): pp. 103-122, <https://doi.org/10.1177/0265407599161006>.

14. Heather R. Walen y Margie E. Lachman, «Social Support and Strain from Partner, Family, and Friends: Costs and Benefits for Men and Women in Adulthood», *Journal of Social and Personal Relationships*, 17, 1 (2000): pp. 5-30, <https://doi.org/10.1177/0265407500171001>.

15. Omri Gillath, Gery C. Karantzas y Emre Selcuk, «A Net of Friends: Investigating Friendship by Integrating Attachment Theory and Social Network Analysis», *Personality and Social Psychology Bulletin*, 43, 11 (2017): pp. 1546-1565, <https://doi.org/10.1177/0146167217719731>.

16. Sandra L. Murray, John G. Holmes y Dale W. Griffin, «Self-Esteem and the Quest for Felt Security: How Perceived Regard Regulates Attachment Processes», *Journal of Personality and Social Psychology*, 78, 3 (2000): pp. 478-498,<https://doi.org/10.1037/0022-3514.78.3.478>.

17. Shuling Gao, Mark Assink, Andrea Cipriani y Kangguang Lin, «Associations between Rejection Sensitivity and Mental Health Outcomes: A Meta-Analytic Review», *Clinical Psychology Review*, 57 (2017): pp. 59-

74, <https://doi.org/10.1016/j.cpr.2017.08.007>; Geraldine Downey y Scott I. Feldman, «Implications of Rejection Sensitivity for Intimate Relationships», *Journal of Personality and Social Psychology*, 70, 6 (1996): pp. 1327-1343, <https://doi.org/10.1037/0022-3514.70.6.1327>.

18. Downey y Feldman, «Implications of Rejection Sensitivity for Intimate Relationships».

19. Kevin B. Meehan *et al.*, «Rejection Sensitivity and Interpersonal Behavior in Daily Life», *Personality and Individual Differences*, 126 (2018): pp. 109-115, <https://doi.org/10.1016/j.paid.2018.01.029>.

20. Downey y Feldman, «Implications of Rejection Sensitivity for Intimate Relationships».

21. Danu Anthony Stinson *et al.*, «Deconstructing the "Reign of Error": Interpersonal Warmth Explains the Self-Fulfilling Prophecy of Anticipated Acceptance», *Personality and Social Psychology Bulletin*, 35, 9 (2009): pp. 1165-1178, <https://doi.org/10.1177/0146167209338629>.

22. Rebecca C. Curtis y Kim Miller, «Believing Another Likes or Dislikes You: Behaviors Making the Beliefs Come True», *Journal of Personality and Social Psychology*, 51, 2 (1986): pp. 284-290, <https://doi.org/10.1037/0022-3514.51.2.284>.

23. Erica J. Boothby, Gus Cooney, Gillian M. Sandstrom y Margaret S. Clark, «The Liking Gap in Conversations: Do People Like Us More Than We Think?», *Psychological Science*, 29, 11 (2018): pp. 1742-1756, <https://doi.org/10.1177/0956797618783714>.

24. Sanna Eronen y Jari-Erik Nurmi, «Social Reaction Styles, Interpersonal Behaviours and Person Perception: A Multi-Informant Approach», *Journal of Social and Personal Relationships*, 16, 3 (1999): pp. 315-333, <https://doi.org/10.1177/0265407599163003>.

25. Michael Sunnafrank y Artemio Ramirez Jr., «At First Sight: Persistent Relational Effects of Get-Acquainted Conversations», *Journal of Social and Personal Relationships*, 21, 3 (2004): pp. 361-379, <https://doi.org/10.1177/0265407504042837>.

26. Mady W. Segal. «Alphabet and Attraction: An Unobtrusive Measure of the Effect of Propinquity in a Field Setting», *Journal of Personality and Social Psychology*, 30, 5 (1974): pp. 654-657, <https://doi.org/10.1037/h0037446>.

27. Robert B. Hays, «The Day-to-Day Functioning of Close versus Casual Friendships», *Journal of Social and Personal Relationships*, 6, 1 (1989): pp. 21-37, <https://doi.org/10.1177/0265407589006001002>.

28. John M. Darley y Ellen Berscheid, «Increased Liking as a Result of the Anticipation of Personal Contact», *Human Relations*, 20, 1 (1967): pp. 29-40, <https://doi.org/10.1177/001872676702000103>.

29. Richard L. Moreland y Scott R. Beach, «Exposure Effects in the Classroom: The Development of Affinity among Students», *Journal of Experimental Social Psychology*, 28, 3 (1992): pp. 255-276, <https://doi.org/10.1016/0022-1031(92)90055-o>.

30. Leon Festinger, Stanley Schachter y Kurt Back, *Social Pressures in Informal Groups: A Study of Human Factors in Housing*, Harper and Brothers, Nueva York, 1950.

31. David Hoffeld, «Three Scientifically Proven Steps for Talking with Strangers», *Fast Company* (14 de junio de 2016), <http://www.fastcompany.com/3060762/three-scientifically-proven-steps-for-talking-with-strange>.

32. Nicholas Epley y Juliana Schroeder, «Mistakenly Seeking Solitude», *Journal of Experimental Psychology: General*, 143, 5 (2014): pp. 1980-1999, <https://doi.org/10.1037/a0037323>.

Capítulo 4. Muestra vulnerabilidad

1. Sanjay Srivastava *et al.*, «The Social Costs of Emotional Suppression: A Prospective Study of the Transition to College», *Journal of Personality and Social Psychology*, 96, 4 (2009): pp. 883-897, <https://doi.org/10.1037/a0014755>.

2. Steven M. Graham, Julie Y. Huang, Margaret S. Clark y Vicki S. Helgeson, «The Positives of Negative Emotions: Willingness to Express Negative Emotions Promotes Relationships», *Personality and Social Psychology Bulletin*, 34, 3 (2008): pp. 394-406, <https://doi.org/10.1177/0146167207311281>.

3. Lily Velez, «Why Letting Ourselves Be Weak Is Actually the Key to Becoming Strong», *tiny buddha* (consultado el 1 de diciembre de 2021), <https://tinybuddha.com/blog/weak-actually-key-becoming-strong>.

4. Mario Mikulincer, Tamar Dolev y Phillip R. Shaver, «Attachment-Related Strategies during Thought Suppression: Ironic Rebounds and Vulnerable

Self-Representations», *Journal of Personality and Social Psychology*, 87, 6 (2004): pp. 940-956, <https://doi.org/10.1037/0022-3514.87.6.940>.

5. Mario Mikulincer, Netta Horesh, Ilana Eilati y Moshe Kotler, «The Association between Adult Attachment Style and Mental Health in Extreme Life-Endangering Conditions», *Personality and Individual Differences*, 27, 5 (1999): pp. 831-842, <https://doi.org/10.1016/S0191-8869(99)00032-X>.

6. Michael L. Slepian, Jinseok S. Chun y Malia F. Mason, «The Experience of Secrecy», *Journal of Personality and Social Psychology*, 113, 1 (2017): pp. 1-33, <https://doi.org/10.1037/pspa0000085>; Michael L. Slepian, James N. Kirby y Elise K. Kalokerinos, «Shame, Guilt, and Secrets on the Mind», *Emotion*, 20 ,2 (2020): pp. 323-328, <https://doi.org/10.1037/emo0000542>.

7. Kathleen Y. Kawamura y Randy O. Frost, «Self-Concealment as a Mediator in the Relationship between Perfectionism and Psychological Distress», *Cognitive Therapy and Research*, 28, 2 (2004): pp. 183-191, <https://doi.org/10.1023/b:cotr.0000021539.48926.c1>.

8. Michael L. Slepian, Nir Halevy y Adam D. Galinsky, «The Solitude of Secrecy: Thinking about Secrets Evokes Goal Conflict and Feelings of Fatigue», *Personality and Social Psychology Bulletin*, 45, 7 (2018): pp. 1129-1151, <https://doi.org/10.1177/0146167218810770>.

9. James W. Pennebaker y Joan R. Susman, «Disclosure of Traumas and Psychosomatic Processes», *Social Science & Medicine*, 26, 3 (1988): pp. 327-332, <https://doi.org/10.1016/0277-9536(88)90397-8>.

10. Miller McPherson, Lynn Smith-Lovin y Matthew E. Brashears, «Social Isolation in America: Changes in Core Discussion Networks over Two Decades», *American Sociological Review*, 71, 3 (2006): pp. 353-375, <https://doi.org/10.1177/000312240607100301>.

11. «Social Isolation: Americans Have Fewer Close Confidantes», *All Things Considered* (24 de junio de 2006), <https://www.npr.org/templates/story/story.php?storyId=5509381>.

12. David Whyte, *Consolations: The Solace, Nourishment and Underlying Meaning of Everyday Words*, Many Rivers Press, Langley (Washington), 2019.

13. Anna Bruk, Sabine G. Scholl y Herbert Bless, «Beautiful Mess Effect: Self-Other Differences in Evaluation of Showing Vulnerability», *Journal of Personality and Social Psychology*, 115, 2 (2018): pp. 192-205, <https://doi.org/10.1037/pspa0000120>.

14. Dena M. Gromet y Emily Pronin, «What Were You Worried About? Actors' Concerns About Revealing Fears and Insecurities Relative to Observers' Reactions», *Self and Identity*, 8, 4 (2009): pp. 342-364, <https://doi.org/10.1080/15298860802299392>.

15. Nancy L. Collins y Lynn Carol Miller, «Self-Disclosure and Liking: A Meta-Analytic Review», *Psychological Bulletin*, 116, 3 (1994): pp. 457-475, <https://doi.org/10.1037/0033-2909.116.3.457>.

16. Arthur Aron *et al.*, «The Experimental Generation of Interpersonal Closeness: A Procedure and Some Preliminary Findings», *Personality and Social Psychology Bulletin*, 23, 4 (1997): pp. 363-377, <https://doi.org/10.1177/0146167297234003>.

17. Roy F. Baumeister, Kathleen D. Vohs, Jennifer L. Aaker y Emily N. Garbinsky, «Some Key Differences between a Happy Life and a Meaningful Life», *Journal of Positive Psychology*, 8, 6 (2013): pp. 505-516, <https://doi.org/10.1080/17439760.2013.830764>; Stephanie L. Brown, Randolph M. Nesse, Amiram D. Vinokur y Dylan M. Smith, «Providing Social Support May Be More Beneficial Than Receiving It: Results from a Prospective Study of Mortality», *Psychological Science*, 14, 4 (2003): pp. 320-327, <https://doi.org/10.1111/1467-9280.14461>; Sylvia A. Morelli, Ihno A. Lee, Molly E. Arnn y Jamil Zaki, «Emotional and Instrumental Support Provision Interact to Predict Well Being», *Emotion*, 15, 4 (2015): pp. 484-493, <https://doi.org/10.1037/emo0000084>.

18. Michael L. Slepian y Katharine H. Greenaway, «The Benefits and Burdens of Keeping Others' Secrets», *Journal of Experimental Social Psychology*, 78 (2018): pp. 220-232, <https://doi.org/10.1016/j.jesp.2018.02.005>.

19. Graham, Huang, Clark y Helgeson, «The Positives of Negative Emotions: Willingness to Express Negative Emotions Promotes Relationships».

20. Rachel Bloom, *I Want to Be Where the Normal People Are*, Grand Central Publishing, Nueva York, 2020.

21. Paul C. Cozby, «Self-Disclosure, Reciprocity and Liking», *Sociometry*, 35, 1 (1972): pp. 151-160, <https://doi.org/10.2307/2786555>.

22. Mario Mikulincer y Orna Nachshon, «Attachment Styles and Patterns of Self-Disclosure», *Journal of Personality and Social Psychology*, 61, 2 (1991): pp. 321-331, <https://doi.org/10.1037/0022-3514.61.2.321>.

23. Anna Bruk, *Self-Other Differences in the Evaluation of Showing Vulnerability* (tesis doctoral, Universidad de Mannheim, 2019).

24. Charles F. Bond Jr. y Bella M. DePaulo, «Accuracy of Deception Judgments», *Personality and Social Psychology Review*, 10, 3 (2006): pp. 214-234, <https://doi.org/10.1207/s15327957pspr1003_2>.

25. Kathryn Dindia y Mike Allen, «Sex Differences in Self-Disclosure: A Meta-Analysis», *Psychological Bulletin*, 112, 1 (1992): pp. 106-124, <https://doi.org/10.1037/0033-2909.112.1.106>.

26. Daniel A. Cox, «The State of American Friendship: Change, Challenges, and Loss», *American Perspectives Survey* (8 de junio de 2021), <https://www.americansurveycenter.org/research/the-state-of-american-friendship-change-challenges-and-loss>.

27. Melissa Dittmann, «Anger across the Gender Divide», *Monitor on Psychology*, 34, 3 (2003): p. 52, <https://www.apa.org/monitor/mar03/angeracross>.

28. Victoria L. Brescoll y Eric Luis Uhlmann, «Can an Angry Woman Get Ahead?: Status Conferral, Gender, and Expression of Emotion in the Workplace», *Psychological Science*, 19, 3 (2008): pp. 268-275, <https://doi.org/10.1111/j.1467-9280.2008.02079.x>.

29. A. Celeste Gaia, «The Role of Gender Stereotypes in the Social Acceptability of the Expression of Intimacy», *Social Science Journal*, 50, 4 (2013): pp. 591-602, <https://doi.org/10.1016/j.soscij.2013.08.006>.

30. Kristin D. Neff y Susan Harter, «Relationship Styles of Self-Focused Autonomy, Other-Focused Connectedness, and Mutuality across Multiple Relationship Contexts», *Journal of Social and Personal Relationships*, 20, 1 (2003): pp. 81-99, <https://doi.org/10.1177/0265407503201004>.

31. Benjy Hansen-Bundy, «My Time Inside a Group Where Men Confront Their Feelings», *GQ* (29 de octubre de 2019), <https://www.gq.com/story/inside-a-group-where-men-confront-their-feelings>.

32. Michael L. Slepian y Edythe Moulton-Tetlock, «Confiding Secrets and Well-Being», *Social Psychological and Personality Science*, 10, 4 (2018): pp. 472-484, <https://doi.org/10.1177/1948550618765069>.

33. James C. Coyne y David A. F. Smith, «Couples Coping with a Myocardial Infarction: Contextual Perspective on Patient Self-Efficacy», *Journal of Family Psychology*, 8, 1 (1994): pp. 43-54, <https://doi.org/10.1037/0893-3200.8.1.43>.

34. Pernille Darling Rasmussen *et al.*, «Attachment as a Core Feature of Resilience: A Systematic Review and Meta-Analysis», *Psychological Reports*, 122, 4 (2018): pp. 1259-1296, <https://doi.org/10.1177/0033294118785577>.

35. Omri Gillath *et al.*, «Automatic Activation of Attachment-Related Goals», *Personality and Social Psychology Bulletin*, 32, 10 (2006): pp. 1375-1388, <https://doi.org/10.1177/0146167206290339>.

36. Nick P. Winder e Isabelle C. Winder, «Complexity, Compassion and Self-Organisation: Human Evolution and the Vulnerable Ape Hypothesis», *Internet Archaeology*, 40 (2015), <https://doi.org/10.11141/ia.40.3>.

Capítulo 5. Busca la autenticidad

1. Susan Harter, «Authenticity», *Oxford Handbook of Positive Psychology*, Oxford University Press, Oxford, 2002, pp. 382-893 (C. R. Snyder y Shane J. Lopez, eds.).

2. Ralph H. Turner y Victoria Billings, «The Social Contexts of Self-Feeling», *The Self-Society Dynamic: Cognition, Emotion, and Action*, Cambridge University Press, Cambridge (Inglaterra), 1991, pp. 103-122, (Judith A. Howard y Peter L. Callero, eds.), <https://doi.org/10.1017/CBO9780511527722.007>.

3. Alison P. Lenton, Martin Bruder, Letitia Slabu y Constantine Sedikides, «How Does "Being Real" Feel? The Experience of State Authenticity», *Journal of Personality*, 81, 3 (2013): pp. 276-289, <https://doi.org/10.1111/j.1467-6494.2012.00805.x>.

4. Lenton, Bruder, Slabu y Sedikides, «How Does "Being Real" Feel? The Experience of State Authenticity».

5. Lenton, Bruder, Slabu y Sedikides, «How Does "Being Real" Feel? The Experience of State Authenticity».

6. Shane W. Bench, Rebecca J. Schlegel, William E. Davis y Matthew Vess, «Thinking about Change in the Self and Others: The Role of Self-Discovery Metaphors and the True Self», *Social Cognition*, 33, 3 (2015): pp. 169-185, <https://doi.org/10.1521/soco.2015.33.3.2>.

7. Mario Mikulincer, Phillip R. Shaver, Omri Gillath y Rachel A. Nitzberg, «Attachment, Caregiving, and Altruism: Boosting Attachment Security Increases Compassion and Helping», *Journal of Personality and Social Psychology*, 89, 5 (2005): pp. 817-839, <https://doi.org/10.1037/0022-3514.89.5.817>.
8. Michael Knoll, Robert G. Lord, Lars-Eric Petersen y Oliver Weigelt, «Examining the Moral Grey Zone: The Role of Moral Disengagement, Authenticity, and Situational Strength in Predicting Unethical Managerial Behavior», *Journal of Applied Social Psychology*, 46, 1 (2015): pp. 65-78, <https://doi.org/10.1111/jasp.12353>.
9. Charles T. Taylor y Lynn E. Alden, «To See Ourselves as Others See Us: An Experimental Integration of the Intra and Interpersonal Consequences of Self-Protection in Social Anxiety Disorder», *Journal of Abnormal Psychology*, 120, 1 (2011): pp. 129-141,<https://doi.org/10.1037/a0022127>.
10. Kätlin Peets y Ernest V. E. Hodges, «Authenticity in Friendships and Well-Being in Adolescence», *Social Development*, 27, 1 (2017): pp. 140-153, <https://doi.org/10.1111/sode.12254>.
11. Amanda J. Wenzel y Rachel G. Lucas-Thompson, «Authenticity in College-Aged Males and Females, How Close Others Are Perceived, and Mental Health Outcomes», *Sex Roles*, 67, 5-6 (2012): pp. 334-350, <https://doi.org/10.1007/s11199-012-0182-y>.
12. Francesca Gino, Maryam Kouchaki y Adam D. Galinsky, «The Moral Virtue of Authenticity: How Inauthenticity Produces Feelings of Immorality and Impurity», *Psychological Science*, 26, 7 (2015): pp. 983-996, <https://doi.org/10.1177/0956797615575277>.
13. Kathleen D. Vohs, Roy F. Baumeister y Natalie J. Ciarocco, «Self-Regulation and Self-Presentation: Regulatory Resource Depletion Impairs Impression Management and Effortful Self-Presentation Depletes Regulatory Resources», *Journal of Personality and Social Psychology*, 88, 4 (2005): pp. 632-657, <https://doi.org/10.1037/0022-3514.88.4.632>.
14. Reese Y. W. Tou, Zachary G. Baker, Benjamin W. Hadden y Yi-Cheng Lin, «The Real Me: Authenticity, Interpersonal Goals, and Conflict Tactics», *Personality and Individual Differences*, 86 (2015): pp. 189-194, <https://doi.org/10.1016/j.paid.2015.05.033>.

15. Lenton, Bruder, Slabu y Sedikides, «How Does "Being Real" Feel? The Experience of State Authenticity».

16. Chad E. Lakey, Michael H. Kernis, Whitney L. Heppner y Charles E. Lance, «Individual Differences in Authenticity and Mindfulness as Predictors of Verbal Defensiveness», *Journal of Research in Personality*, 42, 1 (2008): pp. 230-238, <https://doi.org/10.1016/j.jrp.2007.05.002>.

17. Frederick W. Stander, Leon T. de Beer y Marius W. Stander, «Authentic Leadership as a Source of Optimism, Trust in the Organisation and Work Engagement in the Public Health Care Sector», *SA Journal of Human Resource Management*, 13, 1 (2015), <https://doi.org/10.4102/sajhrm.v13i1.675>.

18. Amy G. Halberstadt *et al.*, «Preservice Teachers' Racialized Emotion Recognition, Anger Bias, and Hostility Attributions», *Contemporary Educational Psychology*, 54 (julio de 2018): pp. 125-138, <https://doi.org/10.1016/j.cedpsych.2018.06.004>.

19. Nour Kteily, Emile Bruneau, Adam Waytz y Sarah Cotterill, «The Ascent of Man: Theoretical and Empirical Evidence for Blatant Dehumanization», *Journal of Personality and Social Psychology*, 109, 5 (2015): pp. 901-931, <https://doi.org/10.1037/pspp0000048>.

20. Melissa J. Williams y Larissa Z. Tiedens, «The Subtle Suspension of Backlash: A Meta-Analysis of Penalties for Women's Implicit and Explicit Dominance Behavior», *Psychological Bulletin*, 142, 2 (2016): pp. 165-197, <https://doi.org/10.1037/bul0000039>.

21. Nicole R. Holliday y Lauren Squires, «Sociolinguistic Labor, Linguistic Climate, and Race(ism) on Campus: Black College Students' Experiences with Language at Predominantly White Institutions», *Journal of Sociolinguistics*, 25, 3 (2020): pp. 418-437, <https://doi.org/10.1111/josl.12438>.

22. Courtney L. McCluney, Kathrina Robotham, Serenity Lee, Richard Smith y Myles Durkee, «The Costs of Code-Switching», *Harvard Business Review* (15 de noviembre de 2019), <http://www.hbr.org/2019/11/the-costs-of-codeswitching>.

23. Valerie Johnson y Regan A. R. Gurung, «Defusing the Objectification of Women by Other Women: The Role of Competence», *Sex Roles*, 65, 3-4 (2011): pp. 177-188, <https://doi.org/10.1007/s11199-011-0006-5>.

24. Regan A. R. Gurung, Rosalyn Stoa, Nicholas Livingston y Hannah Mather, «Can Success Deflect Racism? Clothing and Perceptions of African American Men», *Journal of Social Psychology*, 226, 1 (2020): pp. 119-128, <https://doi.org/10.1080/00224545.2020.1787938>.

25. Carina Bauman, «Social Evaluation of Asian Accented English», *University of Pennsylvania Working Papers in Linguistics*, 19, 2 (2013), <https://repository.upenn.edu/pwpl/vol19/iss2/3>.

26. Emile G. Bruneau y Rebecca Saxe, «The Power of Being Heard: The Benefits of 'Perspective-Giving' in the Context of Intergroup Conflict», *Journal of Experimental Social Psychology*, 48, 4 (2012): pp. 855-866, <https://doi.org/10.1016/j.jesp.2012.02.017>.

Capítulo 6. Armoniza con la rabia

1. Bukre Kahramanol y Ihsan Dag, «Alexithymia, Anger and Anger Expression Styles as Predictors of Psychological Symptoms», *Düşünen Adam: Journal of Psychiatry and Neurological Sciences*, 31, 1 (2018): pp. 30-39, <https://doi.org/10.5350/dajpn2018310103>.

2. Mark H. Butler, Kierea C. Meloy-Miller, Ryan B. Seedall y J. Logan Dicus, «Anger Can Help: A Transactional Model and Three Pathways of the Experience and Expression of Anger», *Family Process*, 57, 3 (2018): pp. 817-835, <https://doi.org/10.1111/famp.12311>.

3. Butler, Meloy-Miller, Seedall y Dicus, «Anger Can Help».

4. Virginia Goldner, «Review Essay: Attachment and Eros: Opposed or Synergistic?», *Psychoanalytic Dialogues*, 14, 3 (2004): pp. 381-396, <https://doi.org/10.1080/10481881409348793>.

5. Rachel M. McLaren y Keli Ryan Steuber, «Emotions, Communicative Responses, and Relational Consequences of Boundary Turbulence», *Journal of Social and Personal Relationships*, 30, 5 (2012): pp. 606-626, <https://doi.org/10.1177/0265407512463997>.

6. Duane Buhrmester, Wyndol Furman, Mitchell T. Wittenberg y Harry T. Reis, «Five Domains of Interpersonal Competence in Peer Relationships», *Journal of Personality and Social Psychology*, 55, 6 (1988): pp. 991-1008, <https://doi.org/10.1037/0022-3514.55.6.991>.

7. Stephen M. Drigotas, Gregory A. Whitney y Caryl E. Rusbult, «On the Peculiarities of Loyalty: A Diary Study of Responses to Dissatisfaction in Everyday Life», *Personality and Social Psychology Bulletin*, 21, 6 (1995): pp. 596-609, <https://doi.org/10.1177/0146167295216006>.
8. Nickola C. Overall, Garth J. O. Fletcher, Jeffry A. Simpson y Chris G. Sibley, «Regulating Partners in Intimate Relationships: The Costs and Benefits of Different Communication Strategies», *Journal of Personality and Social Psychology*, 96, 3 (2009): pp. 620-639, <https://doi.org/10.1037/a0012961>.
9. Tori DeAngelis, «When Anger's a Plus», *APA Monitor*, 34, 3 (2003): p. 44, <https://www.apa.org/monitor/mar03/whenanger>.
10. DeAngelis, «When Anger's a Plus».
11. Catherine A. Sanderson, Katie B. Rahm y Sarah A. Beigbeder, «The Link between the Pursuit of Intimacy Goals and Satisfaction in Close Same-Sex Friendships: An Examination of the Underlying Processes», *Journal of Social and Personal Relationships*, 22, 1 (2005): pp. 75-98, <https://doi.org/10.1177/0265407505049322>.
12. Daniel J. Canary, Laura Stafford, Kimberley S. Hause y Lisa A. Wallace, «An Inductive Analysis of Relational Maintenance Strategies: Comparisons among Lovers, Relatives, Friends, and Others», *Communication Research Reports*, 10, 1 (1993): pp. 3-14, <https://doi.org/10.1080/08824099309359913>; Cheryl Harasymchuk y Beverley Fehr, «Responses to Dissatisfaction in Friendships and Romantic Relationships: An Interpersonal Script Analysis», *Journal of Social and Personal Relationships*, 36, 6 (2018): pp. 1651-1670, <https://doi.org/10.1177/0265407518769451>.
13. Laura K. Guerrero, Lisa Farinelli y Bree McEwan, «Attachment and Relational Satisfaction: The Mediating Effect of Emotional Communication», *Communication Monographs*, 76, 4 (2009): pp. 487-514, <https://doi.org/10.1080/03637750903300254>; Christopher L. Heavey, Andrew Christensen y Neil M. Malamuth, «The Longitudinal Impact of Demand and Withdrawal during Marital Conflict», *Journal of Consulting and Clinical Psychology*, 63, 5 (1995): pp. 797-801, <https://doi.org/10.1037/0022-006x.63.5.797>.
14. Sobre la receptividad: Harry T. Reis y Margaret S. Clark, «Responsiveness», *The Oxford Handbook of Close Relationships*, Oxford University

Press, Oxford, 2015 (Jeffry Simpson y Lorne Campbell eds.), pp. 400-423, <https://doi.org/10.1093/oxfordhb/9780195398694.013.0018>.

15. Thomas J. Scheff, «Catharsis and Other Heresies: A Theory of Emotion», *Journal of Social, Evolutionary, and Cultural Psychology*, 1, 3 (2007): pp. 98-113, <http://dx.doi.org/10.1037/h0099826>.

Capítulo 7. Ofrece generosidad

1. «Study: It Pays to Be Generous», *The Ascent*, actualizado el 7 de noviembre de 2019, visitado el 24 de marzo de 2021, <https://www.fool.com/the-ascent/research/study-it-pays-be-generous>.
2. Kathryn R. Wentzel y Cynthia A. Erdley, «Strategies for Making Friends: Relations to Social Behavior and Peer Acceptance in Early Adolescence», *Developmental Psychology*, 29, 5 (1993): pp. 819-826, <https://doi.org/10.1037/0012-1649.29.5.819>.
3. Julie C. Bowker *et al.*, «Distinguishing Children Who Form New Best-Friendships from Those Who Do Not», *Journal of Social and Personal Relationships*, 27, 6 (2010): pp. 707-725, <https://doi.org/10.1177/0265407510373259>.
4. Joseph Ciarrochi, Baljinder K. Sahdra, Patricia H. Hawley y Emma K. Devine, «The Upsides and Downsides of the Dark Side: A Longitudinal Study into the Role of Prosocial and Antisocial Strategies in Close Friendship Formation», *Frontiers in Psychology*, 10 (2019): p. 114, <https://doi.org/10.3389/fpsyg.2019.00114>.
5. Monica Y. Bartlett *et al.*, «Gratitude: Prompting Behaviours That Build Relationships», *Cognition & Emotion*, 26, 1 (2012): pp. 2-13, <https://doi.org/10.1080/02699931.2011.561297>.
6. Ciarrochi, Sahdra, Hawley y Devine, «The Upsides and Downsides of the Dark Side».
7. Jon D. Levenson, Dudley C. Rose, Jocelyne Cesari, Chris Berlin y Harpreet Singh, «Why Give? Religious Roots of Charity», *Harvard Divinity School News Archive*, 26 de noviembre de 2018, <https://hds.harvard.edu/news/2013/12/13/why-give-religious-roots-charity>.
8. Will Storr, *Selfie: How We Became So Self-Obsessed and What It's Doing to Us*, Overlook Press, Nueva York, 2018.

9. Jean M. Twenge *et al.*, «Egos Inflating over Time: A Cross-Temporal Meta-Analysis of the Narcissistic Personality Inventory», *Journal of Personality*, 76, 4 (2008): pp. 875-902, https://doi.org/10.1111/j.1467-6494.2008.00507.x.

10. Roy F. Baumeister, Jennifer D. Campbell, Joachim I. Krueger y Kathleen D. Vohs, «Does High Self-Esteem Cause Better Performance, Interpersonal Success, Happiness, or Healthier Lifestyles?», *Psychological Science in the Public Interest*, 4, 1 (2003): pp. 1-44, <https://doi.org/10.1111/1529-1006.01431>.

11. Benedict Carey, «A Trauma Expert Puts the Meghan and Harry Interview in Context», *New York Times*, 9 de marzo de 2021, <https://www.nytimes.com/2021/03/09/health/meghan-harry-mental-health-trauma.html>.

12. Rodney L. Bassett y Jennifer Aubé, «"Please Care about Me!" or "I Am Pleased to Care about You!" Considering Adaptive and Maladaptive Versions of Unmitigated Communion», *Journal of Psychology and Theology*, 41, n.º 2 (2013): pp. 107-119, <https://doi.org/10.1177/009164711304100201>.

13. Omri Gillath *et al.*, «Attachment, Caregiving, and Volunteering: Placing Volunteerism in an Attachment-Theoretical Framework», *Personal Relationships*, 12, 4 (2005): pp. 425-446, <http://doi.org/10.1111/j.1475-6811.2005.00124.x>.

14. Scott Barry Kaufman y Emanuel Jauk, «Healthy Selfishness and Pathological Altruism: Measuring Two Paradoxical Forms of Selfishness», *Frontiers in Psychology*, 11 (2020): 1006, <https://doi.org/10.3389/fpsyg.2020.01006>.

15. Bill Laitner, «For Walking Man James Robertson, 3 Whirlwind Days», *Detroit Free Press*, 3 de febrero de 2015, https://www.freep.com/story/news/local/michigan/oakland/2015/02/03/robertsonmeets-fundraiser/22785185.

16. Kyle Almond, «And the Top 10 CNN Heroes of 2013 Are ...», *CNN*, 10 de octubre de 2013, <https://www.cnn.com/2013/10/10/world/cnnheroes-top-10>.

17. Gobernador General de Canadá, Governor General's Caring Canadian Award, actualizado el 26 de marzo de 2018, visitado el 23 de marzo de 2021, <https://archive.gg.ca/honours/awards/cca/index_e.asp>.

18. Lawrence J. Walker y Jeremy A. Frimer, «Moral Personality of Brave and Caring Exemplars», *Journal of Personality and Social Psychology*, 93, 5 (2007): pp. 845-860, <https://doi.org/10.1037/0022-3514.93.5.845>.

19. Elizabeth W. Dunn, Ashley V. Whillans, Michael I. Norton y Lara B. Aknin, «Prosocial Spending and Buying Time: Money as a Tool for Increasing Subjective Well-Being», *Advances in Experimental Social Psychology*, 61 (2020): pp. 67-126, <https://doi.org/10.1016/bs.aesp.2019.09.001>.

20. Francesca Righetti, John K. Sakaluk, Ruddy Faure y Emily A. Impett, «The Link between Sacrifice and Relational and Personal Well-Being: A Meta-Analysis», *Psychological Bulletin*, 146, 10 (2020): pp. 900-921, <https://doi.org/10.1037/bul0000297>.

21. Sharon Danoff-Burg, Tracey A. Revenson, Kimberlee J. Trudeau y Stephen A. Paget, «Unmitigated Communion, Social Constraints, and Psychological Distress among Women with Rheumatoid Arthritis», *Journal of Personality*, 72, 1 (2004): pp. 29-46, <https://doi.org/10.1111/j.0022-3506.2004.00255.x>; Vicki S. Helgeson y Heidi L. Fritz, «A Theory of Unmitigated Communion», *Personality and Social Psychology Review*, 2, 3 (1998): pp. 173-183, <https://doi.org/10.1207/s15327957pspr0203_2>; Vicki S. Helgeson y Dianne K. Palladino, «Agentic and Communal Traits and Health: Adolescents with and without Diabetes», *Personality and Social Psychology Bulletin*, 38, 4 (2011): pp. 415-428, <https://doi.org/10.1177/0146167211427149>.

22. Bonnie M. Le *et al.*, «Communal Motivation and Well-Being in Interpersonal Relationships: An Integrative Review and Meta-Analysis», *Psychological Bulletin*, 144, 1 (2018): pp. 1-25, <https://doi.org/10.1037/bul0000133>.

23. Madoka Kumashiro, Caryl E. Rusbult y Eli J. Finkel, «Navigating Personal and Relational Concerns: The Quest for Equilibrium», *Journal of Personality and Social Psychology*, 95, 1 (2008): pp. 94-110, <https://doi.org/10.1037/0022-3514.95.1.94>.

24. Heidi L. Fritz y Vicki S. Helgeson, «Distinctions of Unmitigated Communion from Communion: Self-Neglect and Overinvolvement with Others», *Journal of Personality and Social Psychology*, 75, 1 (1998): pp. 121-140, <https://doi.org/10.1037/0022-3514.75.1.121>.

25. Christopher P. Roberts-Griffin, «What Is a Good Friend: A Qualitative Analysis of Desired Friendship Qualities», *Penn McNair Research Journal*, 3, 1 (2011), <https://repository.upenn.edu/mcnair_scholars/vol3/iss1/5>.

26. Michael Argyle y Monika Henderson, «The Rules of Friendship», *Journal of Social and Personal Relationships*, 1, 2 (1984): pp. 211-237, <https://doi.org/10.1177/0265407584012005>.

27. Margaret Clark y Oriana Aragón, «Communal (and Other) Relationships: History, Theory Development, Recent Findings, and Future Directions», *The Oxford Handbook of Close Relationships*, Oxford University Press, Oxford, 2013 (Jeffry Simpson y Lorne Campbell, eds.), pp. 255-280, <http://doi.org/10.1093/oxfordhb/9780195398694.001.0001>.

28. Margaret S. Clark y Judson Mills, «The Difference between Communal and Exchange Relationships: What It Is and Is Not», *Personality and Social Psychology Bulletin*, 19, 6 (1993): pp. 684-691, <https://doi.org/10.1177/0146167293196003>.

29. Katherine R. von Culin, Jennifer L. Hirsch y Margaret S. Clark, «Willingness to Express Emotion Depends upon Perceiving Partner Care», *Cognition and Emotion*, 32, 3 (2018): pp. 641-650, <https://doi.org/10.1080/02699931.2017.1331906>.

30. Clark y Mills, «The Difference between Communal and Exchange Relationships»; Judson Mills, Margaret S. Clark, Thomas E. Ford y Melanie Johnson, «Measurement of Communal Strength», *Personal Relationships*, 11, 2 (2004): pp. 213-230, <https://doi.org/10.1111/j.1475-6811.2004.00079.x>.

31. Margaret S. Clark, Jennifer L. Hirsch y Joan K. Monin, «Love Conceptualized as Mutual Communal Responsiveness», *The New Psychology of Love*, Cambridge University Press, Cambridge (Inglaterra), 2019, (Robert J. Sternberg y Karin Sternberg, eds.), pp. 84-116.

32. Margaret S. Clark y Edward P. Lemay, «Close Relationships», *Handbook of Social Psychology*, John Wiley & Sons, Hoboken (NJ), 2010, (Susan T. Fiske, Daniel T. Gilbert y Gardner Lindzey, eds.) pp. 898-940.

33. Edward P. Lemay y Margaret S. Clark, «How the Head Liberates the Heart: Projection of Communal Responsiveness Guides Relationship Promotion», *Journal of Personality and Social Psychology*, 94, 4 (2008): pp. 647-671, <https://doi.org/10.1037/0022-3514.94.4.647>.

34. Edward L. Deci *et al.*, «On the Benefits of Giving as Well as Receiving Autonomy Support: Mutuality in Close Friendships», *Personality and Social Psychology Bulletin*, 32, 3 (2006): pp. 313-327, <https://doi.org/10.1177/0146167205282148>.

35. Catherine Cozzarelli, Joseph A. Karafa, Nancy L. Collins y Michael J. Tagler, «Stability and Change in Adult Attachment Styles: Associations with Personal Vulnerabilities, Life Events, and Global Construals of Self and Others», *Journal of Social and Clinical Psychology*, 22, 3 (2003): pp. 315-346, <https://doi.org/10.1521/jscp.22.3.315.22888>.

36. Jennifer A. Bartz y John E. Lydon, «Relationship Specific Attachment, Risk Regulation, and Communal Norm Adherence in Close Relationships», *Journal of Experimental Social Psychology*, 44, 3 (2008): pp. 655-663, <https://doi.org/10.1016/j.jesp.2007.04.003>; Fritz y Helgeson, «Distinctions of Unmitigated Communion from Communion»; Mario Mikulincer y Phillip R. Shaver, «Attachment Security, Compassion, and Altruism», *Current Directions in Psychological Science*, 14, 1 (2005): pp. 34-38, <https://doi.org/10.1111/j.0963-7214.2005.00330.x>.

37. Giovanna Miritello *et al.*, «Time as a Limited Resource: Communication Strategy in Mobile Phone Networks», *Social Networks*, 35, 1 (2013): pp. 89-95, <https://doi.org/10.1016/j.socnet.2013.01.003>.

38. Abdullah Almaatouq, Laura Radaelli, Alex Pentland y Erez Shmueli, «Are You Your Friends' Friend? Poor Perception of Friendship Ties Limits the Ability to Promote Behavioral Change», *PLoS ONE*, 11, 3 (2016): e0151588,<https://doi.org/10.1371/journal.pone.0151588>.

39. Netta Weinstein y Richard M. Ryan, «When Helping Helps: Autonomous Motivation for Prosocial Behavior and Its Influence on Well-Being for the Helper and Recipient», *Journal of Personality and Social Psychology*, 98, 2 (2010): pp. 222-244,<https://doi.org/10.1037/a0016984>.

40. Lara B. Aknin, Gillian M. Sandstrom, Elizabeth W. Dunn y Michael I. Norton, «It's the Recipient That Counts: Spending Money on Strong Social Ties Leads to Greater Happiness Than Spending on Weak Social Ties», *PLoS ONE*, 6, 2 (2011): e17018, https://doi.org/10.1371/journal.pone.0017018.

41. Gail M. Williamson y Margaret S. Clark, «Impact of Desired Relationship Type on Affective Reactions to Choosing and Being Required to Help»,

Personality and Social Psychology Bulletin, 18, 1 (1992): pp. 10-18, <https://doi.org/10.1177/0146167292181002>.

42. Wuke Zhang *et al.*, «Recipients' Happiness in Prosocial Spending: The Role of Social Ties», *Journal of Consumer Affairs*, 55, 4 (2020): pp. 1333-1351, <https://doi.org/10.1111/joca.12312>.

43. Margaret S. Clark, Lucylle A. Armentano, Erica J. Boothby y Jennifer L. Hirsch, «Communal Relational Context (or Lack Thereof) Shapes Emotional Lives», *Current Opinion in Psychology*, 17 (2017): pp. 176-183, <https://doi.org/10.1016/j.copsyc.2017.07.023>.

Capítulo 8. Sé afectuoso

1. Abdullah Almaatouq, Laura Radaelli, Alex Pentland y Erez Shmueli, «Are You Your Friends' Friend? Poor Perception of Friendship Ties Limits the Ability to Promote Behavioral Change», *PLoS ONE*, 11, 3 (2016): e0151588, <https://doi.org/10.1371/journal.pone.0151588>.

2. Stephanie Coontz, *Marriage, a History: How Love Conquered Marriage*, Penguin Books, Nueva York, 2006 (trad. cast. *Historia del matrimonio*, Gedisa, Barcelona, 2006).

3. Coontz, *Marriage, a History*.

4. Coontz, *Marriage, a History*.

5. Coontz, *Marriage, a History*.

6. Brandon Ambrosino, «The Invention of 'Heterosexuality'», *BBC*, 15 de marzo de 2017, <https://www.bbc.com/future/article/20170315-the-invention-of-heterosexuality>; Lillian Faderman, *Surpassing the Love of Men: Romantic Friendship and Love between Women from the Renaissance to the Present*, Harper Paperbacks, Nueva York, 1998.

7. Mark McCormack y Eric Anderson, «The Influence of Declining Homophobia on Men's Gender in the United States: An Argument for the Study of Homohysteria», *Sex Roles*, 71, 3-4 (2014): pp. 109-120, <https://doi.org/10.1007/s11199-014-0358-8>.

8. Mark T. Morman, Paul Schrodt y Michael J. Tornes, «Self-Disclosure Mediates the Effects of Gender Orientation and Homophobia on the Relationship Quality of Male Same-Sex Friendships», *Journal of Social and*

Personal Relationships, 30, 5 (2012): pp. 582-605, <https://doi.org/10.1177/0265407512463991>.

9. Anna Machin, «Treasure Your Friends», *Aeon*, 4 de junio de 2021, <https://aeon.co/essays/treasure-your-friends-the-top-of-your-love-hierarchy>.
10. Robert B. Hays, «The Development and Maintenance of Friendship», *Journal of Social and Personal Relationships*, 1, 1 (1984): pp. 75-98, <https://doi.org/10.1177/0265407584011005>.
11. Kory Floyd, «Human Affection Exchange: V. Attributes of the Highly Affectionate», *Communication Quarterly*, 50, 2 (2002): pp. 135-152, <https://doi.org/10.1080/01463370209385653>.
12. Kory Floyd, Colin Hesse y Mark T. Haynes, «Human Affection Exchange: XV. Metabolic and Cardiovascular Correlates of Trait Expressed Affection», *Communication Quarterly*, 55, 1 (2007): pp. 79-94, <https://doi.org/10.1080/01463370600998715>; Kory Floyd *et al.*, «Human Affection Exchange: VIII. Further Evidence of the Benefits of Expressed Affection», *Communication Quarterly*, 53, 3 (2005): pp. 285-303, <https://doi.org/10.1080/01463370500101071>; Kory Floyd, Alan C. Mikkelson, Colin Hesse y Perry M. Pauley, «Affectionate Writing Reduces Total Cholesterol: Two Randomized, Controlled Trials», *Human Communication Research*, 33, 2 (2007): pp. 119-142, <https://doi.org/10.1111/j.1468-2958.2007.00293.x>; Kory Floyd *et al.*, «Human Affection Exchange: XIII. Affectionate Communication Accelerates Neuroendocrine Stress Recovery», *Health Communication*, 22, 2 (2007): pp. 123-132, <https://doi.org/10.1080/10410230701454015>.
13. Bree McEwan, «Sharing, Caring, and Surveilling: An Actor-Partner Interdependence Model Examination of Facebook Relational Maintenance Strategies», *Cyberpsychology, Behavior, and Social Networking*, 16, 12 (2013): pp. 863-869, <https://doi.org/10.1089/cyber.2012.0717>.
14. Carl W. Backman y Paul F. Secord, «The Effect of Perceived Liking on Interpersonal Attraction», *Human Relations*, 12, 4 (1959): pp. 379-384, <https://doi.org/10.1177/001872675901200407>.
15. Susan Sprecher *et al.*, «You Validate Me, You Like Me, You're Fun, You Expand Me: 'I'm Yours!'», *Current Research in Social Psychology*, 21, 5 (2013): pp. 22-34, <https://crisp.org.uiowa.edu/sites/crisp.org.uiowa.edu/files/2020-04/art8.29.13_3.pdf>; Adam J. Hampton, Amanda N. Fisher Boyd y Susan Sprecher, «You're Like Me and I Like You:

Mediators of the Similarity-Liking Link Assessed before and after a Getting-Acquainted Social Interaction», *Journal of Social and Personal Relationships*, 36, 7 (2018): pp. 2221- 2244, <https://doi.org/10.1177/0265407518790411>.

16. Brant R. Burleson, Adrianne W. Kunkel, Wendy Samter y Kathy J. Working, «Men's and Women's Evaluations of Communication Skills in Personal Relationships: When Sex Differences Make a Difference and When They Don't», *Journal of Social and Personal Relationships*, 13, 2. (1996): pp. 201-224, <https://doi.org/10.1177/0265407596132003>.

17. Amit Kumar y Nicholas Epley, «Undervaluing Gratitude: Expressers Misunderstand the Consequences of Showing Appreciation», *Psychological Science*, 29, 9 (2018): pp. 1423-1435, <https://doi.org/10.1177/0956797618772506>.

18. Sandra L. Murray, John G. Holmes y Nancy L. Collins, «Optimizing Assurance: The Risk Regulation System in Relationships», *Psychological Bulletin*, 132, 5 (2006): pp. 641-666, <https://doi.org/10.1037/0033-2909.132.5.641>.

19. Michael R. Andreychik, «I Like That You Feel My Pain, But I Love That You Feel My Joy: Empathy for a Partner's Negative versus Positive Emotions Independently Affect Relationship Quality», *Journal of Social and Personal Relationships*, 36, 3 (2017): pp. 834-854, <https://doi.org/10.1177/0265407517746518>.

20. Harry T. Reis *et al.*, «Are You Happy for Me? How Sharing Positive Events with Others Provides Personal and Interpersonal Benefits», *Journal of Personality and Social Psychology*, 99, 2 (2010): pp. 311-329, <https://doi.org/10.1037/a0018344>.

21. Reis *et al.*, «Are You Happy for Me?».

22. Robert B. Hays, «The Day-to-Day Functioning of Close versus Casual Friendships», *Journal of Social and Personal Relationships*, 6, 1 (1989): pp. 21-37, <https://doi.org/10.1177/026540758900600102>.

23. Lindsey A. Beck y Margaret S. Clark, «Looking a Gift Horse in the Mouth as a Defense against Increasing Intimacy», *Journal of Experimental Social Psychology*, 46, 4 (2010): pp. 676-679, <https://doi.org/10.1016/j.jesp.2010.02.006>.

24. Beck y Clark, «Looking a Gift Horse in the Mouth as a Defense against Increasing Intimacy».

25. Kumar y Epley, «Undervaluing Gratitude».

26. Jessica J. Cameron, Danu Anthony Stinson, Roslyn Gaetz y Stacey Balchen, «Acceptance Is in the Eye of the Beholder: Self-Esteem and Motivated Perceptions of Acceptance from the Opposite Sex», *Journal of Personality and Social Psychology*, 99, 3 (2010): pp. 513-529, <https://doi.org/10.1037/a0018558>.

27. David R. Kille, Richard P. Eibach, Joanne V. Wood y John G. Holmes, «Who Can't Take a Compliment? The Role of Construal Level and Self-Esteem in Accepting Positive Feedback from Close Others», *Journal of Experimental Social Psychology*, 68 (2017): pp. 40-49, <https://doi.org/10.1016/j.jesp.2016.05.003>.

28. Denise C. Marigold, John G. Holmes y Michael Ross, «More Than Words: Reframing Compliments from Romantic Partners Fosters Security in Low Self-Esteem Individuals», *Journal of Personality and Social Psychology*, 92, 2 (2007): pp. 232-248, <https://doi.org/10.1037/0022-3514.92.2.232>.

ÍNDICE DE TÉRMINOS